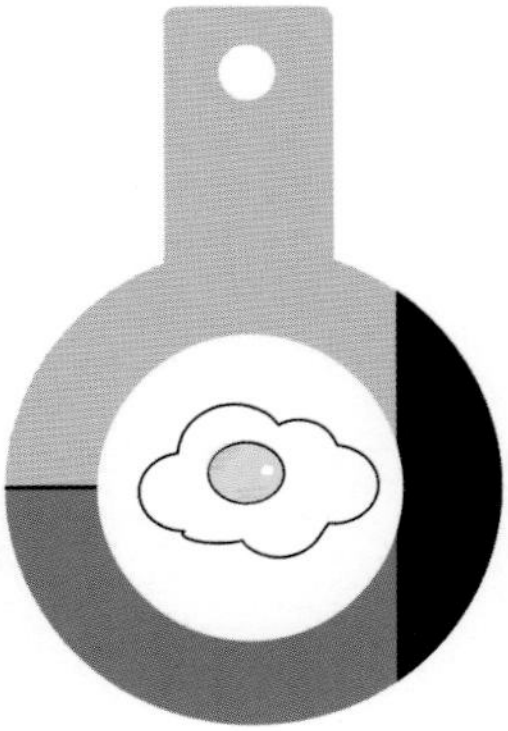

元国税庁長官の俗物的料理日記

・・・食欲とぼやきと蘊蓄と時々慨嘆の日々

中原　広

●週末料理の品々

本書掲載のレシピについては、 下のＱＲコードから、画像付きでスマホから読み取れます。ぜひ、週末料理を楽しんでください。

なお、一部、グラビアの写真については、大津智子氏、スマホのPDFについては　読者の協力を得ました。

▼韮もやしあんかけラーメンのレシピ（４人分）　…P96

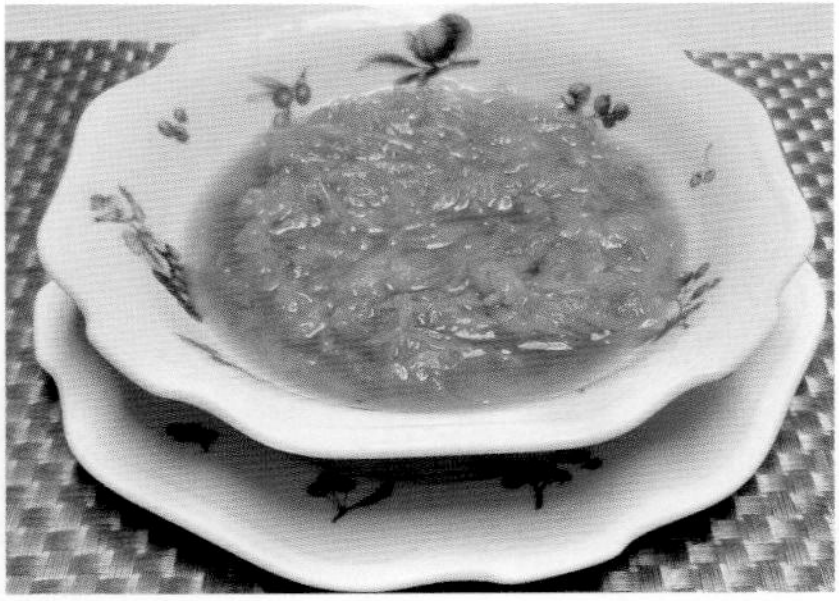

▲玉葱のスープ（４人分×２回）
…P151

▲牛肉の和風
フュージョン炒め
（４人分）…P205

▶鶏もも肉の雑焼き風（酒肴として４人分）…P47

◀まぐろ、春菊、トマトの韓国風サラダ（４人分）
…P42

▶ ほたるいかと野菜のポン酢ジュレサラダ
（４人分）
…P112

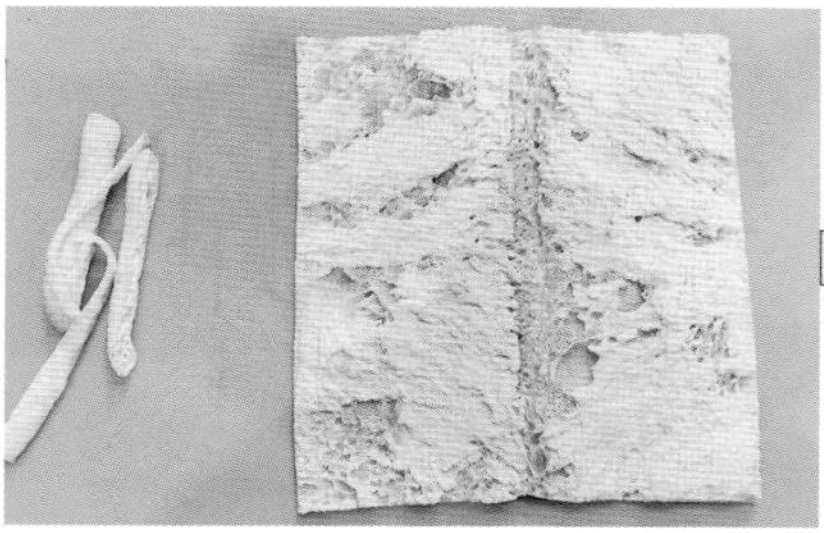

▲油揚げの和風チーズ焼き
（酒肴として） …P4

油揚げの三辺を薄く切り落とし、丁寧に広げる。切り落とした部分も５㎜幅くらいに切って具材にする。

▶豚肉のカリカリ炒め（４人分）
…P199

●はじめに

（本書について）

本書につきましては、「元国税庁長官の××料理日記」という書名にしたものですから、税にまつわる硬い内容の本だと誤解された方もいるかもしれません。しかし、実際の内容は、初老の男のぼやきと愚痴にまみれたとりとめない身辺雑記と、素人料理のレシピです。

これを単行本にするとは図々しいと思われる方もおられると思います。そのとおりですが、読者の皆様に、世の中で官僚と称されている連中の実は他愛もない週末生活の一例を知っていただければ、多少の意義はあるのではないかと、厚かましく考えております。あるいは、「料理といっても、この程度のものなら自分にもできそうだ」という気分になって週末料理に挑戦していただければ望外の喜びです。

私は1981年に当時の大蔵省に入省して、金融庁、財務省で色々な仕事に携わらせていただき、2016年に国税庁長官を最後に退職しました。現在は信金中央金庫という信用金庫の中央機関に勤めています。

これといった趣味のない男だったのですが、40歳ごろから週末に下手な料理を作って食べるのを楽しむようになりました。素人の文字通りのB級料理ですが、週末に自作料理を食べるのは大いなる楽しみです。近年、娘たちが私の料理を高カロリーだといって排斥するようになり、家内は台所が汚れると言って私に台所を使わせるのを露骨に渋るようになりましたが、それでもめげずに週末1～2回は料理を作っています。
財務省勤務時に機会があって財務省の広報誌に、料理レシピとあわせてとりとめもない雑記を連載するようになりました。レシピを評価してくださった方は多くないだろうと思いますが、中年男の愚痴っぽい独り言と貧乏くさい週末生活の記述を面白いと思った方が多少はいらっしゃったのか、二度にわたり長期の連載をさせていただきました。官庁を退職後、再度その続きを連載せよという依頼をいただき、断続的ながら約6年にわたり50回の連載をいたしました。これを霞出版社のご好意でまとめたのが本書です。

（読者の皆様へのお願い）

文章の本筋から外れた無用の瑣事《さじ》蘊蓄《うんちく》を書きたがるのは私の悪い癖です。家の者に言わせると料理日記ではなくて「おじさんの蘊蓄ひけらかし日記」なのだそうです。寛大なる読者の皆様におかれては、飲み屋で酔った初老の男が誰も聞いていないのにつまらぬ蘊蓄を延々と披露している光景を思い浮かべて、優しく読み流してください。

令和5年3月

中原　広

目次

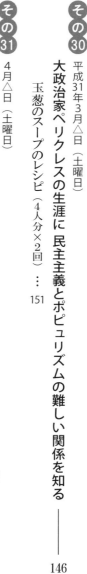

●●● 初出：財務省広報誌『ファイナンス』平成28年8月号～令和4年6月号 所収

●● 週末料理のヒント ●●

その１

平成28年7月△日（土曜日）

大学者の毒舌を肴に日本ワインに酔う

デパートでおいしそうな赤の日本ワインを買った。我々８０年代末のボジョレーブームや９０年代末の赤ワインブームでワインを知った世代は、日本ワインについて、若い頃の印象のままに「土産物ワインだ」とか「白はそこそこだが、赤はどうもね」と勝手なことを言いがちだ。しかし、関係者の努力に加えて、温暖化で長野や北海道などでメルロー種はじめ赤ワイン用の良質な葡萄が安定的に収穫できるようになったこともあって、今や日本ワインは隆盛期にある。各地に特色あるワイナリーが輩出し、高い国際的評価を得ている銘柄も少なくない。若い頃の知識で現在を語るのは、慎まねばなるまい。

そういえば先年、米国駐在経験の長い先輩から「米国で子供の社会科の教科書を読んだら、外需依存の高い国としてドイツ、韓国が挙げられていて、一方内需中心の国として米国と並んで日本が挙げられていた。言われてみればその通りなのだけど、なんか驚いたんだよな」というお話を伺ったことがあった。我々中高年世代は、小中学校で日本は加工貿易の国だと刷り込まれているので、どうしても輸出中心に我が国経済をとらえてしまいがちだ。

閑話休題。夕食の献立をどうするか。赤ワインとの組合せとはいえ、あまりこってりした料理は家族の反発を受けそうだし、純然たる和食も芸がない。結局、以前高名なワイン評論家とご一緒した際に日本赤ワインと食した油揚げのチーズ焼きを思い出し、真似してみることにする。それと豚ヒレをバターで焼いて醤油とバルサミコで味をつけて春菊をつけあわせ、もう一品、烏賊とパプリカを韓国風に炒めることにしよう。

…例によって年齢も考えず腹一杯食べ、ワインをがぶがぶと飲む。皿洗いを済ませて、ソファーでうとうとするうちに家の中が静かになった。冷蔵庫の奥に大事にしまってある唐墨を出してきて薄く切る。これを肴に、ワインの残りを飲もうという魂胆である。テレビの深夜番組を観ながら飲むのも勿体ない気がして、読みかけの『智にはたらけば角が立つ』（森嶋通夫著　朝日新聞社　1999年）を開く。

著者は言うまでもなく京大出身の経済学の泰斗であり、文化勲章を受け、ノーベル経済学賞候補に擬せられたこともある大学者である。若くして阪大社会経済研究所を中心に活躍して世界的評価を得るも、人事抗争から同大学を辞め、渡英してロンドン・スクール・オブ・エコノミクスの教授に転じた。本書は、「ある人生の記録」という副題を持つ彼の自伝三部作の第二巻にあたるもので、復員して経済学者になり渡英するまで（1945～69年）を描いている。こう書くと、難しげな本を連想される向きもおられようが、滅法面白い本である。著者が周囲の人を徹底してこき下ろす、その意地悪ぶりが面白い。サラリーマンを昇りつめた経済人の書く『私の履歴書』（日経新聞　連載）は、かつての先輩同僚にきめ細かく配慮するが、本書はその対極にある。

例えば、森嶋はオックスフォード大留学時に、同時期に留学中であった東大の政治学の福田歓一の家で東大の西洋経済史の教授である高橋幸八郎の欧文のペーパーを偶々《たまたま》目にし、著者名（高橋）の下にImperial University of Tokyoとあるのを発見する。森嶋は、高橋が英国に出張して、一時共産党員だった英国史学者のクリストファー・ヒルと面会したことをとらえ、雑誌に寄稿する。帝国の郷愁に生きている「帝国主義者」が英国の左翼歴史家ヒルと会うことに成功して嬉々としていたと皮肉り、これこそ日本の文化人に巣食っている事大主義であって、見えないところでは何をやってもよいという助平根性だとなじる。高橋にしてみれば、稚気のなせるものをここまで牽強付会《けんきょうふかい》に攻撃するかという気分であったろうが、部外者が読む分には面白い。

本書における森嶋の主題は、人間には自分のプリンシプルに従って行動する人とそうでない人がいて、自分は前者だが、学会の多くの人は後者だということである。彼は、積極的な悪人や有徳の士は前者であるが、多くの人は「普段は善人だが、気が弱いために、いざというときに道徳的に腰抜けになってしまう」という意味で後者であり、そういう人は消極的悪人であるとする。そして、自分は大学において実力主義・是々非々主義というプリンシプルに立って論争をしたが故に、プリンシプルを持たずその場その場の和を尊ぶ多くの人たちによって煮え湯を飲まされたというわけだ。

プリンシプルの重要性は森嶋の言うとおりだし、論争云々についても、おそらくその頃の大学や学会の実態は相当に前時代的だったろうから、多くの場合森嶋に理があり、相手側は理に自信がないから和を強調した面があると想像するが、他方、和がなければ高邁な理念も中々具体化できないわけだし、理についても常に森嶋が言うほど一方的だったのかとも思う。正直なところ、市村真一との抗争をめぐる執拗な記述などにはやや辟易もする。とはいえ、独断明快な論理に立って斬りまくる森嶋殺法は実に面白い。

気がつけば、半分近く残っていたワインはすっかり空いて、ウィスキーの水割りを手にしている。恐るべし、森嶋の毒舌。私の労作　油揚げの和風チーズ焼きよりも、酒が進むではないか。世の中には、かつての自分の先輩や同僚をこき下ろす内容の著作も少なくない。この種の本は、部外者がちょっと読む分には溜飲が下がるような感もあろうが、多くは売名的だったり誰かにおもねる意図が滲んだりしていて、半ばで嫌になってくる。森嶋の自伝が読んで後味悪くないのは、多少の自己演出はあっても売名的な要素がないことと、森嶋の他人に対する厳しい見方は専ら彼の個性によるものであって、読者を含めて誰かにおもねるものではないことによる。今晩は、毒舌に敬意を表して杯を挙げることにしよう。

『油揚げの和風チーズ焼きのレシピ（酒肴として4人分）』

〈材料〉

油揚げ2枚、おくら4本（3〜4㎜幅に小口切り）、椎茸2個（石突を切り落として粗みじん切り）、練り梅（チューブ入り）、ちりめんじゃこ少々、長葱少々（小口切り）、ピザ用チーズ

〈作り方〉

① 油揚げの三辺（長辺1、短辺2）の端を薄く切り落とし、丁寧に広げる。切り落とした部分も5㎜幅くらいに切って具材にする。

② 油揚げの内側の面に練り梅をところどころ薄く塗る（味が濃いので万遍なく塗らない方がよい）。

③ ②の上に、おくら、椎茸、ちりめんじゃこ、長葱をのせ、さらにピザ用チーズをのせる。チーズの上に、①で切り落とした油揚げの端の部分をのせる。

④ オーブントースター、ロースター、オーブンなどで5〜7分程度焼き具合を見ながら焼けば出来上がり。和風感を出すため、私は七味唐辛子と粉山椒を振って食べるが、勿論タバスコや唐辛子入りオリーブ油をかけてもうまい。

＊ 具材は、トマトの切れ端、しし唐、長芋、茸類などなんでもよい。油揚げの切り落としは、チーズの上にのせる。チーズの下になるとカリッとした感じが出ない。

その２

飯を食いながら食い物の話をして悦に入る

８月△日（土曜日）

今朝は寝坊した上に家中の片付けに動員されたので、気がつけば昼過ぎである。乾麺の蕎麦を茹で、もり蕎麦にする。家庭の麺料理の基本は一にも二にも茹で方だと思う。とにかく茹で過ぎないことだ。その点、もり蕎麦や冷やし中華のように、冷やして食べる麺類は、気が楽だ。多少茹で過ぎても冷やす過程で麺が締まるので被害が小さいし、漬け汁やスープの準備が茹で上がりに間に合わなくても大丈夫だ。指定の時間通りに茹で、流水でぬめりを取って氷水でしっかり冷やせば、素人でもまあまあのものができる。干からびかかった葱とチューブ入りわさびを薬味に、市販の安物の麺つゆで食しても結構うまい。当初少量でいいと言っていた家の者たちも容赦なく食べる。「初めは控えめやがて貪欲」というのは、人の世ではよくあることだ。孫子にもある。「始めは処女の如くにして、敵人戸を開き、後は脱兎の如くにして、敵拒《ふせ》ぐに及ばず」と。一度戸を開いてしまうと防げなくなることは多い。かつて財政に携わっていた先輩たちは、よく「蟻の一穴」とおっしゃっていた。ところが…、いやいや沈黙は愚者の知恵。黙して追加の蕎麦を茹でるのみだ。

食後は、晩の食材の買い物に行く。暑い。暑いときは何といってもビールである。今読みかけの『ビールはゆっくり飲みなさい』（藤原ヒロユキ著　日本経済新聞出版社　２０１６年）によれば、日本の大手メーカーのビール（ピリスナータイプといわれるラガービール）は、世界で１５０種もあるビールの中の1種類に過ぎないのだそうだ。

その150分の1の狭い領域で各社が鎬《しのぎ》を削っているおかげか、猛暑の時節には切れのいい日本のビールが格別にうまい。おじさん的には、もう少し苦みが強いとなおうれしいのだが。スーパーに着いてまずは酒売り場。いつもは安上がりに焼酎かウィスキーを買って水道水で割るのだが、今日は缶ビールを半ダース買い込む。次は菜だ。今日の気分は、冷えたビールに甘辛いたれで焼いた鳥レバーの組み合わせだ。鶏肉売り場に行く。

今日はレバー、砂肝だけでなく、せせり（鶏の首の部分の削ぎ身）も売っている。得した気分で早速買い込む。そして魚売り場に回る。鮪《まぐろ》、鰹《かつお》、鯵《あじ》、鱸《すずき》いずれもうまそうだが、鯵に決める。因みに鯵は年間を通じて売っているが、旬は3～8月というからそろそろ旬が終わりだ。焼鳥や鯵は下準備に時間がかかるので、夕方早めに台所に立つ。まず、鶏肉を下処理して、串に刺していく。本数が多いので結構疲れる。同時並行で湯を沸かし、ほうれん草のお浸しを作る。次いでサラダを用意したら、鯵に挑む。何とか食事の用意完了。汗をふきふき、まずはたれで焼いたレバーでビール。うまい。塩で焼いたせせりも大好評。

ここで、仕入れたばかりの知識を披露。ビールには大別して上面発酵酵母で造るエールと下面発酵酵母で造るラガーの二種がある云々と始める。初めはおとなしく聞いていてくれた家の連中だが、私が調子に乗って、ビールグラスは布で拭くと内側に泡が付着しやすくなるので自然乾燥しなくてはいけないという話をしたあたりから雰囲気が悪くなり、ビールの魅力は喉越しの炭酸の刺激だけじゃないから、ゆっくり飲んだ方がいいらしいと言ったところで、女房から猛反発。「うるさいんだよ。ビールは食道を開いて流し込むのがおいしいんだよ」。専門家の指摘を紹介しただけで怒られるというのは、世間でもしばしばあること。それでいて、ご当人がワイドショーやらウェブサイトで仕入れた怪しげな情報を鵜呑みにする傾向があるのは、家庭の内も外も同じである。雰囲気改善のため、急いで鯵の漬けの半量を出す。好評。少し和んだところで、何か楽しい話をしなくては。

そこで、以前出張で大分に行ったとき、佐伯で「鰤のあつめし」というのを食べたという話をする。…要するに鰤の漬け丼だ。大分では刺身の漬けをよく食べるらしい。地元の人から、鯵でつくると「りゅうきゅう（丼）」で、鮪だと「ひゅうが（丼）」だということを聞いた。一方、「あつめし」も「りゅうきゅう」も魚種は問わないのだ、実は同じ料理だという説もある。他方「ひゅうが」というのは、遠洋漁業基地がある保戸島の名物で、これは鮪の切り身に限るのだそうだ。「あつめし」と「りゅうきゅう（丼）」の区別については、その後大分県出身者に色々聞いてみたのだが、はっきりしない。エリア的に言えば、「あつめし」は佐伯市周辺、「りゅうきゅう」は大分県内のもう少し広いエリアで使われる名称なのかなと思う。語感論としては、ブリのアツメシの方がアジやサバのアツメシよりしっくりくる…というあたりまで話したところで、「そんな話、興味ない。そもそも食べながら食事の話だけを延々とするなんて馬鹿みたい」と家の者たち皆からブーイングを受ける。

慌てて厚揚げを焼いて出し、鯵の漬け（りゅうきゅう）茶漬けで締める。食事自体は好評でも、私の知的蘊蓄はついに理解されなかった。食べ終え、食器を洗い、観るともなくテレビを観るうちに眠くなってきた。ふと気が付くと、テレビでは、肥満体のウエストが4週間で驚異的に細くなる画期的な運動器具の通信販売中である。随分長くうたた寝をしてしまったようだ。

冷蔵庫にはまだビールがある。パック入り枝豆豆腐と手製のきゅうりの浅漬けを出し、読みさしの前掲書を開く。ビールの本を肴にビールを飲む。素晴らしいではないか。女房が起きていたら怒られるだろうけど。

飯を食いながら食い物の話をして悦に入る私の癖は、女房に言わせると「洋服の着こなしでいうチェック オンチェックみたいなもので、野暮の極みだ。そもそも他に話題はないのか」ということらしい。ごもっともとはいえ、フード オン フード（？）やビール オン ビール（？）は大いに楽しい。

『鯵のりゅうきゅうとだし茶漬けのレシピ（4人分）』

〈材　料〉

鯵（スーパーで売っている小ぶりなものなら）4尾、万能葱少々、おろし生姜大匙1、すりごま大匙2、いりごま少々、醤油大匙4、みりん小匙1、麺つゆ大匙1、粉末だしの素大匙1

〈作り方〉

① 鯵を三枚におろし、腹骨をすき取り、皮をはがしたら、身の中央に包丁を入れ、血合い骨と呼ばれる小骨のある所を2㎜幅位切り落とし、出来上がった4分の1サイズの切身を薄切りに切る。薄く切るのは、万が一のアニサキス対策である。中骨と腹骨の部分は後でだしを取るので捨てないように。

② ①の鯵の身を、ボウルに入れ、醤油、みりん、麺つゆを振り、混ぜて10分程冷蔵庫に置く。

③ ②の漬け汁を切り、おろし生姜をあえ、すりごまを振ってよく混ぜる。半量を皿に取り、刻んだ万能葱といりごまを振って酒肴として食す。少量のわさびをつけるとよい。残りは茶漬け用に冷蔵庫にしまっておく。

④ 鍋に6～800㏄の湯を沸かし、鯵の中骨と腹骨を放り込み、再度沸騰したら火を絞り5分程煮る。骨を取り出し、あくを取り、弱火にしてだしの素と塩小匙1を入れる。

⑤ どんぶりにご飯を入れ、③で残しておいた鯵をのせ、万能葱といりごまを振り、④のだしをかけて食べる。

その３

慌ただしき飲み物を掲げて、節を守った義人に敬意を表する

10月△日（土曜日）

土曜の朝は、早起きして近所のスーパーに買い物に行くことにしている。開店と同時に店に入り、まず缶ビールか安ウィスキーのボトルを買い、次いで野菜果物、それから乾物や豆乳、そして卵や納豆、肉魚と進むのだが、今日は酒売り場で缶入りハイボールを買った。因みに、缶ハイボールや缶酎ハイのように蒸留酒を希釈した缶入りアルコール飲料を、業界関係者はRTDと呼ぶそうだ。きけばReady to Drinkの略とのこと。妙にスッキリ感がある略語ではある。

さてハイボールとなれば、今晩の献立は鶏の唐揚げといきたくなるが、我が家の連中はどういうわけか、鶏の唐揚げが肥満の元凶であると固く信じているので、工夫が必要である。皮付きのジューシーな鶏もも肉ではなく、胸肉の皮を外して使うことにして低カロリーと主張しよう。無論それだけでは足りない。極力野菜主役のように見せなければならない。野菜売り場でズッキーニが目に留まる。揚げた胸肉に、ズッキーニ主体の甘酢餡をかけて、酢豚風にしよう。餡をかければパサつき感も防げる。

ウィスキーのハイボールといえば、大学生の頃、奮発して洋酒会社の名を冠した大規模バーに行くと、蝶ネクタイをした若い女性バーテンダーが作ってくれて嬉しかったものだが、その後、水割りに押されてあまりお目にかからなくなった。バブル崩壊以降、スナックでキープボトルを飲む文化が廃れて、ウィスキー自体あま

り飲まれなくなったが、ここ十数年ほど前からか、ハイボールが大復活している。関係者の努力によって日本産ウィスキーが国際コンクールで高い評価を受けるようになったことや、朝の連ドラで国産ウィスキーの先人たちが取り上げられたことと相俟って、今やウィスキー復興の時代を迎えている。

慶賀に堪えないが半可通的な蘊蓄を言うと、モルトウィスキーは熟成に長期間かかるので、今我々が飲んでいるウィスキーの多くはウィスキーの消費量が激減した時代に仕込まれたものである。ウィスキーが売れなかった時期であるから、メーカー側も仕込み量を減らさざるを得ず、他方で近年のウィスキー復活で、今や日本産ウィスキーは品不足なのだそうだ。願わくは、このハイボールブームが長く続いて、ウィスキーの需要が着実に拡大し、将来にわたり仕込みが安定的になされて、うまいウィスキーの品薄が生じないでほしい。

閑話休題。もう一つおじさん的な蘊蓄を言うと、日本ではハイボールといえばウィスキーのソーダ割りだが、本来はウィスキーに限らず、スピリッツやリキュールをソーダやトニックウォーターなど非アルコール飲料で割ったものを指す。ということは、酎ハイとかハイサワー、あるいは昔懐かしいコークハイなどというのはまさにハイボールである。ハイボールの語源には諸説あって、私が聞いたのは、西部開拓時代のアメリカの鉄道で使われていたボール信号機（竿に下げたボールを引き上げて列車接近を知らせる信号機）に因むという説である。駅員がバーボンウィスキーをちびちびやりながら双眼鏡でボール信号を見ていたところ、ボールがハイになったので、バーボンにソーダを入れて一気に飲み干して持ち場に飛んで行ったことに由来するというわけだ。

英国発祥説もある。ゴルフ場のバーでウィスキーを飲んでいたゴルファーが、次が自分のスタートだと聞き、ウィスキーの残りをソーダに混ぜて一息で飲んでコースに出たとき、たまたま顔の近くにボールが飛んできた

（＝ハイボール）からという説だ。いずれにせよ、ウィスキーを急いで飲むのにソーダで割ったのが起源ということだから、本来Ready to Drinkな飲み物なのかもしれない。

スーパーから帰宅して、買ってきた食料品を冷蔵庫に詰め込み、大急ぎでプールに出かける。戻れば昼。残り物の韮《にら》をたっぷりと刻み、ちりめんじゃこ入りの韮チャーハンを作る。ふふっ、なかなか美味。午後は、妻子がヨガ教室に出かけたのをいいことに、寝転んで宮城谷昌光著『香乱記』（新潮社　２００６年）を読む。

数十万人を殺戮して一顧だにしない楚の項羽と、稀代の陰謀家である漢の劉邦が争う楚漢戦争の時代に、正義を求め高潔に生きた斉王田横《でんおう》の物語である。力で覇を競うパワーポリティクスの世にあって、義を立て弱者を思いやる田横だが、項羽を滅した劉邦に圧倒され、斉は占領されて彼は食客五百人と島に籠る。やがて洛陽に召喚された田横は、劉邦に対して皇帝への礼を余儀なくされるのを恥として洛陽の直前で自刎《じふん》し、同行した二人の食客に自らの首を劉邦へ届けさせる。劉邦は涙を流し、王を葬る儀式で弔い食客二人を都尉に任ずるが、二人は田横の墓の近くに穴を掘り自殺した。劉邦は残る五百人の食客を召《しょうかく》し出そうとするが、食客たちは田横が死んだと知ると皆自殺した。田横と食客たちの最期の話は、若い頃、史記列伝の現代語訳の中で読んだような気がするのだが、今「香乱記」を読んで目が潤んだ。私の柄にもない感動は、著者の田横への熱い敬慕の念とその物語を紡ぎ出す言葉の美しさ故だろう。あるいは私も馬齢を重ねて、権謀術数渦巻く人の世で義と節を守り高潔に生きることがいかに難しいか、多少はわかってきたからかもしれない。

私の感動の余韻は、妻子の騒々しい帰宅で打ち切られた。私の目が赤いのは昼寝したからだと思い込んでいる彼らの厳しい督促を受けて、私はのろのろと立ち上がり、黙々と飯を炊き、キャベツを即席浅漬けにし、烏賊ともやしのピリ辛サラダを作り、鶏胸肉を揚げるのであった。勿論、深夜に田横に献杯するための缶入りハイボールを冷やしておくのも忘れなかったし、肴にするために鶏も多めに揚げたのであった。

『鶏胸肉とズッキーニの酢豚風のレシピ（4人分）』

〈材　料〉

鶏胸肉2枚（皮を取り、薄めの一口大にそぎ切り、酒大匙2と醤油大匙1をからめ、片栗粉大匙2を振り、よくもみこんでおく）、**ズッキーニ1本**（3～4㎜幅に輪切り）、**玉葱中1個**（櫛切り）、**しめじ半パック**（石突を切り、ほぐしておく）、**パプリカ赤1個**（乱切り）、**甘酢餡の材料**（醤油大匙3、酒大匙3、砂糖大匙4、酢大匙4、トマトケチャップ大匙4、粉末中華スープの素大匙1、水400cc、片栗粉大匙2）

〈作り方〉

① フライパンに多め（鶏胸肉が半分近く浸るぐらい）にサラダ油をひき、中火で2分ぐらい熱したら、鶏胸肉を入れる。片側がきつね色になったら裏返して、両面とも色よく焼き、キッチンペーパーを敷いたバットに取る。鶏肉の量やフライパンの大きさにもよるが、3回位で全量焼ける（揚がる?）と思う。

② フライパンの油をキッチンペーパー（ティッシュペーパーなどで代用可）で吸い取って捨て、汚れを拭きとってから、新たに油大匙2をひく。

③ 強火で玉葱としめじを炒め、1分後ズッキーニを入れ、さらに30秒したらパプリカを入れ大きく数回混ぜたら、いったん火を止め、甘酢餡の材料をよく混ぜてから投入し、中火にしてとろみがつくまで混ぜながら煮る。

④ 皿に揚げた鶏肉を並べ、上から餡をかけて出来上がり。

その4　初志貫徹の燗酒に満足を覚える

11月△日（土曜日）

目が覚めて寝巻のまま新聞を取りに行く。晴天だが寒い。分厚い脂肪に覆われている私でも身を縮める。日中は暖かくなるかもしれないが、夕方以降は気温が落ちるだろう。晩飯は鍋物と燗酒が欲しいところだ。湯豆腐は、妻子どもから野菜が足りないと言われる。しゃぶしゃぶは先週食べたからキムチ鍋か。でもキムチは燗酒に合わないよな…。朝から夕食の心配をするとは、我ながら呆れることである

以前、酒祭りで有名な西条（東広島市）で、美酒鍋という料理を食べたことがあった。燗酒によく合って、ずいぶん飲んだ覚えがある。酒蔵を訪ねた折に、料理上手なその蔵の奥様から作り方を教えていただいた。あの美酒鍋を作ろう。

酒造に詳しい友人が言うには、美酒鍋というのは本来「びしょ鍋」なのだそうだ。「びしょ」というのは、酒造りの蔵人の中の若手のこと。酒造の現場は水を使う仕事が多い。若手はいつもびしょ濡れになってしまうので、「びしょ」と呼ばれていた。彼らの賄い料理として考案されたのが「びしょ鍋」なのだという。それを、酒祭りの名物料理にするときに、見栄えよく「美酒鍋」という字を当てたというのだ。

早速、美酒鍋の材料の買い出しに行く。ついでに烏賊げそも買う。これはビールの肴。美酒鍋の主役の日本酒は、普段料理用に買う安酒ではなく、奮発して紙パック入りながら本醸造酒を購入する。

スーパーから帰宅して遅めの朝食の用意。冷蔵庫から発掘した干からびた大根と買ってきた葱の青い部分で味噌汁を作りながら、鯵の干物を焼く。その間に納豆を20回ほどかき混ぜ、盛大に糸を引いたところへ、たれとからしを入れてさらにかき混ぜる。安物でもよくかき混ぜた納豆はうまい。魯山人は424回混ぜろといったとか(実際には『魯山人味道』中央公論社「硬くなるまでよく練る」と記している。)。因みに納豆は冬の季語である。納豆の熟成は低温で行うので、昔はもっぱら冬に納豆を仕込んだのだろう。式亭三馬の『浮世風呂』には、年始の進物の扇箱を買い取る業者が松の内から回り始めるという話の後に、同様に気が早い話として、冬でないと納豆は食べないと思っていたのに近頃は8月の初めから納豆汁だというくだりがある。

朝食後は、インドアのゴルフスクールへ。老後友達と遊ぶにはゴルフがいいだろうと、一念発起して通うことにしたのだが、30年来の我流の悪癖が月二度のレッスンで直るはずもなく、先生からは「スイングの改造より、まずはその年代物のアイアンを買い替えた方がいいですよ」と言われて、中古とはいえ人気モデルに買い替えたのに、スコアはスクールに行く前より悪くなってしまった。先生に相談すると、「スイング改造中は一時的にスコアが悪くなるものです」と慰めてくれるが、やはり気力が萎える。とはいえ三か月分レッスン料を前払いしているのでやめるわけにもいかず、今日もモニター画面に映る不格好なスイングを見て「情けない」と独り言を繰り返しながら大汗をかいた。腹ごなしの効果だけはある。

家に戻りシャワーを使ったら、もう1時。昼食にしなくては。家の連中は私を待つことなく、何か食べて外出したらしい。シンクに皿やフライパンが放置されている。私は、ため息をつきながら食器を洗い、冷蔵庫からベーコンを取り出して炙り、食パンにピザソースを塗って刻んだピーマンとチーズをのせて焼いた。コーヒーを淹れ、こんがりと焼けたピザトーストに粒マスタードをたっぷりと塗ってからベーコンをのせたら、気分は晴れてきた。うまい。サンドイッチはおいしいのだが、すぐに食べ終わってしまうのが難点である。結局もう一度ピザトーストのベーコンのせを作る。

腹がくちくなれば眠くなる。午睡は週末の楽しみだが、昼寝から目を覚ますともう夕方だ。バタバタと夕食の準備。美酒鍋の下準備を整えたところで、まずは烏賊げそを焼いて、軽くビールを飲めば。いよいよ燗酒と美酒鍋の番である。燗は湯煎に限る。まずはお湯を…えっ、徳利がない。たしか食器棚の奥にあったはず…。女房に尋ねても、「そんなもの知らない」とくる。仕方がない。冷で飲もう。燗酒が飲めなかったのは残念だが、美酒鍋はうまい。蔵人の料理だけあって、調味料としての酒の旨味が最大限活かされている。

ところで酒の容器には、生酛造《きもとづくり》とある。日本酒は「酛《もと》」と呼ばれる酒母中の酵母のアルコール発酵により造られるが、その際雑菌の繁殖を抑えるため酸が必要だ。通常は酒母に醸造用の乳酸を添加するのだが（こうした酒母を速醸酛と呼ぶ）、伝統的手法である生酛造りでは、自然の硝酸還元菌と乳酸菌を使って酒母を酸性にする。手間と技術を要するが、雑味のない酒ができると言われている。因みに、生酛造りにおける山卸《やまおろし》という、櫂《かい》という棒状の器具で蒸米と麹を混ぜてすりつぶす作業を省略したのが「山廃仕込み」である。

閑話休題。具材を平らげると、酒の旨味が凝縮されたスープが残る。乾麺のうどんを指定時間より多少短めに茹でて鍋に入れ、鍋底の貴重なスープをしっかりと吸わせて汁なし麺状態で食す。まことに美味。食後は『「不良」長寿のすすめ』（奥村康著　宝島社新書　２００９年）を読む。結構なことが書いてある。５０歳からの禁煙は体に毒、粗食では長生きできない、高齢男性は肥満が長生き等々。要するに我慢はストレスになり、寿命を縮めるということのようだ。ソファから起き上がった私は、マグカップに酒を注ぎ電子レンジで加熱して、燗をつけた。そして冷蔵庫を物色した挙句、キムチを肴に燗酒を飲んだのであった。初志貫徹。体に良いことをしたという満足感が心地よい酔いを誘った。

『美酒鍋のレシピ（4人分）』

〈材　料〉

鶏もも肉1パック（一口大に切る）、豚バラ肉薄切り1パック、鶏砂肝1パック（肉厚のところは数㎜幅位に薄切り）、葱2本（斜め切り）、玉葱2個（5㎜幅櫛切り）、白菜1／4（手でちぎって柔らかいところと硬いところに分け、前者は大きめにちぎり分け、後者は食べやすい大きさに切る）、椎茸4本、人参1本、ピーマン4個（以上いずれも食べやすい大きさに切る）、こんにゃく（スプーンで小さくちぎって湯通ししておく）、厚揚げ2枚（縦2等分横6等分に切る）、にんにく2片（薄切り）、日本酒3～400cc、サラダ油大匙2、塩、こしょう、うどん（乾麺）

〈作り方〉

① フライパンにサラダ油をひき、鶏もも肉を皮を下にして焼き、皮がきつね色になったら、豚バラ肉、鶏砂肝、にんにくを入れ、色よく炒め、塩こしょうする。

② 白菜の柔らかいところとピーマンと厚揚げ以外の具材の半量を入れ、塩こしょうして大きく2、3回かき混ぜたら、ピーマン半量を入れ、その上に白菜の柔らかいところを敷き詰める（白菜で落し蓋をする感じ）。強火にして日本酒を数回に分けてかけまわし、蒸し煮にする。

③ 野菜がしんなりしたら、味見し、塩こしょうで味を調えたら完成（味が濃いときは日本酒を足す）。具がなくなったら、具材の残り半量と肉類の代わりの厚揚げで、同様に作る。美酒鍋の締めはうどんがよい（本文参照）。

＊ すき焼きのように溶き卵につけて食べてもうまい。

＊ 野菜を炒めるとか煮るという感じではなく、野菜の水分と、かけまわす日本酒で蒸す乃至は炒り煮する感じ。汁気が少ないという点ではすき焼きに似ている。

その5　映画の意味深な題名に思いを凝らす

12月△日（土曜日）

今日は、朝から風邪気味なので、ジムやプールには行かずに、家で本でも読もうかという気分だ。文学賞の受賞決定直後の記者会見で話題を呼んだ蓮實重彦の『伯爵夫人』（新潮社　２０１６年）を読んでみたい。受賞から大分日も経つのでそろそろ近所の図書館でも借りられるだろうと、パソコンで調べてみたが、なんと55人待ちである。いっそのこと本屋に出かけて買おうかと思ったが、買うならもっと早く買うべきであったろうと考え直し、やはり55人待つことにする。

蓮見が受賞したのは三島由紀夫文学賞なので、何となく三島関連の本でも読もうかと図書館の蔵書目録を調べてみると、私の好きな作家である澁澤龍彦の「三島由紀夫おぼえがき」（中央公論新社　１９８６年）が書架にあることがわかったので、早速借りに行く。澁澤が、同時代の天才作家として敬意を払う三島の文学や人となりを綴った文章をまとめた本である。勿論天才が天才を論じたものであるから、私が簡単に理解できるものではないが、短い章の一つ一つが実に深い。この二人はお互いに認め合う間柄であり、三島は傑作戯曲「サド侯爵夫人」を執筆するに先立って、澁澤の『サド侯爵の生涯』（桃源社　１９６４年）を読み、書評も書いている。

読者諸兄姉には、筆者が底の浅い蘊蓄をひとしきり傾けるのを中高年にありがちな悪癖の一つということ

で何卒ご寛恕願いたいが、上述の書名や戯曲名に出て来る伯爵やら侯爵やらという爵位の名称は、明治維新後、中国の古代の制に倣って定められたものである。『礼記』の王制の章に「王者の禄爵を制する、公・侯・伯・子・男、凡て五等なり」とあるのに倣ったのである。これは欧州の貴族の称号の訳語にも用いられ、春秋の筆法をもってすれば、前漢の戴徳《たいとく》と戴聖《たいせい》が礼記を編纂してくれたおかげで、マルキ・ド・サド（Marquis de Sade）がサド侯爵と訳されたというわけである。

底の浅い蘊蓄話を続けると、この『礼記』の王制の章には「入《い》るを量《はか》りて出《い》ずるを為す」という章句もある。古来財政の基本とされているが、このもう少し後には「國に九年の蓄《たくわえ》無きを不足といい、六年の蓄無きを急という。三年の蓄無きを國その國に非ずという」とある。九年分の蓄えがないと不足で、六年分ないと危険で、三年分ないと国家としての実効性が疑問だというのだから、戴徳と戴聖が、蓄えならぬ国債残高が税収の15年分に達するという現代の日本を見たら何というだろうか。

閑話休題。「三島由紀夫おぼえがき」を読んでいるうちに昼近くなったので、厚着して買い物に行く。風邪に効く食材としては、まず良質たんぱく質と黄緑色野菜、それと葱、にんにく、生姜、唐辛子あたりかな。加えて亜鉛が豊富な牡蠣と、ビタミンB_6を多く含む赤身の魚。免疫力を高めると言われている茸《きのこ》類と納豆も欠かせない。完全食品の卵と、ビタミンCが多いみかんと柿も必要だ。熱っぽい喉を冷やすためのビールも要るなあ。

帰宅して、昨晩の夕飯と思しきチゲ鍋の残りに湯を足し、味噌と中華スープの素とにんにく、生姜で味を調整したところに、超特急で椎茸とニラを刻んで練った鶏つくね団子を放りこみ、沸きあがったら、小口切りした葱をたっぷりと投入。別の鍋で茹でたうどんにスープをかけ、つくね団子をいくつかのせて、ラー油をかけまわし、はふはふと食す。

　大分元気が出たところで、家の者がヨガ教室に出かけたのをいいことに、パソコンとテレビをつなぎ、インターネットの映画配信で、サム・ペキンパー監督ダスティン・ホフマン主演の「わらの犬」（１９７１年）を観る。米国の都会から逃れて英国の田舎の村に越してきた穏やかな学者が、理不尽の連続の中で最後に暴力を爆発させるという筋だが、単純な復讐劇とか懲悪物とは別種の、緻密な映画である。暴力の凄まじい描写には息を呑まされるが、観終わってみると、一見脈絡ないようにみえた前半部の人間関係の微妙さや違和感が緻密に布石されたものであったことがわかる。

　ものの本によれば、この映画の原作小説の題名は「トレンジャーズ農場の包囲網」であったものを、映画では老子からの引用で「わらの犬」としたとのこと。老子五章に「天地は不仁なり。万物を以て芻狗《すうく》と為す。聖人は不仁なり。百姓《ひゃくせい》を以て芻狗《すうく》と為す」とある。諸橋轍次先生の訳・解説によれば、「芻狗」とは草《わら》で形づくった犬で、祭儀に神棚に飾られ祭儀が済むと捨てられる。もともと草であるから尊くもなければ卑しくもないが、時の移り変わり（＝ご都合？）で尊ばれもし、粗末にもされる。直訳は、天地が万物を自然の成り行きに任せることは不仁だということになるが、逆説的な表現であり実は本当の仁だという意味だとのこと。

　エンドクレジットを眺めつつ意味深長な題名の意味するところに思いを凝らしていると、家の者が帰ってきた気配がある。大急ぎでテレビの画面を切り替え、パソコンを片付ける。

　さて夕食。まず前菜は、牡蠣と細く切ったじゃが芋とパプリカの、にんにく風味オリーブ油炒め。サラダは、納豆にめかぶと賽の目に切った長芋と刻んだおくらを入れ卵を落とした五色納豆。長芋はミネラルが豊富であり、ぬめり成分ムチンは新陳代謝を活性化するという。メインは鰹の和風カレー。市販のルーを使わず、油を極力控え、カレー粉、おろし生姜をたっぷり入れたヘルシーカレーである。ローカロリーな夕食は、家の者たちにも好評。お茶を飲み、果物を食べ、寛いでいたのだが、パソコンをいじっていた子供が不穏なことを言い出した。「パパ、さっき『わらの犬』っていう映画観ていたでしょ」。「えっ」。どうやら映画のエンドクレジットの途中で急いで画面を閉じたので、まだサイト上では視聴中という表示になっていたのを目敏く見つけたらしい。「それどんな映画なのよ」。「あらすじはここをクリックすればすぐわかるよ」。余計なことを…。かくして、夕食で一定の評価を得たのが一転して、家族の留守中に残酷な暴力映画を見ていた男とされてしまった。芻狗《すうく》と為すか。

『鰹の和風カレーのレシピ（4人分）』

〈材　料〉

鰹（刺身用のサク2本。解凍の安物でよい。1㎝幅に切る）、厚揚豆腐1丁（縦に3分し、横に8分する）、しめじ1パック（石突を切り、ほぐしておく）、椎茸4本（適当に切る）、玉葱人参中半本（3㎜厚の短冊切り乃至いちょう切り）、中1個（櫛切り）、長葱1本（青い部分も含めて、小口切り乃至斜め切り）、しし唐がらし1パック（へたを切り落としておく）、おくら6本（5㎜厚に輪切り）、生姜3㎝大（おろしておく）、サラダ油大匙6、カレー粉大匙6、固形ブイヨン2、トマトケチャップ大匙2、麺つゆ、片栗粉大匙3

〈作り方〉

① フライパンにサラダ油をひき、玉葱を炒め、透き通ってきたら人参、厚揚げ、しめじ、椎茸、長葱の順に投入して炒める。

② カレー粉半量を鍋の具材に振りかけ、混ぜながら軽く炒める。

③ まぐろを入れ、カレー粉の残りとおろし生姜を振り、軽く炒めたら熱湯600ccを注ぎ、ブイヨンとケチャップを入れる。

④ 沸いたら火を絞ってしし唐、おくらを入れ、2分ほど煮てから、麺つゆをおたま1杯入れ、味見をしながら？つゆを足していき、味を決める。

⑤ 水溶き片栗粉でとろみをつけたら完成。

その6 平成29年1月△日（正月休み）

『日本霊異記』に因果応報の意味を知る

正月だというのに夕方になってから、子供が、友人が来るから食事を用意しろと言う。今晩は、昨日の鍋物の残りで済まそうと思っていたので、それで足りなければ餅を焼いて汁粉でも作ってやると応答したら、洋食にしろと言う。女房まで子供の肩を持って、「何か作ってやりなさいよ」とくる。やれやれ。今から買い物は面倒だし、そもそも正月だからいつも行くスーパーも休みだ。

冷蔵庫を探索したら、冷凍を含めて鶏胸肉が4枚あった。下の子と女房は比較的大食ではないので1／2枚ずつで我慢してもらうことにして、メインは鶏胸肉のソテーにしよう。ソテーにするのに、あまり肉が厚いと肉の中心部まで火が通りにくい。300g以下のものがいいのだが、生憎と皆350～400gはありそうだ。焼き過ぎると焦げたりパサついたりするし、牛肉と違って鶏肉は火が通らないとおいしくない。焼き方には気をつけないといけないな。次は野菜だ。白菜、葱、椎茸といった鍋物系はあるが、洋食に使えそうなものとなると、ミニトマト、セロリ、しめじ、使い残しのパプリカと春菊ぐらいか。ミニトマトと春菊の葉、セロリの茎、パプリカでサラダを作ろう。主食は、パンがないからご飯ものにするほかない。おかずが一品しかないから、しめじとセロリの葉、春菊の茎でガーリックライスを作ろう。前菜は省略。スープ代わりに、一昨日女房が作ったシチューの残りを出そう。

まず炊飯器をセット。炊きあがるまで1時間半かかる。飯が炊けないとガーリックライスに取り掛かれないので、それまでテレビでも観ながら、他の材料の準備作業を進めることにする。分厚くて火が通りにくい鶏胸肉をソテーするにはオーブンを使うのが楽だが、我が家でオーブンは調理器具の収納庫と化しているので、片付けるのが面倒だ。フライパンでも焼けないことはないので、オーブンは使わずに済ませよう。

材料の下ごしらえを済ませ、サラダを完成一歩手前にしたところで一時停止。テレビを観ること30分で飯が炊けた。さぁここからが勝負どころ。中華鍋でガーリックライスを2回に分けて作りながら、大型のフライパンで鶏胸肉4枚を焼く。大汗をかいて何とか仕上げ、食卓に着く。鶏ソテーは肉が厚いのでかなり入念に焼いたから、パサつきを心配したのだが、ワインマリネが良かったのか、まあまあの出来。サラダとガーリックライスも好評である。

いつも週末の夕食後の楽しみはネット配信で映画を観ることなのだが、今晩は上の子の客もいて、女・子どもが食卓を占拠して、毎度お馴染みの芸人たちが並んで騒いでいる馬鹿番組を見ながら、愚にもつかないおしゃべりを延々と続けている。諦めて寝室に行き、『日本霊異記』（講談社学術文庫　1978年）を読む。同書は、皆さんご存知の日本最古といわれる説話集で、正しくは日本国現報善悪霊異記、著者は平安時代初期の薬師寺の僧景戒である。原文は漢文だが、私の読んでいる文庫本には現代語訳がついているので、すらすら読める。面白い。ほとんどの説話が仏教的な因果応報譚で、善悪の報いが必ずあるのだが、その報いが割とすぐに来る。来世を待たずに現世で受けるケースも少なくない。また報いを来世や地獄で受けるケースも含めて、報いの描写が極めて具体的である。例えば、法華経を書き写す女の過ちを非難した男はたちまち口がゆがみ、顔が後ろにねじれ曲がってしまったし、不当な高利息を取り立てていた強欲な女は、閻魔王宮に召されて罪を問われた夢を見た翌日に死んで、七日後に上半身牛に化して生まれ変わる。

私が一番興味深く読んだ説話は、次のようなものである。御手代東人《みてしろあずまひと》という人が、吉野山に入って3年間仏道を修行し、常々観音菩薩に「わたしに銅銭一万貫、白米一万石、それから顔よき女人など、たっぷり授けてください」と祈っていた。高官の娘が病気になったのを東人《あずまひと》が呪文で直したことが契機となってこの娘と恋に落ち、彼女と結婚した東人は財産と官位を得た。数年後、この女（東人の妻）は重病で死の床につくと、家長である自分の兄に、自分が死んだら兄の娘を東人の妻にして、家の財産を管理させてくれと頼んだ。兄は妹の遺言を承諾し、東人はこの世で大きな福徳を得た。これは仏道修行と観音の威徳によるという話である。

あまりにも直接的で、何となく不謹慎な感じもする現世利益譚だが、仏教を広めるという景戒の目指すところからすれば効果的であったろう。およそ世間に何かを説くに当たり、こうしないと将来大変なことになるぞと脅すより、こうすればいいことがあるぞと誘導する方が、俗世である限り説得力があるのではなかろうか。そういえば、若い頃、女性にもてたいという不純な動機でダイエットに励んだ友人は大減量に成功したが、医者から将来の成人病リスクが高いと脅された私は減量に真剣さを欠き、未だ肥満体のままである。

また脅し型の説得においても、かなり先の将来を抽象的に脅かすより、霊異記方式でごく近い将来にかくかくしかじかの災難に遭うぞと具体的に説く方が、説得力がある。長年にわたり、将来歯をなくさないためにと歯磨き励行を指導されながら数十年来いい加減にしか歯を磨いていなかった私であるが、歯肉炎になってしまい抜歯の危機に直面して以来、毎食後に二種類のペーストと歯間ブラシと歯肉炎用の特に柔らかい歯ブラシで、歯間から歯茎までたっぷりと時間をかけて真剣に磨いている。

何のことやらわからない話になってしまったが、近時の欧米の政治動向などをみるにつけ、「理」で人を説くのは難しいとつくづく思う。多くの人は、表向きはどうあれ「利」には弱いし、上から「理」を説かれると感情的に反発したくなるものだ。利益や快楽は早く手にしたいし、負担や精進は先送りしたいものだ。少々えげつないにせよ、具体的直接的な因果応報説話で人々を仏教に誘導しようとする景戒のやり方は、現代において人々に「理」を説かねばならぬ人たちにも、ある意味で参考になるのではないか。お釈迦様は、衆生済度のために方便ということを考えられたと、どこかで読んだか聞いたような気がする。勿論お釈迦様は「嘘も方便」と言ったのではあるまい。相手に応じて最も効果的な説き方を工夫せよ、とおっしゃったのであろう。

もう一点、日本霊異記で面白かったのは、僧や寺院から物を盗んだ場合には、最大限の厳しい報いを受けるという話が頻繁に出てくるということである。僧や寺院から物を盗む輩が多かったのだろうなあと思いつつ、景戒には申し訳ないが、僧や寺院の財産保全の思いの強さに何となく可笑しみも感じてしまってにやにやしていたら、突然の厳しい声が飛んできた。

「寝室に逃げ込んでいないで、早く食卓と台所を片付けなさいっ」。えー、先刻皆が芸能界の話題に興じている時に、一人であらかたの食器は洗ったのに…。世の中に因果応報で説明できないことは多い。

『鶏胸肉ソテーと有合せガーリックライスと有合せサラダのレシピ（4人分）』

〈材　料〉

鶏胸肉4枚（300g以下のものがよい）、**しめじ1パック**（石突を切り、ほぐしておく）、**セロリ1本**（葉はみじん切り、茎は薄く斜め切り）、**春菊半束**（葉はちぎり、茎は5㎜幅に小口切り）、**ミニトマト1パック**（十字に切込みを入れて湯剥きしておく）、**パプリカ半個**（薄くスライス）、**にんにく1片**（みじん切り）、**ご飯3合、白ワイン50cc、オリーブ油、タイム粉末、粒マスタード、ワインビネガー大匙1、おろしにんにく小匙1／2、オレガノ粉末**（なければ省略可）、**塩、こしょう、粗挽こしょう**（普通のこしょうで代用可）

〈作り方〉

① 鶏胸肉に塩小匙4を振り、すり込んでからビニール袋に入れ、白ワインを振りかけてから口を縛り、時々上下を返しながら30分ほど置く。この間に他の材料の下準備をする。

② 密閉容器に湯剥きしたミニトマトと薄く切ったセロリの茎を入れ、塩小匙1／2、ワインビネガー、おろしにんにく、オリーブ油大匙1を加え、オレガノ、こしょうを軽く振って、しっかり蓋をして力任せに振り、そのままおいておく。サラダ用の皿に春菊の葉とパプリカを敷いておく。

③ 鶏肉を袋から出し、水気を拭いて両面にタイムとこしょうをしっかり振り、さらに塩少々も振り、よくすり込む。フライパンに皮を上にして鶏肉を並べ、1枚につきオリーブ油大匙1／2をかけ、裏返して同様にオリーブ油をかける。皮を下にして強火で3分中火で3分ほど焼き、焼け具合を見て皮がきつね色になったら、裏返して中火で3分焼く。

さらに少しずらして蓋をし、弱火で3分焼き、いったん取り出して、縦半分に切り、焼け具合を見る。十分火が通っていれば鍋に戻し、切った面を下にして中火で1分焼き、下記の作業が終わるまでずらして蓋をしてそのまま置いておく。

火が通っていなければ、切った面を下にして焼け具合を勘案しながら中火で2～5分焼き、少しずらして蓋をして弱火で数分焼いて、そのまま置く。

④　③と並行して、フライパンか中華鍋で３回に分けてガーリックライスを作る。オリーブ油大匙２をひいて中火で熱し、春菊の茎、しめじ、にんにくみじん切りの順に各１／３相当を入れ、３０秒ほど炒めたら、次いでご飯１合を入れ、切りほぐしながら（自信があれば、炒飯の要領で鍋をあおって上下を返しつつ）炒める。１分したら、塩小匙１、セロリの葉１／３相当、粗挽こしょうを振り、さらに２分炒めたら皿に移す。これを３回繰り返す（多少腕力を要するが、１／２ずつ２回でもよい）。

⑤　密閉容器を再度振ってからトマトとセロリを取り出し、サラダ用の皿の春菊の葉とパプリカに載せ、容器に残ったソースもかける。別の小鉢に粒マスタードを取り、ワインビネガー少々をかけてよく混ぜ、鶏肉用のソースにする。

⑥　諸準備が整ったら、（冷めていたら軽く加熱してから）鶏肉を取り出し、食卓に並べて完成。

＊　皆と一緒に食卓に着くためには、③、④を要領よく同時並行に進める必要がある。本文でも述べたが、鶏肉を焼くのにオーブンを使うとずっと楽だ。両面をフライパンで２分ずつ焼いてから、オーブンで１９０～２００度３０分ぐらいの感じ。また、オーブンの場合は、肉に切り込みを入れてピザ用チーズないしはバターを押し込んで、楊枝でとめて焼くとしっとりした仕上がりになる。フライパンで焼くときにそれをやると、半分に切るときにチーズが流れ出すので注意。

＊　鶏肉に蓋をして焼くときに蓋を少しずらすのは、ワインでマリネした鶏肉から水分が出やすいので、水蒸気を適度に飛ばすため。

その７

オランダの歴史映画に大衆心理の恐ろしさを見る

２月△日（土曜日　立春）

暦の上では春は立ったが、実に寒い。パジャマのままドタバタと体操をして多少温まったところで、急ぎ身支度して買い物に出かける。酒、乾物、野菜、卵と買って回り、最後に鮮魚・精肉売り場。朝早いのでいつも買う輸入牛の肩ロースの極薄切りがまだ並んでいないが、今朝はラム肉が冷蔵商品棚にある。辛い薬膳火鍋風にして食べよう。どうせ家の連中から羊は臭いだのなんのと批判が出るだろうから、豚肉も買っておこう。

ラム肉特有の香りは牧草の葉緑素由来のもので、私は嫌いでない。牛肉にこの香りがないのは、肉牛は配合飼料や乾燥牧草で肥育されるからである。巷間、ラム肉は脂の融点が４４℃で人間の体温より高いので、脂が吸収されにくく健康によいとされているが、牛脂の融点も４０℃だから、実は決定的な差でないように思う。健康面でのラム肉の利点は、青魚に多く含まれる不飽和脂肪酸が他の肉よりも多く含まれているということだろう。

閑話休題。買い物から戻って、納豆をかき混ぜて卵を落とし、飯にかけようとしたら、飯は子供の朝食に残しておけと言われる。仕方がない。飯なし卵入り納豆だけで、プールに出かける。首を痛めていて泳げないから、ただ黙々と水中を歩行するのみ。多少退屈だが、ジムで筋トレするより手軽だし翌日以降の筋肉痛も少ないので、最近は隔週でプールに来ている。真冬の午前１０時だというのに、プール内の水中歩行用コース

は、かなりのご年長とお見受けする方々で賑わっている。ゆったりと歩かれながらご歓談に余念がない。ご同慶の至りである。

帰宅して、昼飯はうどん。うどんは安物の乾麺、具は油揚げと葱のみで、つゆは市販の麺つゆを湯でのばして醤油を垂らしただけだが、結構おいしく仕上がる。いただき物の黒七味をたっぷり振って食べる。

食後はソファで寝転び、オランダ映画「提督の艦隊」（原題：「ミヒール・デ・ロイテル」）を観る。デ・ロイテルは、17世紀後半の英蘭戦争で英国海軍に勝利したオランダ海軍の英雄である。特に第二次英蘭戦争では、いわゆる四日海戦で英国海軍に大勝利し、さらにメドウェイ川襲撃と呼ばれている泊地攻撃では、テームズ河口からメドウェイ川を遡上して英国艦隊を焼き払い、主力艦のロイヤル・チャールズを拿捕して母国まで曳航する大戦果を挙げた。また、第三次英蘭戦争でもテセル島海戦で英仏艦隊を破り、英仏に包囲され四面楚歌の母国を上陸侵攻から救った。ホレーショ・ネルソン、東郷平八郎、米国独立戦争の英雄ジョン・ポール・ジョーンズ等と並ぶ大提督ながら、我が国ではあまり知られていない。むしろデ・ロイテルに因んで命名された、第二次大戦時のオランダの軽巡洋艦の方が、スラバヤ沖海戦で日本海軍に撃沈された船として知られているかもしれない。

話を戻すと、デ・ロイテルの強力な艦隊の建造を推進したのは、当時のオランダ共和国の事実上の最高指導者であるホラント州法律顧問ヨハン・デ・ウィットであった。当時、彼と彼の兄コルネリウスを中心とする共和国派と、オランダ総督を世襲してきたオラニエ公爵家を支持する派閥とが対立していた。デ・ロイテルは政治的には中立であったが、海軍建設でデ・ウィットと協力していた。第三次英蘭戦争で英仏連合軍の包囲侵略を受ける中オランダは疲弊し、不満をもった民衆はデ・ウィット兄弟を虐殺してオラニエ公ウィレム3世を総督に迎える。（因みに彼は英国王女を母としており、名誉革命後の英国王に迎えられ、ウィリアム3世となる。映画の中では敵役だが、実際には有能で、フランスに徹底抗戦してルイ14世の侵攻を退けている。）デ・ウィットに近いとみられウィレム3世に疎まれたデ・ロイテルは、同盟国スペイン支援を名目に、貧弱な艦隊の司令官として遠く地中海に派遣され、フランス海軍との戦闘で戦死する。

迫力ある海戦シーンが続く中に、政治に翻弄される有能な軍人デ・ロイテルの憂鬱が描かれた大作であった。あまりに残酷なデ・ウィット兄弟虐殺の場面には、大衆心理の恐ろしさに戦慄を覚えた私であったが、午後の睡魔には勝てなかった。昼寝から目を覚ませば、そろそろ女房子供が外出から帰る時刻だ。慌てて夕食の準備にかかる。

1時間弱で簡易版薬膳火鍋完成。なかなか美味だと思うのだが、女房が「ラムは臭い」と言い出すと、子供も付和雷同し始める。ところが有力な援軍現わる。たまたま来ていた子供の友人が「ラム肉大好き。おいしい」と言ってくれたので、形勢が一変。女房子供も憎まれ口を言わずに食べ始め、気がつけば、用意した肉は全部なくなっていた。やっぱりおいしいんだよ、羊肉の薬膳火鍋は。料理の評価も政治バランス如何で変わるものらしい。

『簡易版薬膳火鍋のレシピ（4人分）』

〈材　料〉
ラムロース、豚ロース肉各薄切り４００g程度ずつ、葱１本（薄く斜め切り）、白菜１／４（柔らかいところは大きめにちぎり分け、硬いところは短冊に切る）、椎茸４本、人参１本、春菊１束、えのき茸１株（いずれも適当に切る）、しらたき４００g（適当に切り、湯通ししておく）、木耳《きくらげ》（ぬるま湯で戻し、適当に切る）、厚揚げ２枚、豆腐１丁（いずれも縦２等分横４等分に切る）、八角２片、クコの実大匙４、乾燥なつめ数個（なくても可）、鷹の爪数本（種は除かなくてよい）、花椒数粒、にんにく２片（薄切り）、生姜３㎝大（すりおろし）、紹興酒２００cc、五香粉小匙１、粉末コリアンダー小匙１、豆板醤、中華スープの素、ラーメン（生麺）４玉、お茶・だし用パック１

〈作り方〉
① 鍋に湯を沸かし、沸いたら、八角、なつめ、鷹の爪、花椒をお茶・だし用パックに入れ投入する。５分ほど茹でたら、にんにく、生姜、クコの実、紹興酒、五香粉、粉末コリアンダーを加え、豆板醤、中華スープの素各大匙２を入れる。スープの素が溶けたら、味見をしながら、豆板醤と中華スープの素を少しずつ足して味を決める。
② 白菜の短冊と、椎茸、木耳、人参、厚揚げ、豆腐、白滝を投入し、しばらく加熱したら、卓上コンロに鍋を移し、葱と肉を入れ、煮えたら食べ始める。具を追加投入してどんどん食べる。味が薄くなってきたら、豆板醤とスープの素を足す。
③ 具を食べ終わったら、台所に戻り、別の鍋に湯を沸かしながら、火鍋の残ったスープに湯を足し、塩と醤油を加えてラーメン用のスープを作り、加熱する。湯が沸いたら、麺を、指定の茹で時間にタイマーをセットしてから茹で始める。
どんぶりに、麺を茹でている鍋から湯を少量入れて温め、残り１分になったら湯を捨て、スープをどんぶりに半分ほど入れる。タイマーが鳴ったら、速やかに麺をどんぶりに配分し、スープの残りをかけて、ラーメン完成。

＊ 肉類は、鶏肉や牛肉でもよい。野菜も、きゃべつ、大根、長いも、韮《にら》、香菜（パクチー）等ほぼ何でも可。花椒は粉末を振ってもよい。
＊ お茶・だし用パックを使うのは、八角を直接入れると、煮込むうちに砕けて、口に入ったときに不快なため。

その8

3月△日（土曜日）

赤穂浪士討ち入りの本質問答

もうすぐ3月14日である。近時は、職場の女性から2月14日に聖ヴァレンティヌスとは何の関わりもなく、ただのお義理でいただいたチョコレートの返礼日と認識する諸兄が多いようだ。中には相応の返礼品の選定に自信がないらしく、「お前に任すから気の利いたものを買ってこい」と職場の後輩に強引に委任する向きや、中には奥様に依頼する方もおられると聞く。それはともかくとして、私が3月14日で思うのは、（円周率の日でもあるようだが、）やはり江戸城松の廊下の刃傷である。

元禄14年3月14日勅答の儀の当日に、勅使供応役　赤穂藩主　浅野内匠頭長矩が高家筆頭　吉良上野介義央に、遺恨ありと礼装用の小さ刀《ちいさがたな》で切りかかったのである。皆様ご案内のように、場所柄をわきまえず刃傷に及んだとして、浅野内匠頭は即日切腹、浅野家は改易の処分が下る一方、上野介は咎められず将軍から見舞いの言葉まであった。そして、元禄15年12月14日未明に、大石内蔵助以下浅野旧臣四十七士が吉良邸に討ち入り、上野介を討ち取ったのである。

この討ち入りは直後から人形浄瑠璃や歌舞伎で取り上げられ、多くの作品が作られたが、最も有名なのは50年近く経って作られた「仮名手本忠臣蔵」であろう。当時同時代の事件を題材とする際は、幕府を憚って舞台を足利時代とし、登場人物もその時代の人物に置き換えるのが通例であり、「仮名手本忠臣蔵」でも、

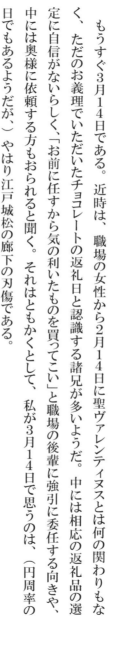

浅野内匠頭は塩谷判官《えんやはんがん》、吉良上野介は高師直《こうのもろなお》と、足利期の人物に置き換えられている。維新後はこの制約がなくなり、登場人物を実名で記した作品が書かれるようになった。その白眉は、真山青果が昭和9～16年に新歌舞伎の演目として書き下ろした『元禄忠臣蔵』（岩波文庫　1982年）であろう。今日は、朝買い物も済ませ、午前中にジムにも行った。昼飯はキャベツと人参を刻んで入れた炒飯をたっぷり食べた。「元禄忠臣蔵」でも読みながら昼寝しよう。

「元禄忠臣蔵」連作十編は、それぞれ素晴らしい演目だが、私が一番好きなのは「御浜御殿綱豊卿」である。歌舞伎でしばしば演じられるので、よくご存知の方も多いと思うが、あらすじを申し上げると、松の廊下の刃傷から1年後の元禄15年3月、甲府藩主徳川綱豊（後の六代将軍家宣）の御浜御殿では、女中などが無礼講で楽しむ年に一度の「お浜遊び」が催されていた。

客に吉良上野介が来ることを知った赤穂浪士富森助右衛門は、事前に仇の顔を見ておきたいと紛れ込もうとするが、綱豊の御前に召されることになる。綱豊は、浪士の決意や動静を語らせようと様々に挑発し、ついには仇討を応援したい本心まで覗かせるが、助右衛門は口を割らない。しかし綱豊が「明日登城して浅野家再興を願い出る（が、そうなると幕府が浅野家再興を検討中なのに吉良を討つわけにはいかぬから、仇討ちはできなくなる。それでも構わないのか）」と言うと、助右衛門は平伏し、流涕してただ綱豊を見上げる。

綱豊は助右衛門の本心を悟るが、「お家再興の議が成れば仇討はできなくなる」と焦る助右衛門は一人で吉良を討つ決心をし、吉良が能でシテを演じる折に討とうと、夜分舞台の裏に身を隠す。逸《はや》る助右衛門は、目の前に通りかかる面をつけたシテを槍で突くが、避けられてしまう。突きに突きかかる立回りの中に、シテの面が外れると、それは綱豊だった。そして綱豊は助右衛門に、「義人の復讐とは、（闇討ちで吉良の首級さえ挙げればよいというものではなく）吉良の身に迫るまでに、汝らの本分を尽くし、至誠をいたすこと」と諭す。内蔵助の心情に思いをいたす綱豊に、助右衛門は平伏し、号泣する。そして綱豊は何事もなかったかのように、能の舞台へ出て行くのである。

この綱豊の説諭は、なかなか難しい論点を含んでいるように思う。綱豊は説く。「義の義とすべきはその起るところにあり、決してその仕遂げるところにあるのではない」と。そして、誠心誠意義理や正義を尊重したのであれば、不幸にして討ち漏らしたとしても浪士たちの義心は傷つけられるものではないし、義理や正義に反するやり方では討っても意味がないと諭す。討ち入りを、亡君の無念を晴らすもの、すなわち主君への儒教的な忠義と位置付けるならば、綱豊が言うように正々堂々手順を尽くして討たねば儒教的な意味において大義名分が立たないという考え方も成り立つだろう。

他方、吉良邸への討ち入りは復讐に他ならないとみれば、「葉隠」の山本常朝の言うように、「赤穂浪士は仇討ちまでの間が長すぎる、その間に吉良が病死でもしたらどうするのだ」ということになる。常朝は、「上方衆は知恵があるため、世間に褒められるのは上手だけれど、武士本来の生き方である『死狂い』に相手に突っかかることはできない」旨の批判をしている。

また、綱豊は大石の心中を、一方で浅野家再興を願いながら他方で吉良を討つことは天下の大義を弄ぶことになってしまうので、悩み苦しんでいると推測している。大石たちの討ち入りの表向きの動機は、故主最後の一念の継承という忠義であり、それならば討ち入り後の浅野家再興を願っても矛盾はなさそうである。しかし、大石たちの本心すなわち赤穂浪士討ち入りの本質は、武士の意地であり、喧嘩両成敗の法に反する公儀の裁定への抗議でろう。（真山青果も「元禄忠臣蔵」中の「最後の大評定」で、内蔵助に「天下の御政道に反抗する気だ」と語らせている。）だからこそ、公儀に反抗しつつ、一方で公儀にお家再興を願うことの矛盾に大石は悩むのである。綱豊の立場で、公儀批判につながることは言えないから、大義を弄ぶという言い方になったのだろう。

討ち入り時の口上書には「君父の讐《あだ》、共に天を戴くべからず」とあったとのことだが、内匠頭は幕府に処罰されたのであって吉良に殺されたわけではないから、吉良は赤穂浪士にとって亡君の遺恨の相手ではあっても仇ではない。この点「元禄忠臣蔵」では、「仙石屋敷」において、幕府大目付仙石伯耆守《せんごくほうきのかみ》が、仇ならぬ吉良を討ったのは誤りではないかと糾すのに対し、大石は、表面的な法理ではそうかもしれないが、主従相恃《たの》む武士の人情として、内匠頭の最後の鬱憤を晴らすため怨敵吉良を討ったのだと答えている。幕府が切腹に処したのだから、本当の怨敵は公儀のはずである。大石としては、内匠頭の実弟浅野大学はじめ関係者に累が及ぶことを恐れて、正面から公儀の裁定に異議ありとせず、君父の讐を強調したのだろう。あるいは、真山青果の長女美保が巻末で指摘する「天下御政道に批判をくわえる者の空恐ろしさ」の戦慄もあるのかもしれない。

史実として、大石は赤穂城明け渡しの際、籠城して不公平な公儀の裁定に抗議せんとする家中を浅野大学に迷惑が及ぶとして説得し、その後も堀部安兵衛ら江戸急進派の早期討ち入り論を、浅野家再興の妨げになるので当面延期すべきと抑えたと言われている。元禄15年7月浅野大学閉門の上本家の広島藩浅野家預けが決定し、再興の途が断たれて、大石も早期討ち入りを決心する。

なお、「元禄忠臣蔵」の最後の演目「大石最後の一日」では、細川家中屋敷で切腹申しつけられた内蔵助は、名誉ある処分に感謝しつつも思案顔であったところ、上使荒木十左衛門から、吉良上野介の倅 左兵衛督《さひょうのすけ》が領地召上げ家名断絶の上、蟄居預かりの厳罰に処せられたと聞き、「一同日本晴れの心地」と喜んでいる。

現代の企業社会に生きるサラリーマンにも、職業も地位も捨て、経営者に反抗して意地を立てたいときがあるかもしれない。しかし多くの場合、上司・同僚・後輩あるいは家族友人などへ迷惑が及ぶことを思い、意地は小さく丸めて、ひたすら婉曲にして卑下を重ねた物言いの中に埋め、いつか賢人が見つけてくれるはずと無理に思い込んで坦々と生きていくのだろう……。

休日の昼寝ほど心地よいものはない。ふと気がつくともう午後遅い。今晩は久しぶりに牛ステーキだ。「江戸たべもの歳時記」（浜田義一郎著　中公文庫　1977年）によれば、山科に閑居していた大石内蔵助も牛肉を味噌漬けで食べていた。近江牛だとのことだが、こちらは安い輸入牛のもも肉だから、それなりの下準備をしないと、家の者たちから「かたい」「ぱさぱさだ」と文句を言われる。手間をかけたからといって、100g400円の肉が2000円の肉になるはずはないし、まして連中の酷評が変わることは大して期待できないのだが。

『輸入牛もも肉あっさりステーキのレシピ（４人分）』

〈材　料〉

輸入牛もも肉ブロック（ローストビーフ用）８００〜１０００g、セロリの葉1本分（茎は別に使う）、にんにく2片（薄切り）、牛脂（スーパーで無料でくれるもの3〜4個、なければサラダ油大匙4で代用）、バター大匙4、サラダ油大匙4、白ワイン、チューブ入りわさび、フライパンは蓋つきのものを用意する。

〈作り方〉

① 肉を、焼く1時間前に冷蔵庫から出して３㎝厚に切り、フォークで両面を万遍なく突き刺してから、キッチンペーパーで包み常温で３０分以上置く。

② 肉をビニール袋に入れ、白ワイン５０ccを振りかけ、袋の口を縛って、時々上下を返しながら３０分程度置く。

③ 肉を袋から取り出し、キッチンペーパーでよく汁気を拭き取り、焼く寸前に両面に塩・胡椒する。

④ フライパンに牛脂をのせ、中火で溶かし、肉を並べる。

⑤ 強火1分、弱火1分で裏返し、同様に焼いて、一旦肉を取り出す。調理用バット（アミがついているとなお良い）等に置いて、2分休ませてから再度表裏同様に焼き、肉を取り出す。

⑥ フライパンをキッチンペーパーで拭いてきれいにし、サラダ油をひいてからにんにくを敷き、その上に肉を並べ、バターを適当に肉の上にのせ、さらにその上にセロリの葉をのせたら、白ワイン大匙2を振りかける。

⑦ フライパンに蓋をして、強火で2分中火で1分蒸し焼きにする。火を止めてからさらに2分余熱で蒸す

⑧ 肉を取り出し、セロリとにんにくを払い落とし、2分休ませてから皿にのせる。わさび醤油で食べる。

＊ 皿をあらかじめ電子レンジなどで温めておくとよい。

＊ 肉は、外側がよく焼けていて内側がロゼ色になるように焼きたい。そのためには、短時間焼いて一旦肉を休ませるのを繰り返す手順がよいように思う。

その9
マンションの大規模修繕積立金の話に国家財政の行く末を思う

4月△日（土曜日）

蓮實重彦『伯爵夫人』（新潮社　2016年）の図書館の貸出順がやっと回って来たので、昨晩遅くまで読んでいたら、今朝は寝過ごしてしまった。同書は三島由紀夫文学賞を受賞した評判の高い作品だが、正直なところよくわからなかった。多分、私はこの作品に感動したり、没入するには歳をとりすぎているか、あるいは若すぎるのだろう。

さて、寝坊したので土曜の朝恒例のスーパーへの大量買い出しはパス。仏壇と神棚に手を合わせ、次いでラジオ体操。パソコンの動画を手本に、「いてて」「いてて」と情けない声を出しながら、朝の日課を済ませる。そして朝飯。一週間の胃と肝臓の疲れで食欲がないと言いつつ、昨晩の残りらしいスープに飯を入れて雑炊にする。そこに女房が起きて来て、一緒に食べる。我が家で、朝飯を一緒に食べると言うのは珍しい。

現代は個食の時代と言うが、我が家の、とりわけ週末の朝食は全くそうである。一番早起きな下の子は、パソコンを見ながら、紅茶とヨーグルトとドライフルーツだ。次いで私が慌ただしくお茶だけ飲んで買い出しに行き、戻ると女房が、炊き上がった飯を納豆と梅干か何かで食べ終えている。私は野菜の切れっ端で味噌汁を作り、買って来た塩鮭を焼いて食べる。一番後から食堂に来る上の子は、私が残しておいた鮭や味噌汁には見向きもせず、片手にスマートフォンを握りしめたまま、フライパンを引っ張り出し、目玉焼きとソーセージ入り野菜炒めを作る。豪快な炒め物の結果、ガス台には見事に油が飛び散っているが、当人は一心にスマートフォンの動画に見入りつつ朝飯兼昼飯を食べるに夢中で、やがてガス台の汚れに気づいた女房の怒りの噴火にも、どこ吹くを決め込んでいる。その結果、理不尽なことに女房の怒りの矛先はこちらに向かうのである。

洗い物を終えて、ジムに行くかゴルフの練習場に行くか迷う。ゴルフの練習の方が楽だが、周りの人がナイスショットしている中で、チョロやシャンクを繰り返すのは気が重い。散々迷った挙句、久し振りにジムに行くことにする。先々週20数年振りに痛風の発作を起こして、このところ運動を控えていたのだ。それにしても世の中の痛風患者に対する偏見はひどい。高尿酸血症という意味では、尿道結石と同じ病気なのに、あちらには同情し、こちらには、にやにやしながら「贅沢病ですね」とか「飲みすぎでしょう」と言う。痛風を引き起こす尿酸は、プリン体の代謝によって生成されるが、実は、食品やビール由来のプリン体よりも新陳代謝や運動によるカロリー消費に伴い体内で作られるプリン体のほうが多い。痛風発作を起こしたからといって、贅沢なものを食べたりビールをたくさん飲んでいるわけではないのである。しかも最近では、ストレスが高尿酸血症の原因の一つと言われているのだ。私は日々世間の無知偏見と闘っている。

久しぶりの筋トレを終えて、よろよろしながら帰宅する。遅い昼食は、ラーメンだ。朝の味噌汁の残りに中華鶏がらスープの素を入れてスープを作る。斜め切りした葱を胡麻油で炒め、湯通ししたもやしを加えて、塩胡椒、豆板醤とにんにく、生姜で味付ける。スープを半分ほど入れた丼に茹でた麺を入れ、炒めた葱ともやしを載せ、さらにスープをかけて出来上がり。いい加減に作った割には、胡麻油と味噌の風味が混ざって、なかなか美味い。

ラーメンで満ち足りたところで、散歩がてら夕飯の買い物に行く。今年は寒かったせいか、４月も１週過ぎた今時分が桜満開だ。まさに春、四月、新学期、新年度である。

新年度といえば、先日友人がマンションの管理組合の役員に選ばれてしまったと、気が重そうに言っていた。懸案の有無を尋ねたら、さしあたってないとのことで、まずはご同慶。修繕積立金の引上げは、数年前の役員が片付けてくれたとのこと。引上げ幅を聞いたら、3倍だという。それでも長期的に見て十分かどうかわからないそうだ。

分譲マンションでは、共有部分の将来の大規模な修繕工事をあらかじめ長期修繕計画で見込み、その費用を賄うために、分譲当初に一定額の修繕積立基金を徴収するほか、所要額を毎月徴収して積み立てる仕組みになっている。しかし、資材の値上がりなどで工事が当初想定した費用で賄えない、すなわち結果的に積立金が不足するということもしばしばあるようだ。

また仄聞するところでは、大規模修繕積立金の水準が高いとマンションを売りにくいので、販売業者が、毎月の積立額を低めに設定する傾向があるという。当然のことながら、所要の額よりも低い額しか積み立てられていなければ、修繕工事実施時に多額の追加負担を求めなければならなくなる。追加負担について住民の合意ができなければ、修繕自体ができなくなってしまう。だから、多額の積み立て不足がある場合には、なるべく早く毎月の積立額を引き上げる必要がある。しかし誰だって負担増は嫌だから、マンションにもよるだろうが、とりまとめに当たる管理組合の役員の苦労は大変らしい。かといって引き上げを長年先送りしていると、居住に不便が生ずるし、場合によっては危険が生ずることになってしまう。

そういえば先日ある先輩と懇談した際のこと。その先輩は、過去2回マンションの住み替えをしたが、以前住んだマンションのいずれにおいても管理組合の理事長を務め、いずれにおいても修繕積立金の大幅引き上げを実現したとおっしゃっていた。先輩いわく、「大幅引き上げというと、ほとんどの人が嫌な顔をする。そこで、『引き上げしないとマンションの資産価値が下がって結局は損しますよ』と説得すると、かなり多くの人は理解してくれる。でも、年配の人の中には、『趣旨は分かったが、引き上げは自分が死んだ後にしてくれ』と言う人もいて苦労した。住民が高齢化しないうちになるべく早く引き上げをやらないとだめだね」。何やらどこかの国の財政の話みたいだが、国家財政の場合には、「資産価値が下がって損しますよ」という殺し文句がない…。

さて夕食は、使い残して冷凍してあった牛ロース薄切り肉でだしを取った大根と葱のにんにく風味のスープと、鶏つくね焼き、そして鮪、春菊、トマトを韓国風の味付けにしたサラダ。つくね焼きに、作りすぎ批判はあったものの、サラダは好評。献立は全体的にローカロリーを強調したのが良かったのかもしれない。大いに気をよくして、きゅうりを塩もみして市販のカンタン酢に漬けた自作の漬物で三杯目の飯を食べかけたら、「どこが低カロリーなんだよ。いいかげんにしなさいっ」。ごもっとも。

『まぐろ、春菊、トマトの韓国風サラダのレシピ（4人分）』

〈材　料〉

まぐろサク1本（きはだとかびんちょうの冷凍ものでよい）、**春菊1袋**（葉先側の上半分だけ使い、残った茎側は他の料理に使う）、**ミニトマト8個**（半分に切る）、**キムチの素、チューブ入りわさび、すりごま**

〈作り方〉

① 春菊の葉先側の上半分をさらに半分に切り、硬いところがあれば除き、水洗いして水切りする。

② まぐろをなるべく薄く切って、わさび醤油大匙4で漬けにする。

③ ボウルに春菊を入れ、キムチの素小匙2をまぶす。ミニトマト、まぐろを加えよくあえる。

④ 皿に取り分け、すりごまを振る。

＊ キムチの素は味が濃いので、少な目に使うことをお勧めする。

その10

薄幸の美女を思いつつ食欲に溺れる

5月（連休）

国内旅行に関心なしという我が家の連中を説得して、何年振りかで連休の家族旅行に出かけた。新幹線、レンタカーを乗り継いで、東北の山奥の湖畔に建つホテルに行く。往路大回りして、文豪ゆかりの鄙びた町に寄る。文豪生家の洋館の周りこそ賑わっているが、街にあまり人は見かけない。富士に似た美しいコニーデ型火山の優美な姿と、白や薄紅色に咲く林檎の花を楽しみながら、ひっそりとした通りを歩くと、鮨屋がある。早速に暖簾をくぐる。わさびが若干効きすぎではあったが、鮨ねたといい、その丁寧な下ごしらえといい、値段といい、大満足であった。近くの目立たない菓子屋に入り、名物だという大きな最中を買う。店頭の年配のご婦人の感じのいい応対にすっかりいい気分になった。

夕方ホテルに投ずる。暮れなずむ湖畔に桜が可憐に咲いているが、我が家族の関心は早くも夕食に移っている。ビールとワインと洋食のコース、さらにパンとバターのお代わりまでして、満腹である。食後露天風呂に行く。折からの晴天で星が降るようだが、星座に疎い私は、輝く星空から北斗七星を見つけるのがやっとである。都会育ちを恨んだ。

朝陽で目が覚めた。朝寝を決め込む家族を部屋に残して朝の露天風呂を楽しんだ後、湖に面した芝生の庭を散歩。岸辺に立つと、水はあくまで透き通っている。朝食には時間があるので芝生に置かれた椅子に座り、黒く見える静かな湖面とまだ雪を残す山々と陽光に輝く雲を眺めながら、虫明亜呂無の『女の足指と電話機　回想の女優たち』（清流出版　２００９年）をゆっくりと読む。1～2ページ読む毎に、顔を上げて桜が咲く湖畔の景色を眺めやる。実に爽やかな朝である。

虫明は、競馬、映画、文芸など幅広い分野の随筆の達人として知られる。私は今までそのちょっと変わった名前ぐらいしか知らず、初めて彼の本を読んだのだが、読んでみて熱列なファンがいるわけがわかった。知的で達意の文章ながら、そこはかとないロマンチシズムがあって、色気がある。それでいて、エロチックなものを語っても、下品さを感ずるところがない。

この『女の足指と電話機　回想の女優たち』は、副題にあるように、彼が好みの女優たちを語り、賛美した随筆集である。私は映画に造詣が深いわけでなく、挙げられている女優の半分もわからないのだが、リタ・ヘイワーズ、シャーロット・ランプリング、フェイ・ダナウェイなど多少私が知っている女優も登場する。中でも一番興味深く読んだのは、永遠の処女にして薄幸の美女、及川道子についての文章である。７０数編に及ぶ随筆集の中で3編、彼女について論じているぐらいだから、虫明も彼女に思い入れが強かったのだろう。

大正末から昭和初期に舞台や映画で活躍した及川道子は、１９１１年生まれ、東京音楽学校卒。没落士族の娘で、青山学院の近くで父が営む喫茶店を少女の頃から手伝っていたのを小山内薫に見出され、築地小劇場に出演するうちに、その清楚で知的な美貌が松竹の目にとまり映画界入りした。たちまちスターになり苦しい家族の生活を一人で支えたが、生来病弱で、結核から咽頭がんにおかされ26才の若さで亡くなった。虫明は彼女を「その頃までの日本の女優たちが決定的に欠いていた『女の気品』を、はじめてスクリーンに持ちこんだ女優」としている。及川道子は、8歳年上の編集者で幻想的短編小説家の渡辺温《おん》と一時期相思相愛の関係であったという。渡辺も将来を嘱望されていた若手作家であったが、ある日谷崎潤一郎のところへ原稿を催促に行った帰りに、乗車していたタクシーが阪急電車夙川踏切で貨物電車に衝突して27歳で事故死した。数年後病勢が進み声を出せなくなっていた道子は、死期を悟ると筆談で「温さんと結婚したかった」と書き遺す。虫明は、「あの頃は、こういう生き方をする美人が東京の市井の片隅で人目につかず生きていたものである」と書いている。

さて、そろそろ朝食の時間だ。家族を呼び、食堂に行く。朝食はブッフェ・スタイル。せんべい汁に塩鮭、塩鯖、豆腐に納豆、烏賊メンチ、いぶりがっこ、海苔、梅干、ご飯と和食に始まり、ベーコン、卵、ソーセージ、フライドポテト、サラダ、ヨーグルト、クロワッサンにトーストも食べ、ついでに朝食カレーも食べる。つい先ほど薄幸の美人女優に思いをいたしていたとは思われない爆発的食欲に、我ながらやや呆れる。

しかし、食は、芸術やスポーツあるいは恋愛の才能に恵まれない人間にとって、生きることの歓びを実感させてくれる数少ない快楽である。食の楽しみというものは、主として、舌と口腔内の感覚を通じて味覚として味わわれるが、さらに胃袋の充足感覚と血糖値の上昇を経て、最終的な満腹感がもたらされる。満腹感までたどり着いてこそ、真に食を楽しんだことになるのだ。満腹になるまで食べるという姿勢は、ある意味で人生に対する誠実さを示すものではないか。

胸中爆発的食欲の自己弁護に努めつつブッフェの会場を回るうちに、コーヒーを取るはずが、いつの間にかフレンチトーストの大皿の前に立っている自分に気がつく。ふと我々の卓を見ると、女房の表情が険しい。人間社会では、誠実な生き方にも限度があると悟った。

旅行の帰り、新幹線の車内。夕食が二日続きで洋食だったせいか、醤油と砂糖の甘辛味が無性に恋しくなる。鰻の蒲焼か鶏の雑焼きの駅弁でもと思っているのだが、満席の車内に弁当はなかなか売りに来ない…。私は、明日の晩飯は甘辛味のおかずにしようと人知れず固く決意した。

『鶏もも肉の雑焼き風のレシピ（酒肴として4人分）』

〈材　料〉

鶏もも肉2枚（あまり肉厚なものだと火が通りにくいので、250〜300gぐらいのものが良い、フォークで皮目を適当に突き刺しておく）、**葱1本**（青いところと根元を切り落として4〜8等分し、平行に並べ竹串2本で横から刺しておく）、**しし唐1パック、醤油、酒、みりん、各大匙4、砂糖大匙1、おろし生姜大匙1、竹串、粉山椒**

〈作り方〉

① 小鍋に醤油、酒、みりん、砂糖を入れ、水大匙1を加えて一煮立ちさせ、火を止めて生姜を加え、鶏2枚が広げられるバットか皿に入れる。

② フライパンに薄くサラダ油をひき、串に刺した葱を焼く。時々裏返しながらしっかりと焦げ目がつくまで焼き、葱を取り出す。

③ フライパンに鶏を、皮目を下に並べ、中火できつね色になるまで焼き（5〜7分）、裏返して同時間焼いたら、取り出して皮目を下に、たれが入っているバットに入れ、1分ほどで裏返す。

④ フライパンの余分な脂を、丸めたキッチンペーパーをトングか菜箸でつまんで軽く拭き取り、しし唐を入れ、中火で1分ほど炒めていったん取り出す。

⑤ フライパンに鶏肉を、皮目を下に戻し、中火で1分炒めたら、たれを注ぎ煮立ったら鶏の上下を返し、1分ほどで火を止める。鶏を取り出し、1cm幅ぐらいに（可能であればもっと細く）切り、皿に並べる。

⑥ 串から外した葱としし唐をフライパンに入れ、中火でたれにからめる。1分ほどで取り出し、鶏の皿に盛りつけ、残ったたれを上からかけて完成。粉山椒を振って食す。

その11

面白くてやがて哀し『古川ロッパ昭和日記』

6月△日（土曜日）

先週喜劇役者古川ロッパの評伝『哀しすぎるぞ、ロッパ』（山本一生著　講談社　2014年）を読んだ。昨晩は、それに触発されて、遅くまで『古川ロッパ昭和日記』（晶文社　全4巻　1987年）、特にロッパの晩年近くの箇所を拾い読む。ロッパは、読者諸兄姉ご案内の通り、戦前エノケンこと榎本健一と人気を二分したコメディアンである。本名古川郁郎《いくろう》、実父は宮内省侍医男爵加藤照麿、祖父は帝国大学総長、帝国学士院長などを歴任した男爵加藤弘之である。六男ということもあり、生後すぐ養子に出された。養父は帝国鉄道庁技師古川武太郎、養祖父は幕臣出身の陸軍中将古川宣誉とこれまた名流である。

郁郎は早熟のインテリで、早稲田中学に通っていた頃から映画評論を執筆し、筆名が緑波《りょくは》。芸能活動に際して、これを転じてロッパとした。早大英文科在学中に菊池寛の招きで文芸春秋入りした。映画雑誌の経営に入れ込んで養父の遺産をスってしまった彼は、宴会の余興としていた声帯模写がきっかけで喜劇役者に転向。舞台や映画に加えて、声帯模写、歌、漫談と幅広く活躍し、特に昭和初期から戦争直前までの黄金期には、文字通り一世を風靡した。

戦後も活躍し、時に当たりを取るが、新しい時代への適応力を欠くロッパは、やがて人気が落ちてゆく。若い頃からの我儘で横暴尊大な振る舞いがたたってか、映画・芸能関係者たちや後輩の役者から、次第に距離を置かれるようになり、いい仕事が回って来なくなった。因みにロッパの我儘は有名で、例えば食糧難の戦時中の昭和19年1月11日の日記には、「（日劇でエノケンの舞台を見た後）、そこからホテルのグリルへ。注文制となり、前以て申し込んで置いた。有楽座に寄って前川を連れ出し、これを影武者にして、二人前食ふ」とある。二人で食事すると申し込んでおき、同行させたマネージャーには一切食べさせず、自分だけ二人前食べたというわけである。

昭和30年代に入り、持病の糖尿病、心臓病に加えて結核を病むが、多額の借金を抱えて療養もままならず、喀血や呼吸困難に苦しみながら、それを秘して仕事を続けた。35年の暮に倒れ、翌年1月に死亡した。日記魔としても有名である。日記は、死去直前まで休みなく綴られており、最晩年のあたりには「何故書くのだ。書かずにはゐられない。業なのだ」、「（ようやく日記を書く時間ができて）待望の日記だ」「日記は俺の情熱、いのち、そして業」という記述があるほどである。ロッパの日記は、戦前篇（昭和9年～15年）、戦中篇（昭和16年～20年）、戦後篇（昭和20年～27年）、晩年篇（昭和28年～35年）の四分冊で刊行されている。前掲『哀しすぎるぞ、ロッパ』によれば、あまりに膨大なために出版にあたってかなり大幅に削除されているそうだが、刊行されているものでさえ、極めて大部なものであり、図書館から借りだしてくるのも重いので一苦労であった。

晩年篇は、健康状態の悪化もあり、日記中にSHという略語（鮮色の喀血hemoputysisの意か）の記載が多くなる。養生のため禁煙しては数日で挫折することの繰り返しも目に付く。仕事や人間関係に関する愚痴も多く、総じて哀しみを帯びた記述となるが、美食家健啖家として知られたロッパだけあって、なお飲食に関わる記述は多い。

死去する1年半前昭和35年8月13日木曜彼の56歳の誕生日の日記を見ると、かなり病勢が進んでいたと思われるが、朝食はマカロニグラタン、スープ、パン。昼にラーメン。おやつにスープとベーコン・チーズの焼サンド、冷ココア。夜は、冷奴や板わさでハイボール7杯に、カツレツで飯1杯である。死去3か月半前の35年10月1日土曜は、新宿コマ劇場10月公演初日であるが、朝食にフランスパンと挽肉卵。昼は、コマ劇場地下のにぎりめし屋で、炒り肉のにぎりめし三つとなめこ汁と椎茸と豆腐の味噌汁。夜の部の舞台がひけた後は、発熱に伴う「微熱的不快」に耐え、金策の首尾を案じつつ、麻雀をしばらく楽しんでから、一人で「チキンヌードルスープといふやうなもの」を肴にサントリーハイボール。店内が暑いといって別の店に移り、ローストポークでサントリー角をやり、茸《きのこ》のクリーム煮も食べる。

日記の最後となる12月25日日曜には、喀血と息切れ、発熱で、フラフラになりながら、大阪梅田コマ劇場で舞台をこなしていて、痛々しい。食事の方は、朝食にプレスハムエグスで飯1杯、昼は蜜柑、晩は肉うどんの生卵かけと、食も細っている。夜の部の舞台を終え、寝床で日記をつける。日記の最後のページは「日記済み、夢声戦争日記昭和二十年読み出す。…十二時半、夢色々見て、小便に起きる。ハーハー息切らして戻ると、大の方も出たくなったが、息切れ治まる迄は、とても動けない。床に入り、フーハー治まるのに何分。一時、七・二」で終わる。七・二は体温である。翌26日千秋楽の舞台を務め、27日帰京し、即入院。翌36年1月16日死去。57歳であった。

今朝はいささか寝坊してしまったが、とにもかくにもスーパーに食材の買出しに行くことに。洋食とウィスキーを好んだロッパに敬意を表して、今晩のおかずはハンバーグとマカロニグラタンにしようと、愛用のリュックを担いで勇躍出かけた。

しかし、夕方近く晩飯の支度に取り掛かろうとしたとき、女房から厳しく制止された。「ハンバーグもマカロニグラタンも絶対駄目。男子中学生じゃないんだから。少しは自分の年齢を考えてヘルシーなものにしなさいっ」。

結局、挽肉は肉団子にして中華風スープ（ただしカレー味の）にすることで何とか使用許可を得たが、マカロニは封を切ることを許されず、具材になるはずだったブロッコリーとマシュルームはサラダに転用されることになり、夕食の献立はこれに加えて冷奴と冷凍庫に残っていた鯵の干物という、かなり想定外のものに変更を余儀なくされた。

夕食を終え、安物の果物を食べながらテレビを漫然と観るうちに、漸く家の者たちも寝室に行った。私は、再び「古川ロッパ昭和日記」をめくり始めた。

人気絶頂を極めた男が、やがて盛りを過ぎてなお自分のプライドと我儘を持て余し、時代の変化に適応できずにいつしか凋落していく。体を壊してもなお、美食と酒と煙草と日記を友として、病躯に鞭打って舞台に上り続ける。時代の変化への適応に自信のない中高年サラリーマンの私としても、そんなロッパの面白くてやがて哀しい半生に、静かにグラスを掲げたくなった。さらさらしたカレー味のスープに、香辛料・調味料を加えて味を濃くし、片栗粉でとろみをつける。これならいける。これを肴にウィスキーで献杯しよう。

『中華風肉団子カレーのレシピ（4人分）』

〈材　料〉

合挽肉800g（ハンバーグ用の安いもの。牛挽肉や豚赤身挽肉でもよい。）、**玉葱2個**（薄く櫛切り）、**人参1本**（一大乱切り）、**韮《にら》半束**（細かく刻む）、**トマト大1個**（2cm大に刻む）、**しめじ1パック**（石突を切り、ほぐしておく）、**木耳《きくらげ》1袋**（ぬるま湯で戻し、食べやすい大きさに切る）、**葱**（青いところを含めて数cm、小口切り。なくてもよい。）、**卵2個**（溶きほぐす）、**中華スープの素大匙6、カレー粉大匙8、豆板醤大匙2、砂糖大匙2、おろし生姜大匙3、おろしにんにく大匙1、片栗粉大匙6**（水100ccで溶く）、**紹興酒大匙1、五香粉、オイスターソース、胡麻油**

〈作り方〉

① 挽肉をボウルに入れてざっとほぐし、軽く塩こしょうしたら、五香粉を二振りし、おろし生姜大匙1と醤油大匙1、紹興酒を加えてざっと練る。韮を入れて、上下を返しながら大きく数度練り、卵を入れ、ハンバーグのタネを作る要領でしっかりと練る。

② フライパンに胡麻油大匙2をひき、玉葱を中火で炒める。色が変わってきたら胡麻油大匙1と人参を加え3分ほど炒める。

③ 上記②の作業と並行して、大き目の鍋に湯1・6リットルを沸かし、沸いたら少し火を絞って、①のタネをピンポン玉大に丸めて投入。全部入れたら、中華スープの素、豆板醤、砂糖を加え、弱火で煮込む。

④ ②に、しめじ、木耳、トマトの順に加え炒める。トマトを入れた1分後に、弱火にしてカレー粉を加えよく混ぜる。カレー粉が十分なじんだら、フライパンの中のものを鍋に入れ、葱とおろしにんにくを加えて弱火で10分ほど煮込む。

⑤ 味見をして（もし味が濃ければお湯をさし）、オイスターソースで味を調える（必要に応じ、豆板醤、砂糖、黒酢、醤油、花椒、ケチャップ、ヨーグルトなどを使う）。味が決まったら、五香粉を二振りし、おろし生姜大匙2を加えてよく混ぜてから、いったん火を止め、おたまでカレーをかき混ぜながら水溶き片栗粉を入れ、よく混ぜてから中火で3分ほど煮込んでとろみがついたら出来上がり。とろみが不十分なら、さらに水溶き片栗粉を加える。

＊ 肉団子のタネに、片栗粉大匙2を水50ccで溶いて加えると、口当たりが滑らかになるが、私はカレーの場合ごつごつした肉団子の方が好きなので、加えないことにしている。

その12

早期退職を余儀なくされた大正期の軍人たちの非運に同情する

7月△日（土曜日）

先日、人口問題の専門家のお話を拝聴する機会があった。現在日本人の4人に1人が65歳以上であるところ、2065年にはそれが10人に4人になり、そして4人に1人が75歳以上になるのだそうである。

報道によれば、高齢化の進行と人口減に伴う人手不足への対応として、退職年齢の引き上げの動きがあるそうだ。雇用において年齢を絶対視しない方向性は結構なことである。人生90年時代に60歳定年退職では、人材の有効活用の点で勿体ないし、個人側からすれば経済的に不安だ。退職後再雇用で5年つないで65歳から年金生活というのが、いわばモデルケースなのだろうが、上述の人口推計に照らせば、高齢でも元気な人にはしっかり稼いでもらって、社会保障を受ける側ではなくて保険料や税金をしっかりと払う側にいてもらえるようにするべきだろう。

退職年齢の引き上げに伴う人件費負担増をどうするか。生産性の向上でカバーするのがいいに決まっているが、急には無理だ。ありそうな話は賃金の年功上昇カーブのフラット化、つまり中高年の賃金の抑制だろう。中高年には切ない話だが、本来賃金は、年齢と関係なくその人が生み出した付加価値に応じて支払われるものだとすれば、ある程度はやむをえないことかもしれない。

我が国に広く定年制が行われてきたのは、戦後日本において雇用する側の解雇権が厳しく制約され、結果として終身雇用制になったからであろう。欧米先進国の多くでは、終身雇用制は一般的でなく、日本式の60歳というような比較的若い年齢での厳格な定年制や、年功序列賃金体系は、基本的に採られていないらしい。横断的労組の力が強いので、ファーストイン・ラストアウト・ルール（勤続年数が若い順での解雇）などが前提ながら、解雇は原則自由である一方、同一労働同一賃金が基本であると聞く。

勿論日本式の終身雇用、定年制、年功序列主義は高度経済成長期に大いに機能したし、現在においても、定年制とセットの新卒一斉採用制による若年者失業の抑制や、教育や住宅に金のかかる中年世帯の生活の安定などに寄与しており、評価されるべき点も少なくない。しかし、これから人口減の下で我が国が経済成長を続けていくためには、高齢者の就業を推進するとともに、同一労働同一賃金を基本として労働市場の流動化・自由化を進め、人材活用の全体最適を図っていくことが重要だろう。かつて高い成長性と競争力を持っていた企業が、それらを失ってもなお社内に、かつて採用した多くの有為の人材を必要以上に抱え込んでいるのは、抱え込まれている個人としても、国全体としても勿体ないことである。

他方で、十分なセーフティネットや支援がないまま解雇だけ自由化していくと、個人へのしわ寄せが大きくなる。また、一口に労働市場の流動化・自由化といっても、市場原理だけで最適化できない分野もある。改革は急務であるが、その痛みが、一部の人にだけ片寄せされないようにしなければ、新たな歪を生んでしまう。

ところで戦前の日本社会は、基本的に解雇自由で終身雇用制ではなかった。戦前、日本で数少ない終身雇用的な職業が職業軍人であった。軍人については定年制がとられ、階級毎に現役で勤務できる上限年齢である現役定限年齢が設けられていた。例えば陸軍の場合、陸軍武官服役令で少佐50歳、大佐55歳、大将

65歳等とされていた。

ところが実際には、軍隊としてのピラミッド組織を維持する必要性から、多くの場合、現役定限年齢に達する以前に、待命・休職を経て予備役編入を命ぜられていた。軍人を雇用制度から見た場合、終身現役の元帥を例外として、最長でも定年までしか勤められない一方、解雇は自由という制度だったのであり、戦後日本的な意味における終身雇用とは言い切れないものであった。

待命で俸給は8割支給、休職で6割支給であり、予備役になると俸給に代えて恩給となった。恩給の水準は、階級や勤続年数如何によるが、少佐クラスで現役時の俸給の5~6割程度と言われていた。軍人の給与水準は、同程度の学歴の他の職業に比べて低かったから、大佐以上に昇進する者はともかく、40代前半に少佐で待命辞令を受け取る相当数の者たちにとって、退職後の生活は厳しいものであったに違いない。軍当局としても、各種の退職援護施策に取り組み、実業講習会、農芸講習会、養鶏講習会なども開催されたが、中等教員養成講習会による教員への就職支援と、社会教育講習会による青年訓練所指導官への就職支援以外はあまりうまくいかなかったようである。

第一次大戦後の軍人嫌悪・蔑視の風潮の中で実施された、大正11~14年の山梨軍縮・宇垣軍縮は、軍縮を図りつつ軍備の近代化の財源を捻出するものであったが、当時約29万人の陸軍の総兵力はこれら軍縮で約10万人削減され、将校も約2500人整理された。

『日本の近代9　逆説の軍隊』（戸部良一著　中央公論社　1998年）によれば、軍人側には「軍縮の嵐吹きすさみてより…断頭台上濃霧深く閉ざして既知すべからず」、「（軍縮で予備役編入された軍人は）正真正銘、精神的戦死者である」「（退職軍人は）家運隆盛に赴いたときに離縁された『糟糠の妻』である」という嘆きが広がった。軍人の厳しい再就職事情を考えると、無理ない一面がある。同書の指摘するとおり、こうした軍人に対する扱いが、後の満州事変や五・一五事件、二・二六事件の原因になったとするのは短絡的に過ぎよう。しかし筆者は、一部の過激な軍人の軍事的冒険や政治介入に、多くの軍人が少なくとも当初それを黙認したり支持したのは、以前受けた辛らつな批判や人員整理された先輩の悲哀によって、心に深い痛手を負っていたことに一因があるとの同書の解釈には首肯するものである。

同書によれば、軍縮以前の大正前中期には、エリート軍人たちの中に、「現代の将校は、戦争において勇敢な戦士であり有為な指揮官であるが、平時には…社会に対して立派な紳士でなければならない」とする意見や「デモクラシーを立憲主義や国民の自覚など政治社会の進歩を意味するものととらえ、それと軍隊との共存」を説くような理性的・進歩的な意見も出ていたという。大正後期の世間のいささかならず尖った嫌軍の風潮と併せ考えると、感慨深いものがある。

閑話休題。深夜、大正期に心ならずも40代で馘首の憂き目にあった職業軍人たちに一人思いをいたしていた私は、どうにも飲みたくなってグラスを出し、安物の赤ワインを注いだ。肴は、昼にスパゲティ用に作った烏賊のトマトソースの残りと全粒粉のパンだ。

ところで、今読んでいる『アルツハイマー病とは何か』（岡本卓著　角川SSC新書　2014年）によれば、現時点でアルツハイマー病を治す薬はないが、予防は可能であり、地中海食が効果的なのだそうだ。地中海食とは、魚介、オリーブ油、野菜、全粒粉を使ったパンや麺類などを積極的に食べ、食中酒として赤ワインを飲むような食事習慣とのこと。ということは、今日の私の食生活は昼食夜食とも地中海食だから、心臓病や糖尿病のみならずアルツハイマー病予防にも効果があるわけで、高齢まで元気で働くためのまずは第一歩を踏み出したことになる。と、一人悦に入っていると、ひときわ厳しい女房の声。「夜中に何をぶつぶつ言っているんだよ。いくらスパゲティが全粒粉だって、昼から300gも食べてりゃ体にいいわけないっ。晩御飯に麻婆豆腐とレバニラ炒めで白米を腹一杯食べた後に、夜食で地中海食を食べたからって罪が消えるわけないでしょっ」。ごもっとも。

『いかわた入りトマトのスパゲティのレシピ（4人分）』

〈材　料〉

スパゲティ5～700g、するめいか（小ぶりなものなら4～5杯《はい》、大きいものなら2～3杯）、玉葱中1個（薄くスライス）、黄パプリカ1個（ざく切り）、にんにく1片（みじん切り）、鷹の爪2本（種を抜き細かく千切る。辛いのが好きなら種も適量使う。）、トマト水煮缶1、赤ワイン（白でもよい）80cc、トマトケチャップ大匙1、乾燥オレガノ、乾燥バジル各小匙1、オリーブ油。

〈作り方〉

① なるべく大きめの鍋で麺茹で用の湯を沸かす。

② いかを捌く。わたを破らないように気をつけながら、足とわたを引き抜き、透明な軟骨も引き抜く。胴は1cm幅ぐらいに輪切り。目の下に包丁を入れて足とわたを切り離し、足はばらしておく。わたは後で使うので取り分けておくこと。他の具材も整えておく。

③ 大き目のフライパンにオリーブ油大匙4をひき、弱火でにんにくと鷹の爪を炒める。

④ にんにくの色が少し変わったら、いか（わた以外）と玉葱を入れ、中火で2分ほど炒める。

⑤ 湯が沸いたら、塩を1リットルあたり大匙2分の1加えてから、麺を投入。指定の茹で時間より1分短めにタイマーをかける。

⑥ フライパンにオレガノ、バジル、胡椒を振り、強火にしてワインを入れ、さらにトマト水煮缶をつぶして加える。とろっとしてきたら弱火にし、パプリカを入れ、そしていかのわたの袋に切れ目を入れてわたを絞り出すように加える。ケチャップを加え、よく混ぜ、塩こしょうで味をつける。

⑦ タイマーが鳴ったら麺をトングでつかみ上げて（あるいは笊で湯を切って）フライパンに移し、大きく混ぜてソースとからめ、皿に盛り、上から香りづけにオリーブ油適量をかける。直ちに食す。

＊　ケチャップを加えるのは、甘みを出すため。甘めのワインの時は不要だが、普通のワイン、普通のトマト水煮缶の時は入れた方がおいしいと思う。ケチャップが嫌いな人は砂糖小匙1で代用可

その13

8月△日（土曜日）

大日本報徳社を見学し二宮尊徳と弟子たちに思いを馳せる

先日、静岡県掛川市の大日本報徳社を見学する機会があった。同社は二宮尊徳の唱えた報徳思想の普及を目指す報徳運動の総本山である。

これまで尊徳二宮金次郎に関しては、『代表的日本人』（内村鑑三著　鈴木範久訳　岩波文庫、1995年）に取り上げられていたのを読んだことがあるぐらいだ。うろ覚えに頭に残っているのは、一つが、親を亡くして伯父の世話になっている金次郎少年が、仕事を終えた深夜に「大学」を読んでいると、伯父に「役に立たない勉強のために貴重な灯油を使うとは何事か」と叱られ、彼がそれを了として空き地を開墾して菜種を収穫して、菜種油を灯して本を読んだら、伯父から「本読む時間があったら働け」と叱られ、彼はまたしてもそれを当然として、その後は薪を山に採りにいく往復で歩きながら本を読むことにしたという逸話。それからもう一つは、尊徳が疲弊した農村の再興を藩主から命ぜられたときに、「補助金や税の減免では再興はならず、荒れ地は荒れ地自身の持つ資力によって開発されなければならず、貧困は自力で立ち直らなくてはなりません」と述べたという逸話である。特に後者について、内村鑑三が「道徳力を経済改革の要素として重視する」ものとして絶賛していたことが印象に残っている。

尊徳については、その程度しか知らなかったので、見学に際して急ぎ『二宮尊徳』（奈良本辰也著　岩波書店

1993年）『二宮翁夜話』（二宮尊徳著、児玉幸多訳　中央公論新社　2012年）を図書館から借り出して、新幹線の車中で斜め読みしたのである。（以下の記述は、大日本報徳社並びに掛川信用金庫で拝聴したお話と、前掲二書によるところが大きい。）

さて報徳思想とは、尊徳が農政家・財政家として、荒廃した村落・地域の再興や、破綻した大身武家の家計の立て直しに取り組む中で、自分の経験をいわば社会化すべくまとめていった思想であり、大雑把に言えば、私利私欲に走るとやがて没落するが、勤勉に自らを律し周囲を助け社会に貢献すれば、いずれ自分や自分の子孫に還元されるというものである。経済的な欲望と道徳を調和させようとするものであり、実践家尊徳らしい現実主義的な思想である。

見学の話に戻ると、正門向かって右の門柱には道徳門、左手の門柱には経済門とあり、道徳と経済の調和を象徴している。この門を含めて文化財建造物が六つある中で、一際目を引くのは、明治36年竣工木造2建て入母屋造り瓦葺の大講堂である。内部を拝見すると、装飾を施された円柱や照明、上部が半円にデザインされた窓など明治の欧風文化を感じさせる。かつて公会堂と呼ばれていたこの講堂は、明治15年以来1700回余毎月開催されてきている報徳思想の勉強会である「常会」の会場である。正面上部には、右に「先聖殿」左に「先農殿」と書かれた額があり、それぞれ二宮尊徳、佐藤信淵を祀る。また、壁面には、尊徳のほか、東海地方中心に報徳思想を広めた安居院庄七、掛川在の倉真村大庄屋で庄七に報徳の教義を学びその実践に努め、明治9年に遠江国の200を超える報徳社をまとめて報徳本社（後の大日本報徳社）を創設した岡田佐平治、彼の長男で父の跡を継いで大日本報徳社二代目社長となった岡田良一郎などの肖像画が掲げてある。

相模国足柄出身の尊徳は御殿場以西に行ったことはなかったにもかかわらず、遠江地方に報徳思想が広まったのには、安居院庄七の布教活動や岡田親子の実践活動が大きかった。庄七は、相模国の修験道の家に生まれたが、米商家に婿入りし、米相場で失敗した。尊徳が相互扶助の低利融資を実践していたので、相場でもう一勝負するための借金をしようと、当時、小田原藩分家の宇津家の下野国桜町領の立て直し（いわゆる「桜町仕法」）に全力を傾注していた尊徳を桜町まで訪ねたが、相手にされず、風呂焚きをしながら面会を待つことになった。その間に尊徳のやり方（報徳思想）に興味を持ち、尊徳の弟子たちから話を聞き、仕法の書類を書き写したりして勉強した。悟るところあった彼は、尊徳に会えぬまま帰り、学んだやり方で家業を立て直したのち、家を出て、駿河、遠江、三河の荒廃した農村を回り、庄屋たちに尊徳の仕法を説き、多くの庄屋たちの賛同を得た。

中でも、仕法に一際熱心に打ち込んだのが、岡田佐平治である。彼は報徳思想に基づく仕法こそが、農村救済の最良の方策であるとして、遠州一円に広めていった。また彼は庄七等と、今市に在って日光神領の立て直し（日光仕法）に取り組んでいた尊徳を訪ねて面会した。かつて風呂の外から板壁越しにしか尊徳に接することができなかった庄七も、ここで初めて尊徳に会うことを得たのであった。佐平治は数え年16歳の長男良一郎を尊徳に弟子入りさせた。尊徳最晩年の弟子である。

良一郎は、父の後を襲って大庄屋となり、報徳学の実践による地域の振興に努め、大日本報徳社の二代目社長となるとともに、第1回衆院選で当選して衆議院議員も務めた。また明治7年に資産金貸附所を創設し、同12年に同所の中に勧業資金積立組合を設立した。これが、我が国 協同組織金融機関の嚆矢とされている。同組合は同25年掛川信用組合となり、戦後掛川信用金庫となった。良一郎は掛川信用組合長の職を辞するにあたって職員に「道徳を根とし、仁義を幹とし、公利を花とし、私利を実とす」という言葉を残した。現在も掛川信用金庫の庫是となっている。

良一郎の長男良平は、父の設立した私塾 冀北学舎に学び、帝国大学哲学科を出て文部官僚となり、貴族院勅撰議員、京都帝国大学総長、文部大臣などを歴任する一方、大日本報徳社第三代社長も務めた。

良一郎の次男 一木喜徳郎は、同じく冀北学舎に学び、帝国大学法科を出て、内務省に入省。ドイツで行政法を学び帝国大学法科大学教授となり、天皇機関説を唱え、美濃部達吉等を教えた。貴族院勅撰議員、文部大臣、内務大臣、枢密院議長などを歴任する一方、大日本報徳社 第四代社長も務めた。

さて、見学に行った週の週末、例によって朝から食材の買い出しに行く。鱸《すずき》と鯛を買い、豚肉を買い、枝豆とビールを買ったところで、ふと先日読んだ尊徳の道歌の上の句だけを思い出した。「飯と汁 木綿着物ぞ身を助く」。そうか、米を切らしていたなと米を買い、味噌汁用に味噌となめこと豆腐とみつばも買う。さて夕食。まず枝豆とビール。次いで鱸の刺身と鯛の塩焼き。そして味噌汁とご飯と豚ひれ肉の山椒風味炒め。山椒には食欲を増進させる効果があるという。大いに飯が進む。

食休み後、寝転んで前掲書の残りを読む。尊徳が貧農から足柄平野有数の富農に成り上がるには、彼の驚異的勤勉さと並外れた体力に加えて、経済合理的な考え方が大いに寄与したことを知る。因みに、尊徳については、薪を背負って歩きながら本を読む可憐な金次郎少年の像から、華奢な体格を想像しがちだが、実際には6尺25貫（約181㎝　94㎏）を超える巨漢であり、壮年期の肖像画を見ると可憐さを微塵もとどめない魁偉な容貌である。当時 開作田には租税がかからなかったので、彼は体力を活かして荒れ地を開墾し、無税の収穫から得た利益で土地を買い、その多くは小作に出して自らは開墾と開作田の耕作に従事するとともに、貸金など理財にも努めた。貸金業については、元来が商人でないため御用金の申しつけがなかったから、これまた非課税であった。

農村再建に際しては、彼はまず引き受けるに先立って、入念な現地調査を行って百年以上前の収穫高年貢高まで細かく調べて、その土地柄に応じた仕法書をまとめている。その上で、仕法引受けの前提として、領主側に貢課の額の限度を定めることと、再建期間中は仕法は一切任せることを要求し、それが容れられなければ決して引き受けなかった。桜町仕法の場合は、公称4千石の農村が疲弊して現状1千石の収穫まで疲弊していることを具体的な根拠に基づいて説明し、その上で収穫を2千石まで回復させるからそれを課税の基準とすることとし、10年間は1千石相当の貢課に抑えてその限度で宇津家の財政を賄うことを求め、これが認容されて初めて仕法を引き受けている。当初10年間は収穫が1千石を超えれば、超えた分の年貢相当を再建のための投資に充てて生産力の向上を図り、11年目以降は2千石分の年貢は納めるものの、10年間の投資により優に2千石を超える収穫が得られようになり、かつ収穫のうち2千石を超える部分は実質無税になるので農民が豊かになるという仕組みである。まさに荒れ地自身の持つ資力による開発であり、自力による貧困からの立ち直りである。

封建時代にあって、藩主に対してさえ、自ら信ずる原理原則が容れられないなら要請を引き受けないという姿勢を貫いた尊徳は立派というほかない。現代においても、尊徳のような不動の姿勢を堅持するというのは大切なことであろう。しかし、容易でないのも事実である。

感動しつつ読み続けるうちに、先程の道歌の下の句に出くわした。「飯と汁 木綿着物ぞ身を助く、其の余は我を責《せ》むるのみなり」。むむむっ。考えてみれば、勤倹なる二宮尊徳が肉や魚を暴食するわけないよな。しかし、尊徳は180cm 90kgを超える巨体を飯と汁だけで維持したのだろうか…。

『豚ひれ肉の山椒風味炒めのレシピ（4人分）』

〈材　料〉

豚ひれ肉700～800g位、しし唐1パック（洗ってへたを切る）、赤パプリカ1個（ざく切り）、塩蔵の山椒の実大匙2、粉山椒小匙1、水溶き片栗粉大匙2。

〈作り方〉

① 山椒の実を小ぶりな容器に入れ、酒、みりん、しょうゆ各大匙3を加えて、10分ほど置く。

② 豚ひれ肉を1cm幅に切り、両面に軽く塩と胡椒を振り、さらに粉山椒を振る。

③ 大き目のフライパンにサラダ油大匙2をひき、豚肉を並べ、中火で焼く。

④ 豚肉の焼いている面が軽いきつね色になったら上下を返し、中火1分で、しし唐とパプリカを入れ、中火で2分ほど炒める。

⑤ ①を振り入れ、ざっと混ぜたら、弱火にして水溶き片栗粉を加え、手早く混ぜながら火を強くしてとろみがついたら出来上がり。

＊ 塩蔵の山椒の実は、スーパーやデパ地下で売っている。佃煮風に味付けされているものでも可。

その14

タイ風ブランチを食しながら大久保利通家の夕餉の団欒を思う

9月△日（日曜日）

昨晩は遅くまで寝床で本を読んでいたので、今朝は寝坊してしまった。読んでいたのは、『卑弥呼のサラダ　水戸黄門のラーメン「食」から読みとく日本史』（加来耕三著　ポプラ社　2015年）である。日本歴史上の人物たちの食関連の逸話をまとめたものだ。

書名にある水戸黄門のラーメンというのは、明末の儒学者朱舜水《しゅしゅんすい》が光圀に献上した藕粉《オウフエン》（レンコンの澱粉）をつなぎに小麦粉で打った麪《メン》（麺）が日本最初のラーメンだという話である。舜水は、明が満州族の清に滅ぼされると、台湾に拠った鄭《てい》成功《せいこう》を支援して明再興を志したが果たせず、長崎に亡命してきていた。それを光圀が水戸に招聘し、師事したのである。光圀が食したラーメンは、火腿《フォトエイ》（豚肉の塩漬けハム）でとったスープで、薬味は川椒《チュアンジアオ》（花椒のことか）、ニンニクの茎、黄ニラの若芽、白辛子（マスタードの原料）、香菜《シャンツァイ》だという。おいしそうではないか。光圀はもともと麺好きで、饂飩、冷麦、蕎麦切りを自ら作ったという。

紫式部は、当時貴族が食べるものではないとされていた下魚の鰯が大好物だったという。彼女が一条天皇の中宮彰子（藤原道長の長女）に仕える前、十数歳も年の離れた山城守藤原宣孝と結婚していたときに（後死別）、こっそり鰯を食べていたのを夫に見つかって嫌味を言われたのに、和歌で反論したという逸話が紹介されている。慎み深い才媛が鰯好きというのは微笑ましいと思うが、前掲書の著者は、世の不条理への怒りを鰯を食べることで緩和させたとの見解を採っている。

冷徹な政治家 大久保利通は、私生活においては子煩悩な良き家庭人で、家族と食事を共にするのを何よりも好んだという。朝食は、牛乳、卵、パンなど洋風であったが、夕餉は質素ながら漬物をずらりと並べたとのこと。倒幕から萩の乱、佐賀の乱、西南戦争を戦い抜き、有司専制の批判をものともせず近代日本の基礎を作り上げた彼は、急速な近代化を目指して、能力第一主義に徹して、度量の広い人材登用を行った。実力はある一方一癖も二癖もある者や、薩長に批判的な非藩閥出身者などを大胆に抜擢して仕事を任すあたり、日本人離れしていて、三国志の魏の曹操を思わせるものがある。

話はとぶが、宮城谷昌光の『三国志』（文藝春秋、全12巻、2008-2015年）は、尊敬する先輩に勧められ、昨年から図書館で順次借りて読んでいったのだが、読了にずいぶん時間はかかったものの、面白かったなぁ。貸出中の巻もあって長く中断したこともあり、最後の2巻は、夏休みにタイの保養地のホテルで読み終えたのであった。

清水の舞台並みの大奮発をして家族で出かけたタイ旅行は、肥満体の身に長時間（といっても数時間だが）のフライトこそ辛かったが、現地は中々楽しいものであった。エステだマッサージだジムだとせわしない家の者たちを尻目に、ビーチに接したプールに浮かべたデイベッドや庭の四阿《あずまや》のソファーに悠々と寝そべって、シンハービールを飲みながらゆったりと本を読む。極楽だったなぁ。タイの料理はおいしくて、数日間食べ続けても飽きなかった…。

そうだ。今朝のブランチはタイ料理にしよう。冷蔵庫を開ける。卵はたくさんある。昨晩の残りの豚挽肉の甘辛炒め少々と、賞味期限の切れた安物のハム。野菜は赤パプリカが4分の1と、もやし、万能葱、玉葱といったところ。戸棚には、お誂え向きにビーフンがある。よし、タイ風の汁ビーフンとタイ風卵焼きを作ろう。

まず、ビーフンを茹でて水で冷まし、水切りをしておく。タイでは、ライスヌードル（ビーフン）は焼きそばや汁なしの和え麺に使われることが多く、スープ麺には中華風の卵麺が用いられることが多いとも聞くが、ホテルの朝食のスープ麺は、卵麺、ビーフンの選択が可能で、いずれもおいしかった。鶏からとったと思われるスープに茹でた麺を入れ、好みで、魚団子、もやし、パクチー等をトッピングし、シーズニングソースや青唐辛子の酢漬け等でアクセントをつける方式だった。うまかったなあ。

今朝は、本格的なスープを作る時間も材料もないので、黄門ラーメン風にハムでだしを取り、粉末の鶏ガラスープの素、ナンプラー、オイスターソース、醤油と砂糖でスープを作り、チューブ入りのパクチー（香菜）のペーストとおろしにんにく、おろし生姜で味を調える。まあまあ それらしいスープができた。卵焼きは、多めの油で焼いてかりっと仕上げる。スープに麺を入れ、短時間加熱。どんぶりに移し、湯通ししておいたもやしと3㎝幅に切った万能葱をのせ、一味唐辛子とレモン果汁を振って汁ビーフン完成。朱舜水に敬意を表して花椒も振り、大汗をかきながら食べる。いい加減に作った割には、卵焼きも汁ビーフンも結構うまい。今晩は、盛大にタイ料理尽くしといくかな。屋台で食べたタイ風のグリルドチキン、タイ風の春雨サラダ、タイ風のシーフード炒め、タイ風の焼きそば、タイカレー…。いつも家族旅行には不満たらたらの家の連中も、タイ旅行は気に入っていたから、喜ぶだろう。

待てよ、タイ料理で盛り上がって、この財政難の折に、正月にもう一度タイに旅行しようなんてことになったら大変だ。冷静さを取り戻した私は、今晩のおかずは、紫式部に倣って断然鰯にしようと決心したのであった。

家の連中に何と言われようが、大久保利通の厳めしい肖像を思い浮かべて、家族で夕餉を囲めば何でもうまいと唱え続けることにしよう。

『タイ風卵焼きのレシピ（2人分）』

〈材　料〉

卵4個、豚挽肉30~40g（常温に戻し胡椒を振っておく）、玉葱、赤パプリカ各1／4個（粗みじん切り）、ナンプラー大匙1、オイスターソース小匙1、おろしにんにく、一味唐辛子（各小匙1／2）、サラダ油大匙4、スイートチリソース。

〈作り方〉

① 卵、豚ひき肉、玉葱、パプリカ、ナンプラー、オイスターソース、にんにく、一味唐辛子をボウルに入れ、よくかき混ぜる。

② フライパンをよく熱してサラダ油をひき、周辺部までよく回す。

③ 強火にしてフライパンに①を入れ、広げる。中火にして、中央部の火が通りにくいところは箸でつついて火が通りやすくする。

④ ある程度固まってきたら、へらで持ち上げて焼いている面（下面）に油が回るようにしてから、フライパンをゆすって卵焼きを動かし、返しやすくしておく。

⑤ へらで持ち上げて焼いている面をちらっと見て、きつね色にかりっと焼けていたら上下を返し、中火で同様に焼いて完成。

⑥ 皿にキッチンペーパーを敷き、その上に卵焼きをのせると余分の油が取れてよい。スイートチリソース（好みでタバスコを加える）をつけて食べる。

＊ 具は何でもよい。万能葱とか刻んだにんにくなどでもよいし、卵だけでもよい。

＊ ③でフライパンに蓋をすると、水蒸気がこもるのでかりっと感は多少損なわれるが、早く火が通るので、上下を返しやすくなる。

その15

10月△日（土曜日）

雨月物語に善意にして軽薄な人と交わることの恐ろしさを知る

今日は天気が悪いので、午後から久しぶりに本棚の整理をしようと殊勝なことを思いついたのだが、横積みに積み上げていた本を並べ直すうちについつい本を手に取ってめくり始めてしまい、ものの5分も片づけないうちに、文庫本を抱えてベッドに横になることになってしまった。

上田秋成の『雨月物語』（講談社学術文庫　2017年）を読む。雨月物語は、かつて古典の授業で習ったとおり、九つの怪異譚からなる諸兄姉よくご案内の怪異文学の傑作である。今、還暦近くなって読み返してみると、ストーリーの怪異性以上に興味深いのは、登場人物たちの性格造形の奥深さと、彼らの展開する問答の面白さである。秋成の人間観察の鋭さに舌を巻く。

雨月物語でもっとも有名な説話は、「菊花の約」であろう。清貧を好む播磨加古宿の儒学者丈部《はせべ》左門が、旅の途上の軍学者赤穴《あかな》宗右衛門と義兄弟の契りをし、故郷の動静を見に一旦出雲へ帰ることとなった宗右衛門と、菊の節句（九月九日）に再会することを約する。しかし、出雲で従弟の赤穴丹治に拘禁されて左門との約を果たせない宗右衛門は、自死して幽霊となって左門の家にたどり着く。そして左門は丹治を訪ねて、罵倒して斬るという話である。

左門は、理念先行で直情径行にして、奥行きの浅い人物として描かれている。出雲に下向すると言う宗右衛門に、いつ左門の家に帰るかと問い、「月日は逝きやすし。おそくとも此の秋は過ごさじ」と応える宗右衛門に、「秋はいつの日を定めて待つべきや。ねがふは約し玉へ」と迫る。宗右衛門が「重陽の佳節もて帰り来る日とすべし」と応ずると、さらに「必ず此の日をあやまり玉ふな。一枝の菊花に薄酒を備えて待ちたてまつらん」と念を押すのである。これが、幽霊になって戻った宗右衛門が自死した経緯を語る中での「此の約にたがふものならば、賢弟吾を何ものとかせん」という発言の伏線になっている。秋成の筆の力は恐るべきもので、いつ戻るかと畳み込むように尋ねる左門への、坦々とした宗右衛門の応答の中に、左門の直情的な情愛をもてあましつつ、それを切り捨てられない宗右衛門の優しさと困惑が伝わってくる。「菊花の約」の冒頭には、「交わりは軽薄の人と結ぶことなかれ」とあり、末尾も「咨《ああ》軽薄の人と交わりは結ぶべからずとなん」と結ばれている。表向き軽薄の人とは赤穴丹治をさすのであろうが、秋成の真意が左門にあることは言うまでもなかろう。善意にして軽薄な人と交わることこそが災厄をもたらすということだろう。

「浅茅が原」では、下総葛飾の勝四郎という男が、妻を置いて、絹を売って一旗揚げようと半年の予定で京に上る。戦乱のために7年も帰宅できなくなり、漸く故郷に戻って我が家を訪ねると、美しかった妻の宮木は、目は落ちくぼみ、髪はぼさぼさで昔の面影もない。つらく長い年月のことを語りあいながら一緒に寝たものの、明け方寒さに目を覚ますと家はぼろぼろで、妻の姿はなく、奥の部屋に土を丸く盛った塚があり、妻の筆跡で末期の歌が記された板が立っていた。勝四郎は、「物にかかはらぬ性《さが》」（開放的でものにこだわらない反面、地道に生きることが不得手な性質）の男として描かれており、その性から農作業を怠けて伝来の田畑を減らし、残った田を売りつくして絹を仕入れ、「たのみ無き女心」を訴える妻を置いて出立するのである。盗賊に襲われたり、旅先で病気になったりするが、「揉《ため》ざるに直き志」（生来の素直な気性）から、見知らぬ土地でも周囲の人々に気に入られ、人々の支援で生きてゆく。そうした状況順応能力が、美しく貞淑な妻を戦乱の故郷に残したまま「七とせがほどは夢のごとくに」過ごさせたのであろう。勝四郎は、戦火の拡大や疫病の流行に、ある日世のはかなさを思い、何とかして妻の消息を探そうと故郷に直行するのであるから、決して悪人ではないのだが。

左門といい、勝四郎といい、真直ぐな気性や素直な気性であって、世間的に言えば好ましい人物なのだが、左門の軽薄（むしろ軽率というべきかもしれない）や勝四郎の「物にかかはらぬ性」のために、契りを結んだ宗右衛門や妻の宮木は不幸に遭うのである。我々の周囲にも似たようなことがあるかもしれない…。これまでずっと自分の、素直でない性格や物にこだわる気性をなおしたいと念願していた私だったが、軽々になおしてはいけないなと、考えを改めたのであった。

雨月物語を読んで、重陽の節句とか松風とかあるので、すっかり秋の気分になり、夕食は茸《きのこ》汁と秋刀魚の塩焼きにする。茸汁うまし。ただし、献立が少々ヘルシー過ぎたのに加えて秋刀魚が小振りだったので、物足りず、追加で冷凍の塩鯖も焼き、飯を都合三杯も食べ、さらに食後に梨と最中まで食べてしまった。

韓国ドラマを一心不乱に観ている女房を居間に残して、早々に寝室に引き揚げ、また雨月物語の世界に戻る。ふと序文を読むと、「…明和戊子《ぼし》の晩春雨は霽《は》れて月は朦朧の夜、…題して曰《いわ》く雨月物語と云《い》ふ」とある。なんだ、春だったのか。それなら鰹も買っておけばよかった。今なら戻り鰹かな。わけのわからない独り言をつぶやいているうちに眠くなってきた。

『きのこ汁のレシピ（2人分）』

〈材　料〉

鶏もも肉2枚（皮を取り、一口大に切る）**、舞茸、ぶなしめじ、えのき茸**（各1パック、石突を切り、ほぐしておく）**、椎茸数本**（石突を切り、5㎜幅にスライス）**、なめこ2袋、牛蒡15㎝位**（たわしで皮をこそぎ、ささがきにして、短時間水に放す）**、板こんにゃく1丁**（スプーンで食べやすい大きさにちぎり、熱湯で2分ほど煮てあくを抜く）**、木綿豆腐1丁**（水平に半分に切り、縦に2等分、横に8等分に切る）**、長芋15㎝位**（皮をむき、概ね1㎝角位の拍子木に切る。いい加減な斬り方でよい）**、長葱半本小口切り、刻み昆布半袋、おろし生姜大匙2、胡麻油大匙4、麺つゆ**

〈作り方〉

① 鍋に水を1・5リットル入れ、刻み昆布を加えて、沸騰寸前まで熱しておく。

② 大き目のフライパンか鍋に胡麻油をひき、中火で鶏皮を炒める。皮がきつね色になったら取り出し、鶏肉、牛蒡、こんにゃくを入れ中火で2分ほど炒め、次いで舞茸、しめじ、椎茸を入れ、さらに2分炒める。

③ ②を①に投入し、豆腐、えのき茸を加えて、沸騰しないぎりぎりの火加減に調整し、5分煮る。

④ 醤油おたま2杯、酒おたま1杯、砂糖大匙2を入れ、味を見る。麺つゆも使いながら味を調整し、味が決まったら同様の火加減で10分煮る。

⑤ 生姜、なめこ、葱、長芋を加えて3分ほど煮れば完成。七味を振って食べる。水溶き片栗粉でとろみを増して飯にぶっかけてもうまい。大根おろしをのせてもうまい。

＊ きのこを数種類使えば、それ以外の具は何でもよい。鶏肉に代えて牛肉や豚肉でもいいし、豆腐に代えて油揚げでもいい。野菜は、大根、人参、白菜、芹などを使ってもよい。味噌と麺つゆで味をつけてもよい。

その16

前から自明であった人口オーナス期の到来に、あらためて憂鬱になる

11月△日（土曜日）

久しぶりに区立のスポーツセンターのプールに行く。入場券の販売機の表示を見ると、区内在住で60歳以上だと一回400円のところが無料になるらしい。無料化まであと8ヶ月の辛抱だ。高齢者の定義は65歳以上のはずだが、有難いことではある。

他方、高齢化が進行する中で、60歳から高齢者扱いしていて区の財政がもつのだろうかと心配にもなる。まあ、60歳以上の人になるべく運動をさせて医者にかからないようにさせることで医療費を抑制しようという深謀遠慮なのだろうと、いささか自分に都合よく解釈する。

とりあえず有難いことではあるが、これから8か月の間に制度が改正されて無料対象が65歳以上からに引き上げられないかが心配だ。ようやくあと一歩のところまでくると、逃げ水のようにゴールが先送りされることは、これまでのサラリーマン人生でもしばしばあった。願わくば私が60歳になるまで制度が変わりませんようにと、自分勝手なことを祈りつつ水着に着替える。

十数年来、頸部脊柱管狭窄症に悩まされているので、泳ぐのは避けて専ら水中歩行に努めている。ご年長の皆様の列に入ってよたよた歩いていると、先日あるセミナーで人口学の専門家から聞いた話を思い出した。0～14歳の年少人口と65歳以上の老年人口を足したものに、15～65歳の生産年齢人口で割った数字

を、従属人口指数と呼ぶのだそうだ。要するに働き盛りの人口とそれ以外の人口の割合ということだが、その従属人口指数は、現在70％弱ぐらいだ。15歳から働き盛りと整理するのが我が国の現実と斉合的かどうかという議論は別として、生産年齢人口1人が従属年齢人口0・7人を支えているということだ。

我が国の従属人口指数の推移に着目すると、戦後子供の数が減るとともに低下していき、1960年代半ばから50％を割るようになる。それから2000年頃までの間は、老年人口は増加したものの少子化に伴う年少人口の減少の影響の方が大きかったから、同指数は50％を下回っていた。従属人口に関する社会の負担が小さかったこの時期は、人口ボーナス期と呼ばれている。負担が小さかった分が経済発展に寄与したわけだ。

翻って戦前の1920〜40年頃をみると、当時老人は少なかったものの子供の数が多かったから、従属人口指数は低くなく、70％程度だった。従属人口指数についていえば、現在は人口ボーナス期前の戦前の水準に戻った状態だともいえる。今後、少子化の影響から同指数はどんどん上昇し、いわゆる人口オーナス期に入り、2060年代以降同指数は95％で安定するのだそうだ。つまり少子高齢化の影響はこれからが本番である。本番前の今の時点で既に国家財政が先進国中最悪だというのに、オーナス期に入ってなお毎年公債残高を増やしていって大丈夫なのだろうか。

その専門家がおっしゃるには、同じ65歳でも昔に比べると健康度は大幅に改善しており、例えば1960年時点の65歳男性の平均余命は11・6年だったものが、2010年時点では18・7年であり、2060年では20・6年になると推計されるとのことだ。つまり平均余命という観点で見ると、1960年時点の男性65歳に当たる年齢は、2010年時点の男性では74・8歳であり、2060年時点の男性だと79・3歳ということらしい。そして高齢者の定義を「1960年の65歳に相当する年齢」と置き換えて計算すると、2060

年の従属人口指数は、通常の定義の場合には90％以上であるものが、この定義では40％台となる。これは、人口ボーナス期と変わらない水準である。皆が79歳まで現役で働けば2060年でも人口ボーナス期並みに経済成長できるとまでは言えないとしても、少しは展望がありそうな気がしてきた。とはいえ、2060年の79・3歳は、平均余命が同じだからといって本当に1960年の65歳なみに働けるのだろうかと心配にはなるが、とにかく皆が1年でも長く働いて、所得税と社会保険料を払い続ける一方で、政府は少子化対策と財政健全化に全力を挙げるというのが、現時点での最善手に見える。

そうは言っても道は険しい。2060年頃の我が国の人口は、8800万人台で現在より4000万人近く少ないという。人口≒国力だから、国力が今よりかなり低下するのだ。別の言い方をすれば、少ない人口で過去に形成された重い借金を背負うのだから、皆が1年でも長く、かつ現在よりも余程高い生産性で働くことが求められるのだ。

人口に関する将来予測の確度は高い。出生数が確定すれば平均余命はかなり精緻に推計できるから、相当正確に将来人口やその年齢別構成が見込めるわけだ。今起きている少子高齢化は何十年も前からわかっていたことだし、専門家たちは指摘してきたことなのだ。我々世代は、酒を飲むと往々にして一回り以上年長の世代を羨んできた。諸先輩が目を細めて懐しむ高度成長期のオールドグッドデイズを妬み、世代間不公平を愚痴ってきた。しかし、何だかんだ言っても、長く人口ボーナス期・人口増加期を過ごしてきたのである。いずれ将来世代からは、「少子化や人口減少なんて前からわかっているのに、あの頃の人たちは何で手を打っておかなかったんだ」とか「人口ボーナスが一時的なものであることは自明なのに、なぜボーナス期に財政黒字を貯めておかなかったのだ。ボーナス期のうちからあんなに赤字を積み上げるなんて信じられない」と批判されるだろうな…。ぶつぶつ言いながらプールを歩いているうちに、すっかり草臥《くたび》れた。家に帰って昼飯にしよう。昼飯を食べたらデパ地下に出かけてうまい魚を仕入れて、夕食は刺身と煮物にする予定だ。

今日の昼食は、家の者がいないので、久しぶりに思う存分たらこのスパゲティを食べようと冷蔵庫を空けたら、昨晩確かにあったはずのたらこがない。誰かが食べたらしい。使いかけの豆苗があったので、ベーコンと豆苗のスパゲティにしようと思ったら、ベーコンがない。オリーブ油もバターもない。こんなことなら朝一番で買い物に行けばよかった。スパゲティを断念して炒飯にしようかと思ったら、冷ご飯もない。うーん。冷蔵庫をかき回したら、黒にんにくが見つかった。まあ、黒にんにくと豆苗でナンプラー味のタイ風スパゲティにしてみるか。これならオリーブ油に代えて胡麻油とサラダ油でもよさそうだ。

ハイブリッド・スパゲティといえば聞こえはいいが、有り合わせ麺の最たるものだ。でも、結構いける。黒にんにくの甘酸っぱさがナンプラーの風味とよく合う。あっという間に食べ終える。まだ物足りない。

さらに冷蔵庫を探索すると、キムチと厚揚げの残りが見つかった。葱もある。ハイブリッド・スパゲティの第二弾は韓国風にしよう。これまたなかなかいける。まあ、炭水化物と脂肪という黄金の組み合わせを、にんにく味で食べればうまいに決まっている。油でまぶした麺を2種類400g近くも食べてしまった。折角プールを1時間も歩いたのに…。

基礎代謝量は年齢とともに落ちていく。自明のことだ。少々運動しても大食いを続けていては、体重は増すばかり。わかっちゃいるけどやめられない。一面から見れば、どこかの国の財政運営の体質と似てなくもない。

『ハイブリッド・スパゲティ2種のレシピ（4人分）』

（1）豆苗と黒にんにくのナンプラー味スパゲティ

〈材　料〉

スパゲティ5～700g、豆苗1パック、黒にんにく2片（薄くスライス、なければ普通のにんにくで代用）、鷹の爪2～3本（種を抜き細かくちぎる）、コリアンダーペースト（なければ省略）、ナンプラー大匙2、スィートチリソース大匙1（なければ省略、その場合はナンプラーを若干多めにするとともに砂糖小匙1を加える）、レモン果汁、胡麻油、サラダ油

〈作り方〉

① なるべく大きめの鍋で麺茹で用の湯を沸かす。

② 湯が沸いたら、塩を1リットルあたり大匙1／2加えてから、麺を投入。指定の茹で時間より2分短めにタイマーをかける。

③ 大き目のフライパンに胡麻油大匙2、サラダ油大匙2をひき、鷹の爪を入れ、フライパンは弱火で温めておく（黒にんにくを普通のにんにくで代用する場合はこの段階で入れ、きつね色になったら茹で汁少々を入れる）。

④ タイマーが鳴ったら、おたま1杯茹で汁をフライパンに入れて手早く混ぜて乳化させる。次いで麺をトングでつかみ上げて（あるいは笊で湯を切って）フライパンに移して大きく混ぜ、乳化した油と絡める。

⑤ 豆苗と黒にんにくを入れ、ナンプラーとスィートチリソースとコリアンダーペーストを加えてよく混ぜ、味見して味が薄ければ塩かナンプラー少量を追加。皿に盛って、レモン果汁を好みで振って直ちに食す。

（2）キムチ風味スパゲティ

〈材　料〉

スパゲティ5～700g、キムチ50g、厚揚げ1／4（8等分に切る）、長葱5㎝小口切り、キムチの素、胡麻油、サラダ油

〈作り方〉

①、②は（1）と同じ。

③ 大き目のフライパンに胡麻油大匙2、サラダ油大匙2をひき、厚揚げを中火で炒め、かりっとしたら取り出し、フライパンは弱火で温めておく。

④ タイマーが鳴ったら、おたま1杯茹で汁をフライパンに入れて手早く混ぜて乳化させる。次いで麺をトングでつかみ上げて（あるいは笊で湯を切って）フライパンに移し、乳化した油と絡めたら、キムチと厚揚げを投入しよく混ぜる。味見して味が薄ければ、キムチの素少量を加える。皿に盛って葱を振り直ちに食す。

その17

大食しまくって成功した幸運児の物語に大いに元気をもらう

12月△日（日曜日）

昨晩は深夜に間違い電話で起こされた。その後寝つかれず、そのまま朝になってしまった。不愉快だが、こちらも旧式の携帯電話をスマートフォンに代えて以来、パネルのミスタッチで方々に予期せぬ間違い電話をかけているから、文句を言えた立場ではない。スマートフォンの場合、先方に電話がつながる前に誤操作に気がついて取り消しても先方に履歴が残るらしく、先方から折り返しの電話がかかってくるので、電話口で平身低頭だ。最近はスマートフォンを操作するたびに緊張して汗をかく。

スマートフォンへの恨み言はともかく、そんな事情で今日は睡眠不足だ。朝一番で食材の買い物を済ませ、鯵の干物と納豆で朝食を食べたら猛烈に眠くなった。

目が覚めればもう昼飯時である。寝起きであっても腹は減る。乾麺の蕎麦を茹で、市販の麺つゆを熱湯で希釈して麺を入れ、湯通しした油揚げと春菊少々とかつお節をのせ、醤油少々を垂らす。七味を振って食べれば結構うまい。本来であれば、ここでジムかプールに行かなければならないのだが、面倒くさくなった。

今日は間違い電話で睡眠不足だからと、言い訳材料を見つけた私は、またベッドに戻り、先週末に書棚から発掘した『アメリカ畸人伝』（カール・シファキス著、関口篤訳、青土社、1991年）を拾い読み始める。アメリカの17~20世紀の140人の畸人のエピソードをまとめた本である。文字通りの奇人変人のオンパレードで拾い読みが止まらなくなってきた。

英国からサンフランシスコに移住したジョシュア・A・ノートンは、一旦は成功したものの投機で全財産を失い、精神状態がおかしくなり、1859年地元紙に自身が合衆国皇帝ノートン1世として戴冠即位した旨の声明文を送った。それが掲載されサンフランシスコの有名人となった彼は、以後21年間サンフランシスコ市民から新種の奇人として愛された。皇帝は、地元退役軍人会から献上された青の軍服を着用し、雨傘と杖を常時持ち歩いた。その身なりが草臥《くたび》れると、市は新品一式を献上し、皇帝は関係者すべてを貴族に任じてこれに報いたという。彼は皇帝用の特別な椅子が用意された州上院の開会式に皆勤し、新聞は彼の勅令を無料で掲載した。ノートン1世は気が向くとどこへでも食事に入ったが、勿論支払いなど念頭になく、皇帝の額面50セントの小切手を拒む商店は町に1軒もなかったという。

1880年ノートンが死亡した時、地元紙には「帝崩御」との見出しが載り、葬儀には1万人の弔問客が列をつくり、葬儀費用は金満家クラブが負担した。まさしくオールドグッドデイズではないか。

1895年結核と診断された24歳のウィリアム・H・シュミットは、健康回復と金鉱発見を目的に西部に出かけた。健康を回復した彼は、10年後金鉱を発見したが、金を山の反対側にある精錬所に運ぶ道路がない。金を運ぶため、彼は1906年から32年間不眠不休で堅い大理石の岩盤にトンネルを掘り続け、ついに567mの岩盤を掘りぬいた。新聞社と野次馬が群がり、皆が彼の執念に感嘆したが、彼が掘り続けている間、周辺に道路も鉄道も開通して、既にトンネルの意義はなくなっていた。また彼が発見した金脈に驚くほどの価値がないことも判明したが、トンネルは観光名所になり、シュミットは死ぬまで裕福に暮らした。

父親と叔母から数百万ドルの遺産を相続したヘティ・グリーン女史は、1916年に72歳で亡くなるまで、金を儲けることと金を使わないことの2つの目的に、その生涯を捧げた。ウォール街の魔女と評されるほど相場で勝ち続ける一方、木賃宿を転々とし、離婚した夫が他界してからは、汚れが目立たず洗濯の回数が少なくて済むという理由から黒の喪服で生涯を過ごし、かつドレスの下の方だけつまみ洗いして石鹸を節約した。息子ネッドが橇《そり》遊びで膝を怪我したときも、治療費節約のため自分で手当てした結果、負傷が悪化してネッドは片足を失った。

母親の資産を相続したネッドは、ヨット、女、ダイヤ、鯨のペニスの蒐集、好物のホットドッグをメイン料理にしたディナーパーティと、毎年300万ドル以上湯水のように浪費したが、1939年に彼が死亡したとき財産は5千万ドル以上と見積もられ、その相続税の収入でマサチューセッツ州は相続税率を3割引き下げることができたという。

世界屈指のベストドレッサーにして美食家と謳われたダイヤモンド・ビル・ブレディは、貧しい生まれから、鉄道黄金時代の鉄道用装置器具類のトップセールスマンに成り上がった。彼の営業戦術は、ダイヤモンドを総量58カラット着用した高級スーツ姿で、顧客を絢爛豪華な美食で接待し、桁外れの大食ぶりを発揮して顧客を圧倒するというものだった。中西部から来た鉄道成金の顧客は、地元に戻ると、数百万ドルの取引のことよりあの有名なダイヤモンド・ジムと食事したことをうっとりと思い出して、周囲に自慢するというわけである。

彼は自分の食い方の流儀をこう説明したという。「(食卓に着くと)まず、おなかとテーブルの間をちょうど10㎝空ける。食ってるうちにそれがくっつく。それでたらふく食ったことがわかる仕掛けだ」。彼のディナーの献立を挙げると、前菜として2、3ダースのオイスターと6匹の蟹と2皿のアオウミガメのスープ。メインとして2匹分のカメの肉と分厚いサーロインステーキ。山盛りの焼き菓子。以上を流し込むための4リットル以上のオレンジジュース。最後に900gのチョコレートという具合だ。

食いまくった先に人生の成功が待っていた幸運な男の胃に変調が起きたのは、ようやく56歳になってからだった。ブレイディはそれからなお6年長らえた。その遺産の大部分はジョンズホプキンズ大学に彼が設立した泌尿器クリニックに遺贈された。

幸運な男の物語に大いに元気が出てきた私は、敢然とベッドから飛び起き、夕食の支度に取り掛かった。ダイヤモンド・ビルの食い方でも56歳まで胃は何ともなかったのだから、私の慎み深い食べ方ならあと30年ぐらいは大丈夫そうだ。今晩はすき焼きだ。

今晩は、子供が二人とも夕食を家で食べないとのこと。夕食は二人分なので、いつもの輸入肉ではなく奮発して和牛ロースを買った。すき焼きには、関西風、関東風と色々流儀があるが、肉の食べ方として一番好きなのは、関西風のすき焼きでの最初の一枚の肉の食べ方である。まず鍋に牛脂をひいて肉だけを焼く。砂糖を振り、カラメルの香りがしたところに醬油を垂らす、あの食べ方だ。それ以降は野菜など他の具を入れるので、水分が出てきてすき焼きならぬすき煮になる。それはそれでうまいのだが、せっかく奮発して和牛ロースを買ったのだから、今晩は最後まで「すき焼き」で食べたいものだ。そこで、肉以外の具は、水気が出ないように葱としし唐だけにし、豆腐は冷奴で食べることにした。味付けも醬油や割り下を鍋の中の肉にかけるのではなく、つけだれ方式にすることにした。ただし、あの砂糖が焦げたカラメルの風味は捨てがたいので、少量の砂糖だけは鍋の中で肉を焼くときに振ることにした。水気を排除した鍋の底には、最後に、肉と葱の旨味が溶け込んだ脂が残るはずだから、その脂でガーリックライスを作ることにしよう。肉の単価が高い分、量が控えめなので、ご飯もので腹を膨らます意図もある。副菜は、もやしとトマトのサラダともずくの酢のものだ。

和牛のすき焼き、いと美味。ガーリックライスも和牛の脂と春菊の相性が良く、なかなかうまい。要するに霜降りの和牛の肉を食べ、その脂も葱と米に一滴残らず吸わせて、それを堪能したということだ。うまいに決まっている。女房が途中で、胃がもたれてきたといってリタイアしたので、肉の7割方は私の腹中に収まった。しかし、食後テレビを観ながら最中を二つほど食べたら、私も何やら胃もたれしてきた。このぐらいで胃もたれするようでは、ダイヤモンド・ビルのように、食べまくって成功する幸運は、つかめそうもない。

『和牛の鉄板焼き風すき焼きガーリックライス付きのレシピ（2人分）』

〈材　料〉

和牛ロース薄切り600g（たれに軽くつけて一口で食べやすい大きさに切る）、長葱2本（3㎜幅に斜め切り、青いところは細く小口切り）、しし唐1パック、生卵、醤油、味醂（煮切っておく、アルコールを含まない味醂風調味料の場合はそのままでよい）、春菊数本（葉も茎も一緒に粗みじん切り）、ご飯2合、溶き卵（1個分）、塩小匙2、ガーリックパウダー、胡椒各小匙1

〈作り方〉

① 人数分の小鉢にそれぞれ醤油大匙3、煮切り味醂大匙3を入れ、さらに生卵の黄身を入れておく。

② テフロン加工の両手鍋（なければフライパン）を卓上コンロで加熱する。

③ 和牛ロース数枚を鍋に広げて中火で焼き、色が変わってきたら少量の砂糖を振り、肉の上下を返し、程よく焼けたら、卵の黄身とたれにつけて食べる。

④ 斜め切りした葱を並べて焼く。1分ほどで葱の上下を返し、葱を脇に寄せて③と同様に和牛ロースを広げ、砂糖を振り、上下を返したら、肉の上に葱をのせ、葱と肉を一緒に黄身とたれにつけて食べる。しし唐も焼いて肉と一緒に食べる。

⑤ 肉と葱とししし唐を食べ終えたら、鍋を台所のレンジに移す。溶き卵、葱、春菊、調味料、ご飯をそれぞれ皿に入れ、手際よく投入できるように準備しておく。

⑥ 鍋底に油分が少したまっている状態が望ましいので、足りなければサラダ油を追加する。強火にして、油を鍋全体に回しながら、鍋肌の焦げなどを木べらではがし油に混ぜてから、溶き卵、次いでご飯を投入し、1分ほど木べらでよく切りほぐし、葱の青いところと春菊の茎を入れ、さらに調味料を加え、2分間切りほぐし、上下を混ぜ返しながら、強火で炒めれば、ガーリックライス出来上がり。

＊ 鍋の中で肉に（砂糖以外の）味付けをせずに、焼いてから卵とたれにつけるスタイルは、ある料理店で合鴨のすき焼きを食べたときに知った。

＊ この食べ方には、赤身の牛肉は不向きだ。奮発して和牛の霜降りを購入されることを強くお勧めする。

＊ 私のような大食いには、ガーリックライスを2合というのは少々寂しいが、一つの鍋で一度に作る量としては2合が限界だと思う。

＊ 卵黄とみりん醤油のたれに代えて、（砂糖を振らず）おろしポン酢というのも（すき焼きとはいえないが）なかなかうまい。おろしポン酢も用意しておいて、両方味わうのもいいかもしれない。

その18

平成30年 1月△日（土曜日）

さようしからばごもっとも、武士の処世術にいささかならず共感する

朝早起きして、スーパーの開店と同時に飛び込んで週末の食材を買いこむ。帰宅して朝飯を食べ、テレビで古い時代劇をのんびり観ていたら、家の連中が寝室から降りてきた。テレビのチャンネルを、愚にもつかない騒々しい番組に、有無を言わさず切り替えるものだから、仕方がないのでパソコンを開けて落語の「ろくろ首」を聴き始める。家の連中が、パソコンの音量がうるさいとがなりたてるので、イヤフォンで聴くことを余儀なくされる。

「ろくろ首」は、落語好きの方々はよくご案内のように、おじさんが与太郎に資産家の娘の婿養子の口を持ちこむ話である。器量もいい娘なのだが、夜になると首がするすると伸びて行燈の油をなめるので婿に逃げられてばかりなのだ。与太郎は、自分は寝たら目を覚まさないからかまわないと言う。それでは早速女の家に顔見せの挨拶に行こうとなったが、与太郎は挨拶もできそうもないというので、与太郎の褌に紐を結んで、紐を引っ張る回数で、「左様、左様」、「ごもっとも、ごもっとも」、「なかなか」と発言する手はずを決める。ところが、娘の家の飼い猫が紐にじゃれつき引っ張るのを合図だと勘違いした与太郎は、場違いなところで「なかなか。さようさよう。ごもっとも、ごもっとも…」としゃべりだす。

不思議に縁談はまとまり、その婚礼の夜のこと。与太郎でも床が違うからか寝つかれず、夜中に目を覚ますと隣の娘の首が伸びている。与太郎は驚いて飛び出し、おじさんの家に「首が伸びたー」と叫びながら転がり込む。「伸びるのを承知で行ったのだろう」とおじさんは説得するが、与太郎は「まさか初日から伸びるなんて思わなかった。お袋の家に帰る」と駄々をこねる。そこで、おじさんが「どのツラ下げて家に帰るんだ。お袋は、明日はいい便りの聞けるように、首を長くして待っているじゃねえか」と言うと「うへー、家へも帰れねえ」というオチである。

昼食にはサンドイッチを作る。ピーマンをちりばめたピザトーストに粒マスタードをたっぷり塗って太いソーセージを挟む。それを二つ食べ、ぽんかんを食べ、さらにどら焼きも食べて、しばらくごろごろしていたらもう三時近い。正月太りをいくらかでも落とすために、久しぶりにトレーニングジムに行く。

その帰り道、午前中に聴いた落語の中の「なかなか。さようさよう。ごもっとも、ごもっとも…」が頭から離れない。意味はないけれども、さようなかなかは、もっともらしく聞こえる相槌である。「さよう」を「なるほど」に代えれば、週日の私の会話の語彙のかなりの部分を占めるかもしれない。

そういえば「世の中は「さよう」「しからば」「ごもっとも」「そうでござるか」「しかと存ぜぬ」」という秀逸な狂歌があったなあ。これさえ言っておけば武士は務まるというもので、侍の世渡り術を皮肉った歌であろうが、語呂もいいし、現代社会への応用という観点で見ても興味深いものがある。サラリーマン人生においては、一面の正当さはあるのかもしれないが尖った主張というものに対面することも少なからずある。そんなときに、事を荒立てず、かといって言質も取られない対応が必要なこともある。そういう想定でこの一首を口ずさめば、切なくも奥深いではないか。（上記とは関係ないが、ある先輩が、営業担当者の心得の条として、「よろしくお願いします」「有難うございました」「申し訳ありません」の三つを銘記せよ、この三つさえ覚えておけば何とか務まるとおっしゃっていた。今原稿を書いていて、ふと思い出した。）

「世の中」ではじまる狂歌川柳はなかなか面白い。「世の中は三日見ぬ間の桜かな」。桜の花が三日見ぬ間に散っているように、世の中の移り変わりは激しいという意味だろう。家電量販店でAIスピーカーやら4Kテレビやらを見ていると、まさしく「世の中は三日見ぬ間の家電かな」である。職場でもフィンテックやらRPAやら世の移り変わりは激しい。

「世の中は色と酒とが敵《かたき》なり　どふぞ敵《かたき》にめぐりあひたい」。四方赤良《よものあから》こと大田南畝《なんぼ》の作であるが、私に言わせれば「世の中は酒と飯とが敵《かたき》なり」である。「世の中に人の来るこそうるさけれ　とは云うもののお前ではなし」。これも南畝の狂歌。内田百閒は、これをもじって「世の中に人が来るこそうれしけれ　とは云うもののお前ではなし」と書いて玄関に張っていたという。

さて運動したら、がぜん敵《かたき》にめぐりあいたくなってきた。今日は寒いから鍋物だ。締めのラーメンのための生麺を買い忘れていたことを思い出し、再度スーパーに足を運ぶ。ついでにビールもたっぷりと買う。さあ、思いっ切り敵《かたき》を討つぞ。

『トマト・ラー油味の豚白菜重ね鍋のレシピ（4人分）』

〈材　料〉

豚ロース肉薄切り600g程度、白菜1／4（柔らかいところは大きめにちぎり分け、硬いところは短冊に切る）、**葱1本**（薄く小口切り）、**生姜4㎝大**（みじん切り）、**にんにく4片**（薄切り）、**カットトマト水煮缶1、胡麻油大匙4、ラー油、オイスターソース、一味唐辛子、花椒**（ミル入りのもの）、**中華スープ**（紹興酒100cc、湯500ccに中華スープの素大匙2を溶かす）、**ラーメン**（生麺）**4玉、もやし1袋**

〈作り方〉

① 鍋物用の鍋（深めのものが良い）を用意し、鍋底に胡麻油をひき、白菜の堅いところの1／3を敷き詰め、豚肉1／4を広げて並べ、塩、こしょう、一味唐辛子、花椒を軽く振り、葱、にんにく、生姜、トマト各1／4を散らす。さらにラー油とオイスターソースを軽めにかける。

② 同じ作業をさらに三度繰り返し、白菜と豚肉を4層重ねる（4層目の白菜は、柔らかいところの半量を使う）。最後に残った白菜をのせ、お湯に溶いた中華スープを注ぐ。蓋をして、しばらく加熱したら、卓上コンロに鍋を移し、沸騰したら火を絞る。さらに7〜8分したら、蓋を取って味見して、味が濃ければ湯を足し、薄ければ、中華スープの素とラー油で調整する。

③ グラスにビールを注ぎ、早速飲み食い開始。

④ 具を食べ終わったら、別の鍋に麺を茹でるための湯を沸かしながら、鍋に残ったスープに湯を足し、塩と醤油を加えてラーメン用のスープを作り、加熱しておく。別鍋の湯が沸いたら、まずもやしを入れ強火30秒ほどで、網杓子ですくってざるに揚げ、軽く塩を振る。続いて麺を、指定の茹で時間より30秒ほど短めにタイマーをセットしてから茹で始める。

⑤ ラーメンは熱くなければ話にならない。茹で始めと同時に、ラーメン用のどんぶりに、麺を茹でている鍋から湯をおたま1〜2杯ずつ入れて温める。残り1分になったら湯を捨て、スープをどんぶりに半分ほど入れる。タイマーが鳴ったら、速やかに麺をどんぶりに配分し、もやしをのせ、スープの残りをかければ、ラーメン完成。直ちに食べよう。

その19

江戸時代の卓袱《しっぽく》料理と薬食いに思いを致して洋風しゃぶしゃぶを食す

2月△日（土曜日）

例によって、近所のスーパーに、朝開店と同時に行って週末の食材を買う。今年の冬は野菜が高い。冬場の週末の夕食は、鍋物にすることが多いのだが、白菜や春菊は例年の倍ぐらいの高値である。倍といっても例年より2～300円高いだけであり、コンビニでついで買いをすれば数百円ぐらいすぐ使ってしまうことを考えると気にするような金額ではないのだが、貧乏性というべきか、このところ鍋物に春菊は入れていないし、白菜も少なめにして、もやしをやたらに多用している。生鮮食料品の物価は、絶対水準は大したことなくとも、我が家の消費行動に大きく影響する。

さて、今晩は何にしようか。野菜売り場を一回りしてみる。白菜、葱、春菊、ほうれん草、キャベツ、皆高い。メキシコ産のアスパラガスが安い。韓国産のパプリカも値上がりはしていない。セロリもまあまあ。人参も値上がりしたとはいえ大したことない。えのき茸、玉葱は例年並み。籠の中は洋風の野菜ばかりになってしまった。今晩は洋風野菜でコンソメ味のしゃぶしゃぶにしよう。精肉売り場に行き、豚ロースの極薄切りを買う。鮮魚売り場に行くと、好物の真鱈の卵が昨日の売れ残りと見えて割引になっているので、思わず買う。魚卵と煮つけるために、白滝を買い、野菜売り場に戻って大根に手を伸ばしたのだが、値段が高いので迷っているうちに、冷蔵庫に4分の1本ほど古いのが残っていたのを思い出してやめる。

帰宅後、野菜ジュースとチーズトーストだけの朝食で、スポーツジムへ出かける。このところジム通いをさぼっていたつけは、直ちに現れ、最低1時間やろうと意気込んでいた筋トレも、40分予定の自転車漕ぎも、短時間であっけなく挫折。トレッドミルをよたよた歩くのが精一杯である。それでもわずか20分にして気息奄々《きそくえんえん》である。無理はいけないと、一人頷いて早々に引き揚げる。

昼のおかずは、真鱈の卵と白滝と大根の甘辛い煮付。大根がかなり干からびていたので出来は今一だったが、好物でもあり、大いに飯が進む。運動の後だからとつぶやきながらどんぶり飯を2杯も食べる。それにしても、大根は残念だった。けちけちせずに新しいのを1本買えばよかった。

余談ながら、大根は地中海沿岸が原産地で、古代エジプトや古代ギリシア・ローマなどでも食べられていたらしい。我が国にもかなり古く伝わっていたようで、物の本の受け売りをすると、古事記に仁徳天皇の歌として「つぎねふ山代女《やましろめ》の木鍬《きくわ》持ち打ちし大根根白《おおねねしろ》の白腕　枕かずけばこそ　知らずとも言はめ」とあるとのこと。昨今では、大根は足を連想させるが、当時は若い女性の白い腕をほめるたとえであったらしい。江戸時代に品種改良が進む以前は、大根はあまり太くなかったのかもしれない。「江戸たべもの歳時記」（前掲）によれば、幕末浦賀に食料を求めてきた英国の捕鯨船の船員たちは、幕府が差し入れた大根を、生のままかぶりついて平らげたとのことだ。壊血病に悩まされていたこともあるだろうが、著者の指摘するように外国の船員たちの間には、「日本の大根うまし」と知れ渡っていたのかもしれない。同書によれば、「日本幽囚記」を書いたロシア海軍のヴァシービィ・ゴロブニーン（のち海軍中将、いわゆるゴローニン事件で高田屋嘉兵衛と捕虜交換される人物）も我が国の大根を礼賛したそうだ。

閑話休題。腹がふくれたところで、午後はソファーに寝そべって、テレビをぼんやり眺めつつ、前掲書をパラパラ拾い読みしてぐうたらに過ごす。脇には、しっかりと胡麻せんべいの袋を抱く。拾い読みするうちに卓袱《しっぽく》料理というページに目がとまる。昔長崎で食べたなあ。

「しっぽく」と仮名で書けば蕎麦屋のタネものだが、「卓袱《しっぽく》」と漢字で書けば、現代では長崎の名物料理である。しかし同書によれば、本来は、中国趣味のテーブルにテーブルクロスをかけ、椅子席で大皿に入れた料理を取り分けて食べる異国趣味の料理のことであって、江戸時代では、長崎に限らず京都でも江戸でも食されていたらしい。発祥は確かに長崎であるが、18世紀の終わり頃には、江戸で随分流行ったとのことである。中国風の食卓で「唐風」乃至「おらんだ流」の料理を食べるというのが、当時の卓袱料理のコンセプトだったのである。ただし、中華風料理や西洋風料理であっても食材に獣肉は使わないのが、江戸時代の我が国らしいところ。勿論宗教的な禁忌によるものであろうが、同書は、昭和8年の「会席しっぽく趣向帳」という本の「我が国は米が良いから肉の脂で栄養を取る必要がない」という「国粋的脂肪無用論」も紹介している。しかし、いくら米が良くてもたまには肉も食べたいもの。肉食を穢れとした江戸の人たちも、猪を「山くじら」と称する便法を編み出して食べていたわけだし、また同書によれば「熊肉は虚弱体質に力をつける」「猪は五臓を補うほかテンカンも治す」というような説明で、食養生、薬食いとして食べる途もあった。

卓袱料理は、江戸ではブームの後やがて廃れていくが、長崎では長く受け継がれて洗練され、現代に至るのである。現代の卓袱料理は、諸兄姉よくご案内のように、鰭椀《ひれわん》という鯛の吸い物で始まるコース料理であり、東坡煮《とうばに》と呼ばれる豚の料理も出てくる。

さて、今夜の我が家の夕食は、黄緑色野菜と豚ロースの洋風のしゃぶしゃぶである。セロリやニンジン、アスパラガスをピーラーで剥くのは多少手間だが、思ったほどではなく、30分ぐらいで準備完了。

狭苦しいとはいえテーブルの上で、大皿（というより大鍋）から各人が取り、椅子に掛けて食べるスタイルであり、料理自体もコンソメブイヨンのだしで、セロリやアスパラという西洋野菜や豆苗という中国由来の野菜を、しゃぶしゃぶという日本式の料理法で食べるという和華蘭《わからん》式のものであるから、豚肉を含むという一点を除けば、江戸時代の卓袱料理の要件を満たすのではないか。卓袱料理の薬食いというところか。

アスパラガスは疲労回復効果があるアスパラギン酸を多く含み、パプリカにはビタミンCとβカロテンが豊富である。セロリには血圧を安定化させるカリウムが多いし、豆苗はβカロテンに富む。豚肉は、ビタミンB群特にB_1を豊富に含む。ビタミンB_1はアルコール分解にも関与するから、ミネラル分に富むビールをたっぷり飲んでもよさそうだ。アミノ酸を多く含有する日本酒も摂取した方がいいかもしれない。すばらしい。今晩の夕食は文字通り薬食い薬飲みではないか。洋風しゃぶしゃぶの締めとしてリゾットを作りながら自画自賛していたら、「しゃぶしゃぶがコンソメ味なんて邪道だ。ポン酢味の方が、もたれないんだよ。そもそも、あれだけしゃぶしゃぶを食べた後、リゾットを作るという発想がどうかしているよ」という厳しい声。やれやれ。

まあ、たしかに本来リゾットは、前菜の次に軽く食べるものではあるのだが…。

『黄緑色野菜の洋風しゃぶしゃぶとリゾットのレシピ（4人分）』

〈材　料〉

豚ロース肉しゃぶしゃぶ用600g程度、玉葱1個（縦半分に切り、横にごく薄く櫛切り。端の部分はみじん切り）、人参中1本（皮をむいて、ピーラーでうすく削ぐ。あるいは包丁でごく薄く斜め切り。ピーラーで削ぎきれなかった部分はみじん切り。）、アスパラガス（根元の堅いところを切り落とし、穂先は別に取っておき、茎の部分はピーラーで削ぐか、包丁で縦にごく薄く切る。）、パプリカ1個（縦に二つに切り、さらに縦にごく薄く切る。）、セロリ1本（茎の部分を節のところで切り分け、ピーラーで削ぐか、包丁で縦にごく薄く切る。削ぎきれなかった部分と葉はみじん切り。）、豆苗2パック、えのき茸1パック、にんにく2片（薄切り）、白ワイン100cc、ブイヨン5個、米2~3合、牛乳または豆乳50cc、オリーブ油、粉チーズ

〈作り方〉

① 鍋に湯1・5リットルを沸かし、白ワイン、ブイヨンを入れる。塩、胡椒で味を調える。

② 鍋を卓上コンロに移し、軽く沸騰した状態にする。

③ 櫛切りした玉葱と、えのき茸の各1／4を鍋に入れる。1分ほどしたら薄切り野菜の各1／4を入れ（アスパラガス、セロリ、人参、パプリカの順）、次いで豆苗の1／4を入れる。さらに豚肉1／4を順次投入し、しゃぶしゃぶしながら食べる。

④ 4回繰り返す。

⑤ スープを煮立て、灰汁をすくってから火を止める。

⑥ 大き目のフライパンに、オリーブ油大匙4をひき、弱火でセロリの葉以外のみじん切り野菜を炒める。1分したら米を入れ、米が透明になるまで炒める。

⑦ しゃぶしゃぶのスープの1／3と牛乳を加え、中火で蓋をして煮る。沸騰したら弱火にする。

⑧ 汁気が少なくなったら、スープの残りの半量加えて弱火で煮る手順を2度繰り返す。

⑨ 汁気が少なくなったら、味見をし、米が少々歯ごたえがあるぐらいの感じだったらセロリの葉を加えて混ぜ、火を止める（まだかなり芯がある状態だったら湯適量を加えて、弱火でさらに煮る）。

その20

韮《にら》あんかけラーメンに春を感じつつ大伴家持の憂いを思う

3月△日（土曜日）

今日は、家の連中は何やらいう韓流男性俳優のファンの集いだかコンサートだかに出かけるとかで、朝から異常にハイテンションである。それに巻き込まれると碌なことがないので、寝室に逃げ込んでテレビをつけて報道番組を色々観たものの、どの局も鬱々となるような報道である。早々にテレビを消して、私が書斎と称している二畳ばかりの隙間に潜り込もうとすると、いつの間にか子供のスキー板とか旅行鞄とか小学生の時の服やらが雑然と押し込まれていて、足の踏み場もない。整頓しようとしたら、積み上げていた本が崩れて頭の上から落ちてきた。

やり場のない怒りに顔をゆがめながら、不自由な姿勢で散らばった本を何とか収拾するうちに、埃にまみれた懐かしい本を見つけた。山本健吉著『大伴家持』（筑摩書房　日本詩人選5　1975年）。裏表紙には私の下手な字で購入の日付が書いてある。大学に入学する年の3月である。18歳の頃はこんな本を読んでいたのかと驚く。山本は言うまでもなく折口信夫門下の文芸評論家であり、古典詩歌に精通する一方、現代文学も幅広く論じた。戦後日本芸術院会員、日本文藝家協会理事長、会長などを務めたが、戦前は改造社に籍をおき、プロレタリア文学関係者とも交流したという。

偶然発掘した本を手にベッドに寝転んでぱらぱらめくるうちに、当時一生懸命読んだ跡はあるが、それから四十余年を経て私の頭には何一つ残っていないことがわかった。それはそれとして、折り目のついたページを開けると、有名な三首があった。春の憂いを歌った家持の絶唱といわれる三首である。

「春の野に霞たなびきうら悲しこの夕影に鴬鳴くも」

「我が屋戸のいささ群竹ふく風の音のかそけきこの夕へかも」

「うらうらに照れる春日《はるひ》にひばりあがり情《こころ》悲しも独りし思へば」

そして、三首目の歌について家持が漢文で日記に付した解説には、「春日遅々として鶬鶊《そうこう》正に啼く。悽惆《せいちゅう》の意、歌に非ざれば撥《はら》ひ難きのみ。すなはちこの歌を作り、式《も》ちて締緒《ていしょ》を展《の》ぶ」とある。鶬鶊とは鶯のことだろう。自分の傷み悲しい心情は、歌によらなければ払いのけることが困難であるから、この歌を作り、絡まった気持ちを晴らすことにしたというような意味ではなかろうか。

山本は、「家持は、春の風物に人をして物を思わしめる要件を見た。…（万物生成の春は）…歓楽の季節の頂点であり、…かえって凋落の底辺を思わせるのである。」としている。そして山本は、歌によらなければ払い除けることの出来ない家持の悲しみを、当時家持が置かれていた外的条件（大和朝廷以来の名族である大伴氏は、当時藤原仲麻呂や種継等藤原氏に次第に圧倒されつつあった。）に求める説を否定し、彼の心事の欝悒《いぶせ》さの根源は、彼が深く人間存在の悲しみを体したところに発していると説く。父大伴旅人の「世の中は空しきものと知るときし　いよよますます悲しかりけり」という歌に籠められた思いを継承するものだったとする。

山本ほどの碩学が説くのであるから、勿論そうであろうと思うものの、うららかな春の風景を見て、悽惆《せいちゅう》の意、払い除けることができない悲しみに包まれるというのはやはり尋常ではないのであって、なにか具体的な心痛の種があったのだろうと考えてしまう。しかし、具体的な心痛に伴う痛みと、山本の指摘するところの、家持の「うらがなし」とか「こころかなし」という心情とは少々異なるような気もする。家持は、愛する人との死別、一族の凋落、政変に巻き込まれた朋友の悲運など世俗の様々な悲しみを経た。そして、春の日がうらうらとし雲雀が舞い上がる季節には、どこからきてどこへ行くのかわからない悲しみ、つまり仏法で空《くう》と言い世間虚仮《せけんこけ》と言っていることを、ことさら痛切に感ずる者になったということなのだろうか。

家の連中は身支度が整ったらしく、あわただしく韓流スターの会に出発する。生返事でそれを送り出して、ふと時計を見ると1時を大分まわっている。家持の春の憂いに深く共感しても、凡夫の悲しさ、昼過ぎれば腹は減る。さて昼食は何にするかな。冷蔵庫を開けると、韮ともやしがある。韮は春の季語である。韮ともやしを豚肉と炒めて、とろみをつけてあんかけラーメンにしよう。

あんかけラーメンいとうまし。無心に二杯食う。ただ、凡夫にしては珍しいことに、満腹になっても、悽惆《せいちゅう》の意は、払い除けることができなかった。「世の中は空しきものと知る」者になったのだろうか。三月にしてはうららか過ぎる日だからだろうか。それとも韮に春を感じ過ぎたのだろうか…。

家の連中が戻ってくるのはどうせ遅いだろう。腹一杯食べても、悽惆の意を払い除けることができないのかどうか、もう一度夕食で、春の季語の食材抜きで試してみよう。

『韮もやしあんかけラーメンのレシピ（4人分）』

〈材　料〉

中華麺4玉（どちらかといえば細めの麺がよい）、豚ロース薄切り（又は切り落とし）200g（一口大に適当に切る）、もやし1袋（洗ってざるに挙げておく）、玉葱半個（薄く櫛切り）、人参1／3本（3～4㎝の細切り）、韮1／2束（3～4㎝長）、椎茸2本（石突を切り、薄くスライス）、にんにくパウダー小匙1、生姜パウダー小匙1、日本酒50cc、醤油大匙1、オイスターソース大匙2、中華スープの素大匙1、胡麻油小匙2、サラダ油小匙2、片栗粉大匙2（倍量の水で溶く）

〈作り方〉

① 麺を茹でるために、なるべく大きな鍋にたっぷり湯を沸かす。同時にスープ用として、別の鍋に、ラーメン用の丼に6割の分量の水を4杯入れ、沸かす。沸くまでの間に材料を準備する。湯が沸いたら火を絞っておく。また食卓に、箸、れんげ、胡椒、ラー油、酢などをあらかじめ配置しておく。

② フライパンに胡麻油とサラダ油をひき、豚肉を強火で炒め、1分したら玉葱、人参、椎茸を入れ、にんにくパウダー、生姜パウダーを振り入れながら2分炒め、もやし、韮を入れ、鍋を揺すりながら1分炒める。

③ 麺茹で用の鍋から湯400ccをフライパンに入れ、続けて酒、醤油、オイスターソース、中華スープの素を加え、煮立ったら、火を弱め、味見をする。よければ、水溶き片栗粉を回し入れ、火を強めてとろみをつけ、火を止める。

④ スープ用の鍋の湯に、中華スープの素、醤油（いずれも分量外）を味見しながら適量入れ、あっさり味のスープを作る。スープはそのまま弱火で温めておく。

⑤ スープの味が決まったら、ラーメン用丼4個を鍋のそばに並べ、茹で用の鍋からお玉1杯ずつ湯を入れ、温めておく。

⑥ 麺を袋から出してほぐしてから、あんの入ったフライパンを中火で加熱し始め、茹で用の鍋を強火にする。タイマーを麺の指定の茹で時間より30秒短くセットしてから、麺を茹で始める。

⑦　麺が固まらないよう、大きくほぐすように混ぜつつ、あんも固まらないようかき混ぜ、残り1分半になったら丼の湯を捨て、各丼に半分ぐらいスープを張る。
⑧　タイマーが鳴ったら速やかに、麺をトングで摘み上げて丼に取分け、これまた速やかに、麺の上からあんをかける。
⑨　大急ぎで丼を食卓に運び、好みで胡椒など振りながら、速やかに食べる。

＊　ラーメンで最重要なのは、麺が延びていないこととスープが冷めていないことであり、スープのコクだのだしの風味だのというのは次順位である。麺を茹で始めてからはまさに時間との勝負であり、麺を茹でる前に、事前に準備できることは全部やっておかなければならない。段取りをよく考えてから取り掛かることが大切である。
＊　麺の上にあんがのるので、スープはあっさりかつ薄味がよい。

その21

鶴田浩二と池部良の迫真の演技に国政の国民への責任を考える

４月△日（土曜日）

今年はやけに桜が早かった。３月のうちに花は散って４月になったら葉しかない。３月末以降の花見を名目にした会合は、残念なことになってしまったが、だからといって飲み会を中止するはずもない。葉桜を楽しむのもまた一興と風流を気取って飲み始め、世の中面白くないことが多いから、ガブガブと飲んで愚痴をこぼしクダを巻いて大酔する。要するに、いつものおじさん達の飲み会で終わる。

昨晩の会もそうだった。遅くまで大声で世を憂いていたのは覚えているのだが、危なっかしい足取りで帰宅し、倒れこむように寝て一晩明けると、何に慨嘆して冷酒を煽っていたのか、さっぱり思い出せない。

朝起きて早々にスーパーに行って、恒例の食材の買い出しを済ませたら、スポーツジムに行かなくちゃと思う。そう思うのだが、飲みすぎのせいか体がだるい。怠惰と克己の心中の葛藤しばらくにして、情けなくも結局もう一度寝床に入る。

目覚めれば昼近いが、まずは朝飯だ。じゃがいも、いんげんと玉葱の味噌汁に、鯵の干物、焼いた厚揚げ、納豆、高菜の漬物、梅干で飯二杯。腹がふくれたら、ますますジムに行くのが面倒になり、小一時間の散歩でお茶を濁す。戻って風呂を使い、髭を剃ってさっぱりしたところで、一週間分溜まっていた郵便物の整理に取り掛かる。大半は広告やら勧誘やらなのだが、クレジットカードの明細とか年金関係の書類や転居の通知が混ざっているから、結構面倒だ。家の連中は面倒くさがって整理しないので、結局私が連中の分まで、封筒を開け中身を確認して仕分けさせられることになる。

整理作業を終えたらもう2時近い。昼飯は何にしようか。家内が昨晩作ったとろろの残りがあったので、蕎麦を茹で、とろろ蕎麦にして食す。食べないと言っていた家の者も横から手を出すので足りなくなり、さらに追加を茹でる。そばつゆは、市販の麺つゆに醤油を少々たらし、薬味は、削り鰹に葱とわさびだが、結構うまい。

昼食後、家の者が美容院だ、ジョギングだ、買物だと出かけたのを幸い、ネット配信で映画を観る。家の者がいるときは、邦画、特に戦争物や任侠物を観るのはご法度なので、このチャンスを活かさない手はない。「あゝ決戦航空隊」（東映、昭和49年）を観る。この作品を史実に照らして評すれば、海軍で特攻作戦を主導した大西瀧治郎と戦争中 上海で海軍の物資調達機関長をしていた児玉誉士夫が美化され過ぎているということになろうが、純粋に映画として観れば、主演の鶴田浩二の魅力が存分に発揮されたなかなかの作品である。鶴田浩二は、大西瀧治郎海軍中将を演じている。大西提督は、レイテ決戦時に第一航空艦隊司令長官として神風特攻隊を編成して送り出し、大戦末期には軍令部次長として終戦に最後まで抵抗し、終戦の翌日自決した。鶴田浩二演ずる大西瀧治郎は、各種資料から浮かぶ大西像とはかなり違うように思うが、彼の役者としての持ち味である哀愁漂う声調と、愚直で礼儀正しくそしてもの悲し気な表情が凝縮され、実にいい。彼の代表作である「人生劇場」の「飛車角」役以上なのではないか。終戦時の海軍大臣米内光政役は池部良である。これまた史書からうかがわれる米内像とはかなり異なるものの、名演である。

映画のクライマックスは、終戦直前、最高戦争指導会議の部屋の外での大西と米内の応酬である。陛下の御出座を待つ最高戦争指導会議の場に、同会議の議員でない軍令部次長の大西が入ってきて、和平反対を唱える。激怒した米内は大西と軍令部総長の豊田を部屋の外に連れ出し、叱る。大西は非礼を詫びた上で、戦場に散った英霊に報いるために継戦が必要であり、それが日本人の精神だとなおも懇願する。しかし米内は、国際政治に精神論は通用せんと撥ねつける。しかし鶴田浩二演ずる大西次長は、（あの独特の哀しげな声、悲しげな表情で）「今、聖上が和平をお選びになるとしたら、戦没将兵の魂に対して裏切りをなさるということになるんです。あなた方は陛下に誤った道をお勧めしようとしているのです」と退かない。そして、「貴様は、1億国民の滅亡を望んでいるのか」と叱りつける米内に、「自分は国家の責任ということを申し上げているのです。生きている者も大切でしょうが、死んだ者の魂のことも考えてやらねば、国家の責任は果たされません。特攻隊の霊にすまんと思われんのですか」と迫る。これに池部良演ずる米内は、「無礼なことを言うな」と一喝し、「国政に参与する海軍大臣に個人の感情はない」と厳しく言い放つのである。鶴田浩二と池部良の迫真の演技は見応えがあった。台詞もよく練られていた。

この映画のもう一つの見せ場は、最後の御前会議の前に憔悴しきった大西が、迫水内閣書記官長を相手に涙声で語る「泣き」の場面だ。聖旨を体してポツダム宣言受諾に大勢が決した後も、大西は「せめてあと一ヶ月何とか持ちこたえられませんか」「一ヶ月持ちこたえられれば、いい知恵も浮かぶ（そして必勝の策を上奏して陛下のご再考を願うこともできる）と思うんです」と軍令部総長や閣僚に懇願するが、相手にされない。折からの敵艦載機来襲の報に皆が退避する中で、一人残る大西を気遣う内閣書記官長に、大西は涙声で訴えるのだ。「国民は好きで（この戦争を）始めたんじゃないんです。国家の戦争なんです。国と国の戦いということは国家の元首の戦いということなんです。日本はそこまで死力を尽くして戦ってきたのですか。負けるということはですよ、陛下御自らが戦場にお立ちになり、至尊も閣僚も我々幕僚も全員米軍に体当たりして倒れてこそ、初めて負けたと言えるんじゃないですか。和平か否かは残った国民が決めることです。私はそうなることを信じて特攻隊を飛ばしたんです…」。

歌舞伎調というか仁侠映画風というか、いかにも日本映画的な泣き語りであるが、結構シビれる聴きどころである。映画としてはここで終わってもよかった。菅原文太演ずる小園安名《こぞのやすな》大佐の厚木航空隊の叛乱や大西の自決の場面はなくてもよかった。とはいえ観終えた後、私は前述の二つの見せ場を頭の中で何度も反芻し、なぜかため息を漏らしたのであった。

映画を観終えて、ぼんやりしているともう夕方である。そろそろ夕食の支度にかからなくてはいけない。朝の買い物時には、晩のおかずは**魚醤**《うおびしお》とにんにくとライムを利かせた東南アジア風の肉野菜炒めにしようと思っていたのだが、ちょっと気分が違う。あっさりしたいわけではないのだが、もう少し日本風なものがいいなぁ。先刻の映画の中で、フィリピンの海軍航空隊の基地の場面、粗末な建物の一室、大西と幕僚や隷下航空隊の幹部等がカレーライスを食べていたのが想起された。今晩は、カレーにしよう。少しだけフィリピン的な感じも出したいところだ。フィリピン料理というと、実は私は全く詳しくないのだが、印象的には豚肉主体でそれも内臓まで使うような気がする。冷蔵庫に先日知り合いにいただいた豚もつの真空パックがあったな。あれを、野菜炒め用に買った豚の極薄スライス肉と一緒に使おう。冷蔵庫の豚もつは、煮込みや焼肉用の醤油味がついているものだけれども、カレーなら少々下味がついていても、かえって隠し味になっていいかもしれない…。

キャベツと人参のコールスローサラダと、らっきょうを添えて、豚もつ入りカレーを食す。カレーだからどう作ってもうまいに決まっているのだが、結構おいしくできた。煮込んで半分溶けてしまった豚肉と玉葱の中に、豚もつと茸《きのこ》が浮かぶ食感。カレー粉と生姜のえも言われぬ風味。洋風のコンソメと和風の麺つゆと各種具材と各種調味料の醸し出す、甘味、酸味、塩味、苦味、うま味が一体となった味わい。醍醐味である。

予想されたことではあるが、私は欲望のままにご飯とカレーを二度もおかわりし、家内から厳しく説諭された。私は鶴田浩二ばりの哀愁を帯びた声ともの悲しげな表情で言い訳をしたつもりだったが、一顧だにされなかった。今や鶴田浩二の時代ではないらしい。

『豚もつカレーのレシピ（4人分）』

〈材　料〉

豚白もつ1パック（湯がいて真空パックにしたものなどがよくスーパーで売られている。3～400g程度。）、豚肩肉薄切り1パック（3～400g程度。食べやすい大きさに切る。バラ肉でもロース肉でもよいが、カレー用の角切りより、薄いスライスがよい）、玉葱2個（薄く適当にスライス。あらみじん切りでもよい）、人参2本（食べやすい大きさに切る）、椎茸4本（石突を切りスライス）、しめじ1パック（石突を切り、ほぐしておく）、長葱半本（小口切り）、にんにく1片（みじん切り）、生姜（すりおろして大匙2）、カレー粉大匙6、一味唐辛子、コンソメブイヨン3、麺つゆ、日本酒100cc、野菜ジュース200cc、水溶き片栗粉（片栗粉大匙3を倍量の水に溶く）

〈作り方〉

① 鍋に湯800ccを沸かし、豚もつを入れ、日本酒を加えて弱火で煮込み始める。

② フライパンにサラダ油をひき、豚肉を炒め、色が変わったらこしょうを振って、鍋に投入する。

③ 30分したら、にんじん、椎茸、しめじをさっと炒め、こしょうを振って投入する。鍋にコンソメブイヨンを加える。水分が減っていたら適宜補充する。

④ フライパンに油を追加し、玉葱とにんにくを中火で飴色になるまでじっくり炒める。飴色になったらカレー粉と一味唐辛子（適量。標準的には小匙1ぐらい）を加え、焦げないよう弱火にして、よく混ぜながら2分炒め、鍋に投入する。

⑤ 時々かき混ぜながら20分煮込んだら、野菜ジュースとおろし生姜、砂糖大匙1を加える。

⑥ 時々かき混ぜながら10分煮込んだら、味見しながら少しずつ麺つゆと塩を加えて味を決める。甘みが足りなければ砂糖を、辛さが足りなければ一味唐辛子を加えて調整する。

⑦ 長葱を加えて、一旦火を止め、水溶き片栗粉を入れてよく混ぜる。かき混ぜながら、弱火で2分ほど煮込んで出来上がり。

＊ 豚もつについては、もつ煮込み用に醤油味や味噌味がつけられたものであっても、和風テイストのカレーなので、あまり問題ない。カレーの味付けの際に加減すればよい。

＊ 上記では、脂の使用を極力控える観点から、カレー粉は玉葱にまぶしておいて、とろみは後から水溶き片栗粉でつけたが、カロリーを気にしない向きは、本格的にバターと小麦粉を炒めてからカレー粉を加えてルーを作られてもいいと思う。より滑らかで深みが出る。市販のカレールーを用いてもよい。

その２２

５月△日（連休）

１９３０年の上海に思いを馳せながらも結局は時代小説を耽読する

いわゆる黄金週間ではあるが、旅行の計画の検討に取り掛かるのが遅れたので、結局どこにも出かけないことになった。スポーツジムに行けばいいのだが、最近年齢のせいか、ジムに行くと翌々日から二日ぐらい筋肉痛がひどい上に、夜中に足がつってしまう。無理はするまい。そうなると、ネット配信の映画を観るか、昔買ったまま読まずに積んである本を書棚から引っ張り出して寝転んで読むかである。昨日は、Ｂ級のアクション映画と刑事ドラマとやくざ映画で一日つぶしてしまった。今日は朝早く目が覚めたので、寝床で『上海１９３０年』（尾崎秀樹著　岩波新書　１９８９年）を読む。

周知のように尾崎秀樹《おざきほつき》は、ゾルゲ事件で死刑に処せられた尾崎秀美《ほつみ》の異母弟で、文芸評論家として大衆文学評論を中心に幅広く活躍し、日本ペンクラブ会長、日本文芸家協会理事も歴任した。ゾルゲ事件に関しては、兄尾崎秀美を裏切ったのは、伊藤律であるとの見解を取っている。伊藤律は、元日本共産党員で中国に密航したが、党内の路線対立で共産党を除名され、中国で２５年以上監禁され、１９７９年に帰国した。現在では、伊藤律は警察のスパイではなかったとの説が有力らしい。

さて同書によれば、尾崎秀樹は1928年に朝日新聞上海支局に赴任した。そして1932年上海事変の最中、社命により帰国する。この間、尾崎秀美は「目覚めつつある中国の現実」に触れつつ、北京で内山書店を営み日中の文化人の交流の核となっていた内山完造、魯迅、米国出身の女流国際ジャーナリストでコミンテルンに近かったアグネス・スメドレーなどと知り合う。魯迅は、左翼作家連盟に重鎮として参加しており、尾崎も夏衍《かえん》等左翼系の作家たちと交流し、雑誌に寄稿したりしている。そしてスメドレーを介して、30年に上海入りしたリヒアルト・ゾルゲを知るのだ。ゾルゲは赤軍第四本部から派遣されていた。ゾルゲと尾崎は、満州事変後日本が世界共産主義の支柱であるソ連の脅威となることを憂慮して親交を深め、尾崎はゾルゲの協力者となる。（筆者注：やがて近衛文麿の側近となった尾崎はゾルゲの活動に協力し、ゾルゲ諜報団に参加して機密情報を入手提供するようになる。支那事変が勃発すると、蒋介石の国民政府との講和や不拡大方針に反対する論陣を張り、日本と蒋介石を徹底的に戦わせて、両者が講和してソ連に矛先が向かわないようにさせたのである。）

当時の上海は、本書の中で、後にゾルゲ事件に連座して十年の刑をうけた河合貞吉が語るとおり、数十階のビルディングが立ち並び、洋風のレストランやキャバレーやダンスホールが軒を連ねる「全く西洋の町」であり、その帝国主義の牙城に「中国共産党が拳銃に火を吐かせながら肉薄」しつつあって、「革命前夜の様相」であったろう。しかし本書の筆致は、あくまでも情緒を抑えた坦々としたものであり、足掛け4年間の上海の日々が流れるように記されている。「1930年前後の上海での尾崎秀美の行動を探ってみたい」、「虚構や類推でなく、…原資料に基づき、マテリアルなものに語らせることで時代を再現したかった」という著者の長年の思いや、登場する人物の多くが知識人ということによるのだろう。スリリングな感じはないが、読後感は悪くなかった。特に魯迅をめぐる章はよかった。いずれにせよ、本の帯の「〝魔都〟を舞台に描く青春群像」という表現はやや的外れであろう…。

と、勝手なことをぶつぶつ言っているうちに目覚ましが鳴った。休日とはいえ10時になったらベッドから起きるべきだと、一大決心をして立ち上がる。居間におりてパソコンを相手にラジオ体操。第一と第二と両方やると結構疲れる。身支度をしたら、散歩がてらスーパーまで歩いていく。精肉売り場で昨日の売れ残りらしい和牛が安い。今晩は奮発してしゃぶしゃぶにしよう。鮮魚売り場では鯛のサクが安い。カルパッチョ仕立てにするかな。もう一品何にしようか。おからの真空パックを手に取ったら、袋の裏に「おからのポテトサラダ風」のレシピが載っていた。パサつき感がありそうな気もするが、芋を茹でたりつぶしたりする手間がいらないのと、ローカロリーなのは魅力的である。これにしよう。

家に戻って、ハムときゅうりのサンドウィッチでブランチ。食後にグレープフルーツ1個。コーヒー2杯とクッキー3枚。ここでもう一度ジムに行こうか迷ったが、ついつい億劫になって、今日ジムに行くと連休明けに筋肉痛が出るからと自分に言い訳する。

結局ソファーで寝転んで『悪道』（森村誠一著　講談社文庫　2012年）を読み始める。五代将軍綱吉が急死して、柳沢吉保等が影武者を代役に立てる。その真相を知る伊賀者や美人女医たちを暗殺すべく公儀隠密猿蓑衆が差し向けられるが、逃避行の中で出会った異能の仲間たちの協力で切り抜ける。襲いかかる刺客たちは全滅するが、仲間は誰も死なないというのは、時代小説ならではのご愛嬌だが、やっぱり時代小説はいい。と言いつつ、いつのまにか微睡《まどろ》む。

ぐうたらに過ごすうちに夕食の準備の時刻となる。といっても、おからのポテサラ風はすぐに完成。鯛のカルパッチョも、鯛を薄く切ってレタスと一緒に皿に盛って、あとはレモンをきかせたドレッシングを作るだけ。しゃぶしゃぶも野菜を切るだけ。主食もうどんにするので、飯も炊かなくてよし。さあ、夕食はさっと済ませて『悪道』の続きを読むぞ。

将軍としての天命に目覚めた影武者と柳沢吉保の対決を早く読みたい。結末がおおよそ見えていて安心して読み進められるところが、時代小説のいいところだ。やはり私には岩波新書より文庫本の時代小説の方が向いているようだ。

『おからのポテトサラダ風のレシピ（4人分）』

〈材　料〉

おから1パック（真空パックの加熱殺菌済みのもの。250g程度のもの。普通のおからの場合は、ラップをかけずに3分ほど電子レンジにかけて水気を飛ばしておく）、きゅうり1本（小口切りにし、塩もみして水気を絞る）、玉葱半個（極薄くスライスして水にさらした上で、水気を切る。）、ハム数枚（2㎜×10㎜ぐらいに切る）、ツナ缶1（ノンオイルのものがよい、汁を切る）、マヨネーズ適量（目安としては大匙8ぐらい）、ヨーグルト大匙3（無糖のもの）、市販のカンタン酢大匙2（又はポン酢及び酢各大匙1）、胡椒適量

〈作り方〉

① ボウルに材料を入れ、よく混ぜる。

② 味見をして、塩、砂糖、酢、マヨネーズで味を調える。

＊ おからの袋のレシピでは、少量の牛乳と蟹風味かまぼことを加えることが推奨されていたが、牛乳はあまり好きでないので、プレーンヨーグルトを少し多めにしてパサつきを抑えた。ポテトサラダに蟹かまを入れるのは（理由はないが）気が進まなかったので、使わなかったけれども、彩りを気にする向きは、人参かラディッシュを入れるとよい。

＊ 上記のレシピでパサつき感はあまりないと思うが、水切りした木綿豆腐半丁程度を崩し入れるとより滑らかな感じになるのではないかと思う。

その23

進化論ならぬメギンソン教授の警句に大いに感心する

6月△日（土曜日）

今年もまた憂鬱な季節になってきた。我が家には年間を通じてゴキブリが棲息しているのだが、高温多湿な季節になると出没件数が一気に増えるのである。今朝 例によってスーパーに食材の買い出しに行ったついでに、殺虫剤とともにゴキブリ△×△×という結構な名前のゴキブリの捕獲機を買い込む。これが救世主となればいいが…。

我が家の娘たちは普段父親に対してあれほど強面《こわもて》なのに、深夜 洗面所や食堂にゴキブリが出現するとパニックを起こし大声を上げる。私が熟睡しているところに飛び込んできて、容赦なく叩き起こしてゴキブリ退治を命ずるのである。「明日の朝、殺虫剤を散布する」と言っても聞き入れるはずもなく、私は飲み過ぎでずきずきするこめかみを押さえながら、ゴキブリ退治に出動させられることになるのだ。

アース製薬のホームページによれば、ゴキブリは1秒間で体長の50倍の距離を移動できるのだそうだ。人間の身長に換算すると、時速300km以上とのことである。だからいい加減草臥《くたび》れた初老の男がスリッパを振り回しても、よほど偶然が味方しない限り戦果が上がるはずもないのだ。仕方がないので、5分ほどその辺をスリッパで叩き回り、仕留めたふりをして、「撃退したから安心しろ。夜更かしをやめて早く寝なさい」と言うのだが、敵もさるもの、娘たちは階段の上からしっかり監視していて、女房に「退治したふりだけして寝よう

としている」と言いつけるものだからたまらない。結局、倍旧の厳しい督励を受けて、私はそこら中這い回って、冷蔵庫の下とか洗面台の脇だとか、台所のシンクの下の物入れと床との隙間などを覗き込みながら、ひたすら殺虫剤を噴霧することになる。その上で、娘どもが入浴や歯磨きを終えるまで、ゴキブリが出現したら直ちに殺虫剤を浴びせかけられる（かもしれない）態勢で深夜の待機を続けることになるのだ。奮発して買い込んだ捕獲機の奏功を待ち望むこと、転《うたた》（益々の意）、切なるものがある。

ゴキブリは、3億年乃至2億5千万年前から存在していたと言われる。恐竜の全盛期が1億年前、インド亜大陸がユーラシア大陸と衝突してヒマラヤ山脈ができ始めたのが5千万年前、ホモ・サピエンスがアフリカに出現したのが20万年前、日本列島が大陸から完全に分離したのが1万3千年前であるから、ゴキブリの種としての逞しさには驚嘆するほかない。環境変化への順応力がすごいというべきか。「生き残る種とは、最も強いものではない。最も知的なものでもない。それは、変化に最もよく適応したものである」と言ったのは、進化論のチャールズ・ダーウィンだったかな。

ゴキブリについてとりとめなく思いを巡らすうちに、昼飯時となる。昨晩女房が作ったらしいトムヤムクンの残りがあったので、トムヤムクンラーメンを作る。まあまあの出来なのだが、トムヤムクン自体が少し甘めだったので（トムヤムクンペーストが辛かったので甘味シロップを加えたとのこと。何ということをするのだ‼）スープの味が今一つ。それをうっかり口にしてしまったものだから、ひどいことになった。

「口は是れ禍の門、舌は是れ身を斬るの刀なり」とはよく言ったものである。午後は、これ以上家庭内地雷を踏まないように、図書館に出かけて静かに過ごす。

ところで前述の「生き残る種とは」の一節は、企業経営に関して環境変化への対応の重要性を指摘する際などにしばしば引かれるように思うが、なかなか含蓄に富むフレーズである。おぼろげな記憶では、たしか国会の所信表明演説にも使われたことがある。会議などで引用するとカッコいいだろうなと思い、原典に当たってその前後の記述も知ろうと、手元の端末でインターネット上を検索してみたが、ダーウィンがどの著作で言及した言葉なのかわからない。図書館の書架に「種の起源」があったので、暇に任せて（読むのではなく、まさしく文字通りに）めくってみたが、それらしい記述は見当たらない。再度いろいろ検索してみると、この一節の原典探しをはるかにまじめにやった先人がいたようで、そのサイトには、後世の人の創作（進化論の解釈？）が、あまりによくできているので、いつのまにかダーウィンの名言として定着したのではないかとある。さもありなん。

いくつかのサイトによれば、どうやら創作者はレオン・C・メギンソンというルイジアナ州立大学の経営学の教授だったらしい。引用（quote）を調査する海外のサイトによれば（英文なので以下の理解は実に心もとないが）、1963年に米国の南西部社会科学会大会での同教授のスピーチの中に「生き残る種とは」の一節がある旨が同学会の季刊誌で確認されているとのことである。

進化論に飽きて、晩飯の献立に思考を移す。今朝スーパーでは、分厚い米国産のステーキ肉が安かったので思わず買った。鮮魚売り場では、6月初だというのに、旬の名残のほたるいかがあったので、これまた直ちに購入。野菜は、サラダ用にルッコラとサラダほうれん草、さらにベビーリーフのパックを買った。ほたるいかをサラダにのせて食べてみるかな。味付けは、今流行っているというポン酢のジュレを作ってみようか。ポン酢味だけだと飽きるから、ごまのドレッシングも少しかけてみよう。スープは、ステーキ肉の切れ端と葱と胡麻とわかめと溶き卵で韓国風のスープを作ろう…。

何はともあれ早く帰ってポン酢をゼラチンで固める作業に取り掛かるとして、主菜を何にするかは、女房の機嫌を見ながら慎重に考えた方がよさそうだ。プランBとしては、USビーフに代えて冷凍の鯖フィレを焼き、明日用に買った鶏肉で何か一品というところかな。何事も臨機応変が大切。変化に最もよく適応したものが生き残ることができるのだから。

たしかに、ダーウィンならぬメギンソン教授の警句はよくできている。頭から離れない。食卓でも滔々《とうとう》と解説をしてしまいそうだ。仕入れたばかりの知識をひけらかすと、顰蹙《ひんしゅく》を買うかも。調子に乗ってゴキブリの種としての逞しさを讃えるよりはまだましだが。…気をつけよう。

『ほたるいかと野菜のポン酢ジュレサラダのレシピ（4人分）』

〈材　料〉

ほたるいか1パック（ボイルしたもの）、ルッコラ1袋、サラダほうれん草1袋、ベビーリーフ1パック、パプリカ半個（洗ってから薄くスライス）、粉ゼラチン5g（1袋）、市販のポン酢80cc、麺つゆ大匙1、レモン果汁大匙1、味醂大匙1、市販の胡麻ドレッシング

〈作り方〉

① 粉ゼラチンを水50ccでふやかしておく。ポン酢、味醂、水100ccを合わせて火にかけ、沸騰直前に火を止める。麺つゆ、レモン果汁を加え、水にふやかしたゼラチンを溶かして、バットなどに流し込む。粗熱が取れたら冷蔵庫に入れて冷まして固める。

② ルッコラ、サラダほうれん草を適当に切り、ベビーリーフとともに水で洗い、よく水を切る。

③ 皿に野菜を盛り、ほたるいかを上に盛る。

④ ジュレをフォークで崩してサラダにのせ、味に変化をつけるため、ところどころにごまドレッシングを振る。

＊ ゼラチンを溶く水の量などは製品によって違うので、箱に記載の分量によること。酸味が強いと固まりにくい傾向があるので、多少水分控えめにした方がいいかもしれない。

＊ ジュレを冷蔵庫で冷やし固めるのに小1時間はかかるので、まず先行してジュレに取り掛かって、冷蔵庫に入れてから他の料理に着手するのがよい。

その 24

自堕落《じだらく》先生の江戸戯作的偽《いつわ》りに敬意を表する

7月△日（土曜日）

暑いので起きるのが億劫だ。冷房を強くかけた寝室で寝転んだまま『江戸文化評判記』（中野三敏著　中公新書　1992年）を読む。江戸文学研究の第一人者のコラム集である。江戸文化を徹底的に愛し、徹底的に研究した上でなお「戯作は所詮戯作」というような恬淡とした割り切りを持つ著者の論説には、浮ついたものや時流に迎合するところが全くない。爽やかにして凄みがある。

例えば著者は、江戸っ子のアイデンティティに関して、「町人による武士階級への抵抗精神云々というのが、意外にもっともらしくいわれるところがなんとも腑に落ちない」とする。山東京伝の「通言総籬《つうげんそうまがき》」の巻頭の「…水道の水を産湯に浴びて、御膝元に生れ出ては…」にあるような御膝元意識と、花川戸の助六の紫の鉢巻き姿にあるような武士願望を挙げて、立派な武士への憧れこそが江戸っ子本来の姿であったと説く。また、江戸の遊里に関して、「一歩なかに入れば廓外の倫理はすべて無に帰」すとの俗説を、「一歩踏み込んだとたん、そこは非日常の世界だなんて、（ジャン・コクトー監督の）オルフェの鏡かSFXの見すぎ」と切り捨て、「廓外の倫理がすべて通用するところであるのは当然のこと、…大名、武士は身分通りに尊敬され、また金持ち町人はその経済力によって尊敬されること、やはり廓外と同じである」とするあたり、痛快でさえある。

さて、著者は趣味を問われると「デンキいじりが好きで」と応えるのだそうだ。伝記については、「人にはそれぞれにあまり他人には知られたくない事柄も多い」ので悪趣味なことと指摘しつつ、「趣味は悪趣味なものほど、当人にとっておもしろいことは間違いない」とし、「せめてもの罪ほろぼしに」、「対象は慕わしく思う人に限る」、「二流の人物に限る」、「たっぷり時間をかける」の三か条からなる伝記屋営業規約を定めているとのこと。

その伝記屋開店の章において、真っ先に名前を挙げられているのが、自堕落先生こと山崎三左衛門相如《すけゆき》、俳名北華《ほっか》である。元武士であるが、致仕して隠棲。医業をもって生活し、俳諧に遊んだ。著者は、自堕落先生を「一種畸人伝中の一人ではあった」としつつ、「江戸の滑稽戯作文体の紛れもない創始者であり、しかも奇矯としかいいようのない振舞いのうちに、冷徹なリアリストとしての醒めた眼で世間を眺め」た稀に見る思想家でもあったと評している。「老荘風を装いながらも、決してその生悟り《なまさと》に逃げない」とは、著者の最大級の賛辞であろう。本書によって自堕落先生の自伝を引くと「…その平生只寝ることを業とす。月にも寝、花にも鼾し、…朝は巳《み》（十時）に至らざれば起きず。起きて茶飯終われば復横《また》になり、…黄昏には必ず盃を取り、酔至れば則ち伏す。宵惑ひして昼寝し、朝寝はいふに及ばず、喰つては寝、飲んでは寝る。…」とある。これは相当な畸人だが、驚くのはまだ早い。自堕落先生は、40歳の元文4年（1739年）、日暮里養福寺に知人を集め、自らは棺に入り、読経のうちに白衣で棺から飛び出し、皆で飲めや歌えのドンチャン騒ぎをしたあげく、境内に巨大な墓碑を建てて世間から姿を消し、以後遺稿と称する文集を三部ほども出版して、その後は杳《よう》として行方を眩ませた。筆者にも、自堕落先生が慕わしき人物になってきた。

本書の別の箇所で、自堕落先生が「帰去来の辞」の陶淵明を評した一文が紹介されている。「淵明ぐわんらい（元来）金持ちなるべし　ふる里に田地ありて食に足り　童僕妻子を養ひ　酒も樽に満ちたりと　この如

くならば　だれか仕官を望まん」と。なるほど、田畑があって金があるから、安心して官を辞して故山に帰ることができたのだろう。貧しければ、五斗米の為に腰を折るしかない。「ちょっとばかりピリリとした一言」である。

閑話休題。同書の「あとがき」の中で著者は、江戸はなぜおもしろいかについて述べている。著者曰く、「江戸は近代と違うからこそ面白いのであり、近代にはすでに失われてしまった豊饒さをもつがゆえにおもしろいの」だから「江戸の中に近代の芽を見つけたり、元禄武士の生活に現代日本のサラリーマンの生活を重ねて打ち興じたりすることが、本当にそれほどおもしろいことなのか」と。確かにその通りかもしれない。

しかし、私が自堕落先生の佯《よう》死事件に、共感に似た感情を持つのは、私のこれまでのサラリーマン人生を通じて身に染みついた価値観のようなものが、「死んだふりでもしていないと今の世の中やってられないよな」と、私にささやきかけるからなのだ。この点、著者は彼の「遺稿」から彼の思想を「人の生はすべて苦しい。しかし、また生ほど愛すべく重んずべきものはない。そこに私の死を願うゆえんのすべてがあるのだ」とまとめ、「自堕落の行いを愚といい切れる人が果たして何人いるだろうか」としている。現代のサラリーマン社会的なボヤキと自虐との類似性でとらえるか、人生の深遠な難題を戯作的滑稽で佯《いつわ》ったものとみるか。まあ、毎晩呑んでくだまく当方と文化勲章の大学者との違いということなのだろう。あるいは、私が過ごしてきたサラリーマン社会が、江戸と同じく、既に失われてしまった、どうしても取り返しのつかない世界になりつつあるのかもしれない。オールドグッドデイズは、二度と戻れないからオールドグッドデイズなのだろう。

せめて今晩は、「鳥獣魚鼈《ぎょべつ》の肉を好んで一年三百六十日鮮《なまぐさ》けなければ物食わず。茶好《ちゃずき》酒好《さけずき》たばこ好《ずき》」の自堕落先生に敬意を表して、すっぽんはともかく、鶏胸肉、輸入牛肉、鰯の刺身ぐらいは食卓に並べ、オールドグッドデイズを懐古しつつ一杯やることにしよう。食後にはコーヒーを淹れてから、玄関の外に出て、虫除けスプレーの世話になりながら紫煙を燻らすことにしよう。

『鶏胸肉のポシェ風のレシピ（4人分）』

〈材　料〉

鶏胸肉4枚（皮を取り分けておく）、**セロリ1本**（葉と危機の細い部分は切り分け、残りは4㎝長に切る。根元の太い部分は縦半分にする）、**人参1本**（皮をむき、先端と根元は1㎝ずつ切り分けておき、残りは横半分に切り、太い方は縦6等分、細い方は縦4等分する）、**玉葱中1個**（皮をむき、縦半分に割り、根元側と先端側を1㎝ずつ切り分け、残りを厚めの櫛切り）、**白ワイン100cc**、**固形ブイヨン2**、**バター大匙2**

〈作り方〉

① 蓋つきの鍋にお湯400ccを沸かし、鶏皮、野菜の切り落とした部分、固形ブイヨン、白ワインを入れ、火を止める。

② 鶏肉を入れ、蓋をして5分したら、鶏肉の上下を返し、弱火で70度位に加熱して火を止め、蓋をして5分。これを繰り返して20分煮る。（調理用温度計があればコンスタントに65度を保つように調整する。ない場合は、スープをスプーンにとって指で触っておおよそ判断する。）20分煮たら野菜の屑と鶏皮を取り出し、野菜を投入し、さらに10分煮る。

③ 鶏肉を鍋から取り出し、バットなどに取る。野菜も取り出し、別の鍋に入れ、スープをおたま2杯加え、蓋なしの中火で煮る。沸騰しそうになったら火を絞る。（残ったスープは、朝食用に取っておく。）

④ フライパンにサラダ油大匙2をひき、強火にして鶏肉を入れ、肉の上から油大匙2をかけ、適宜上下を返して、手早く軽く焼き目をつける。

⑤　皿に鶏肉とつけあわせの野菜を並べる。
⑥　③の鍋にバターを加え、火を強くして、へらかスプーンで攪拌して乳化させ、ソースとして料理にかける。

＊　先日大奮発して家人と行ったフランス料理店で食べた鶏料理が素晴らしかった。柔らかくしっとりとした胸肉と、かりっとした食感で香ばしい腿肉の組み合わせ。山椒の香りを利かせた腿肉のローストも実においしかったが、胸肉の滑らかさには驚かされた。魚のブレゼ（蒸し煮）のようにふっくらと旨味に満ちていて、鴨のコンフィ（オイル煮）のようになめらかであった。シェフに調理法を尋ねたら、60度のスープで数十分煮るのだそうだ。低温で煮る調理法はポシェ（pochés）と呼ばれるが、英語でいうとポーチトエッグのポーチである。あのシェフの技法は到底まねできないが、今回は、低温のスープで煮てやわらかく胸肉に熱を通した後、ごく短時間高温でソテーして、表面だけかりっとさせてみた。

＊　余談ながら、我が国で庶民が鶏肉を食べられるようになったのは昭和初期以降である。
　大正期に鶏卵増産運動が展開されて養鶏が盛んになり、雌雄鑑別技術も実用化が進み、不要となった雄ひなを肉用に利用することが行われるようになって、ようやく鶏肉は庶民の手の届くところまできたが、当時まだまだ高級品で「ハレ」の御馳走であった。

　その頃の鶏肉の規格は、特等、1等が若鶏、2等、3等が老廃鶏であったところ、3等が牛肉のロースと同じ値段だったという。鶏肉が牛肉より安価な食材となったのは、戦後、ブロイラーが導入されてからのことであった。

その25

8月△日（土曜日）

先人の解明したカレーライスとライスカレーの区別に感動する

「危険な暑さ」が続いた後は台風、そしてまた「危険な暑さ」だ。日本の気候はどうなってしまったのだろう。午前中に、近所にちょっと出かけたら、息をするのも苦しいような暑さだ。暑熱に重さというか圧力を感じる。熱波の重みにふらふらになって帰宅。涼を求めてそのままプールに出かけたら、少々頭痛がする。プールで体を冷やしたつもりが、水分と塩分の補給が不十分だったために、軽い脱水症状かナトリウム不足になったらしい。這う這うの体で帰宅して、塩を嘗《な》め梅干をしゃぶり氷水を立て続けに飲んでソファーに倒れこむ。

小一時間寝たら、ようやく元気になった。体調が戻ると、現金なもので腹が減る。家の者は、私が寝ている間に、昼食を済ませて外出したようだ。炊飯器にご飯はないが、麺類は乾麺の蕎麦、そうめんに加えて、冷蔵庫に中華麺と焼きそば用の蒸し麺がある。そうめんではあっさりしすぎて、体力回復には不向きだろう。夏だから焼きそばかな。ただ残念なことにキャベツももやしもないので、屋台風のソース焼きそばは作れない。となると餡かけか。冷凍庫にシーフードミックスがあるので、海鮮餡かけにしようかと思ったが、豚小間の使い残しも発見。両方使ってカレー味の餡かけにしよう。カレー粉のスパイスの成分は、猛暑で弱った体によさそうだ。

カレー粉の黄色の主成分であるターメリック（ウコン）は肝機能を活性化し、抗酸化作用にも優れるといわれている。辛みの素の唐辛子に含まれているカプサイシンは、脂肪の燃焼を促進し食欲を増進するらしい。

香りをつけるコリアンダーは消化を促進し、クミンには加えて抗酸化作用もあり、オールスパイスも消化促進や抗菌の作用に優れるという。ジンジャー（生姜）は免疫力を向上させるとのことだから、カレー粉にも含まれているが、加えておろし生姜も使うことにしよう。

中華スープの素とオイスターソースを効かせたカレー味餡かけ焼きそば完成。いとうまし。蒸し麺一つでは足りず、結局もう一玉追加で焼いて食べてしまった。猛暑で弱った体力の回復のためとはいえ、カレー餡をたっぷりとかけた焼きそば2杯は明らかにオーバーカロリーだ。ジムに行くか、もう一度プールに行くべきだが、「危険な暑さ」を考慮し、運動は次の機会に譲ることにして、とりあえずは体力の温存策を採ることにする。

再度ソファーに寝転び、カレーに傾いた我が勢の赴くところ『カレーライスの誕生』（小菅桂子著　講談社２０１３年）を読む。同書によれば、日本人がカレーに接したのは幕末維新前後である。（以下同書による。）万延元年（１８６０年）、福沢諭吉は「増訂　華英通語」という中国語の英語の辞書に手を加えて英語の発音をカタカナで付記したものを出版した。その中でCurryの発音は「コルリ」と付されている。勿論、著書の言うとおり、この時点で福沢がカレーとはいかなるものか知っていたか明らかではない。

会津出身の山川健次郎（後の東大総長）は、明治3年 国費留学生として渡米するが、その船の中でカレーに出会っている。洋食のバターの匂いに閉口して食事をとらずにいた健次郎少年は、心配した船医に食事をとるよう勧められ、米飯がついているカレーを選んだが、カレーがどうしても食べられないので、杏子の砂糖漬けをもらってそれをおかずに米飯だけ食べて飢えを凌いだという。

岩倉使節団は、明治4年、セイロン島でカレーに出会っている。この時の旅行記『米欧回覧実記』には、セイロン島は「西洋『ライスカレイ』ノ料理法ノ因テハシマル所ナリ」と記されている。

山川と同じく会津出身の柴五郎（後の陸軍大将）は、明治6年陸軍幼年生徒隊に第二期生として入学する。教官はすべてフランス人で食事は当然洋食であったが、土曜日の昼食のみはライスカレーであったという。柴が回想するに「同僚の多くは…食事不味しと不平いうも、余にとりてはフランス語以外は、まことにもって天国に近し」とのことであるから、彼はカレーをすんなり受け入れたのであろう。

カレーと日本人の出会いはこんなものだったようだが、文明開化以降洋食が普及する中で、カレーは日本の国民食として急速に広まっていく。日本人が受容したカレーは、スパイスを家庭で料理しながら調合する純粋なインド式ではなく、出来合いのカレー粉を用い小麦粉でとろみをつける英国式カレーであった。カレーの普及に大いに寄与したとされる軍隊の「カレー汁掛飯」の調理法も、カレー粉と小麦粉を使う英国式だった。

ところでカレー粉は、18世紀後半にイギリスのクロス・アンド・ブラックウェル（C&B）社が製品化した。同社は、この「カレー粉」は東洋の神秘的な方法で製造されたとして、成分を秘匿していたため、その製法はなかなか解明できず、そのため長い間C&B社の製品が市場を独占していた。日本でもカレー粉については、長きにわたり、C&B社の製品以外は見向きもされなかったが、昭和初期のC&Bカレー粉偽造事件がきっかけとなって国産カレー粉が見直され、普及していったという。

同書は、「インドを出発したカレーライスがいかにして日本に取り込まれ『にっぽんのカレー』として定着していったか、その過程を追いかける」なかなか読み応えのある本である。その趣旨からすると、著者のいうとおりやや傍論ではあろうが、エピローグにある「ライスカレー」か「カレーライス」かの議論は面白い。明治時代の書籍では概ねライスカレーとされていたものが、大正末から昭和初期にはカレーライスが大勢となったらしい。つまり料理の内容は変わらず呼称が変わったということのようだが、分類学としては吉行淳之介の説が、妙に説得力があって興味深い。「カレーライスとは、すなわちカリー・アンド・ライスで、本場のもの若しくは本場に近いものというニュアンスが感じられ、一方ライスカレーは本場ものを翻訳して日本化したものという感じが」あり、「香辛料を色々使って複雑な味にしようとしているものはカレーライスで」「黄色くてどろりとして、福神漬けがよく似合うのがライスカレーである」という彼の説は、さすがである。どうでもいいことながら、大いに納得した。

それにしても昼飯は少々食べ過ぎたが、カレーとなると必ず食べ過ぎてしまうのはなぜだろう。私が週の大半の昼食をとる社員食堂で、ご飯を盛りつける係の人の手元を、眼を凝らして観察したが、カレーライスのご飯の盛りは、自然体でも、定食のそれに比べて1・5倍以上あるようだ。しかも、定食を選択した人の半分ぐらいは「ご飯は少なめに」と依頼しているが、カレーの場合は逆で、3～4割ぐらいの人が「ご飯大盛り」と頼んでいた。さらに言えば、カレーライスの人のうち、サラダの皿も購入した人は2割ぐらいで意外に少なく、コロッケや揚げ春巻きのようなボリュームのある副食を追加した人が3割ぐらいいて….。閑話休題。自らの観察力を自慢するのは、このぐらいにとどめた方がよさそうだ。

調子に乗ってカレー餡かけ焼きそばを大盛り2杯食べてしまった夏バテ気味の私だったが、同書を読み終えるころには、カレーのスパイスの効能ですっかりさわやかな気分になっていた。さて、夕食はプルコギでも作って栄養をつけるかな。（カレーで高揚してしまった私は、迂闊にも、家人が私の作るにんにくと胡麻油をたっぷりと効かせた牛肉満載のプルコギを、どろりとした日本式ライスカレーと同じぐらい毛嫌いしていることを完全に失念していた。…気分が良すぎるときには注意せよ。）

『カレー味餡かけ焼きそばのレシピ（4人分）』

〈材　料〉

中華蒸し麺4玉（袋のまま30秒ぐらい電子レンジにかけて温めておく）、豚小間200g、冷凍シーフードミックス1パック（300g位、解凍しておく）、人参半本（皮をむき、4㎝位の拍子木に切る）、玉葱中半個（縦にスライス）、青梗菜《チンゲンサイ》1株（一口大に切り、軸と葉に分けておく）、カレー粉大匙4、おろし生姜大匙2、合わせ調味料（中華スープの素大匙2、オイスターソース、砂糖各大匙1、醤油大匙1、紹興酒又は酒大匙4、片栗粉大匙3、水400cc）

〈作り方〉

① 中華鍋か大き目のフライパンに油小匙2を中火で熱し、麺1玉を軽くほぐしてから入れ、醤油少量（小匙1程度）を振りかけ、さらに軽くほぐしてから、円盤状にまとめて、焼き色がついたら裏返す。同様に焼き色がついたら皿に盛る。これを4回繰り返して4人分の麺を用意する。

② 麺を焼いた鍋に油大匙1を足し、強火で豚肉を炒める。色が変わったらシーフードと玉葱、人参を入れ、1分ほど炒めたら、青梗菜の軸とカレー粉とおろし生姜を加え、炒めながらよく混ぜ合わせたら、合わせ調味料を加える。

③ 混ぜながら中火で煮立て、とろみがついてきたらチンゲン菜の葉を入れて弱火にし、味見して味を調えたら麺にかけて完成。

＊ 豚肉と冷凍シーフードと両方冷蔵庫に残っていたので両方使ったが、もちろんどちらかでよい（むしろそちらが正統であろう）し、鶏肉でもいかでもたこでもかまわない。

＊ 野菜もたまたま冷蔵庫にあるものを使ったが、キャベツ、白菜、ピーマン、ヤングコーン、木耳《きくらげ》などでもよい。

その26

反骨のヴェトナム史にヴェトナムの逞《たくま》しさ・したたかさを知る

９月△日（日曜日）

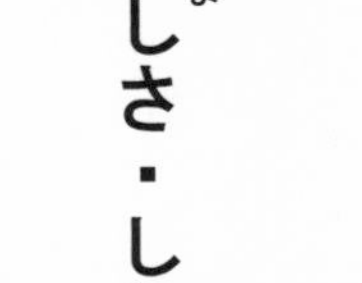

今日は朝から寝床の中でずっと読書で『物語ヴェトナムの歴史』（小倉貞男著　中公新書　１９９７年）を読む。

夏休みにヴェトナム中部のリゾート地に行った。私自身は日本の田舎でゆっくり過ごしたかったし、海外に行くと語学力の観点から家長の権威が失墜するから気が進まなかったのだが、海外でないと家の者たちが納得しないので、渋々出かけたのである。行ってみると、権威失墜問題はともかくとして、食事もおいしくホテルもビーチもなかなか結構なところであった。

折角ヴェトナムに行くのだからと、前掲書を図書館で借り、往復の飛行機の中で読了するつもりだったのだが、体重９０kg近い肥満体にはエコノミーシートはあまりに厳しく、なかなか読書に集中できなくて、結局家に帰って読んでいるのだ。

本書を読んで知ったのは、ヴェトナムの歴史は中国への抵抗の歴史だということだ。著者は、しばしばヴェトナム人を反骨の民族と評している。紀元前１１１年に漢がヴェトナムを征服してから1千年にわたり、中国はヴェトナムを支配したが、この間ずっとヴェトナム人の反乱に手を焼いてきた。その後も歴代の中国の王朝は、ヴェトナムに兵を進めるが、いつもヴェトナムのしぶとい抵抗にあって結局は撤退している。

中国支配下の反乱で有名なのは紀元４０年のハイ・バ・チュンの反乱（チュン姉妹の反乱）である。姉妹の反乱は3年で鎮圧されたが、姉妹は英雄とされ、今も多くの寺院に祀られている。ハイ・バ・チュン通りがある街も多いという。後漢側も苦戦し、光武帝が勇将馬援を派遣してようやく抑えたほどである。因みに馬援は「矍鑠《かくしゃく》」という言葉の由来となった人物である。チュン姉妹の反乱制圧の数年の後、馬援は武陵五渓蛮の反乱に出陣を願い出る。この時に既に62歳であり、老齢を気遣った光武帝がこれを許さなかったところ、馬援は甲冑をつけて馬に飛び乗り威勢を示したので、光武帝も笑って「矍鑠《かくしゃく》たるかな。この翁は」と言って出陣を許したという。おそらく矍鑠というのは当時の擬態語か何かで、この話以来 年をとっても元気がいいという意味になったのだろう。

ヴェトナムでは、その後も派遣された漢人の支配者が善政をしけば平和になり、悪代官が来ると反乱が起きる時代が続いた。

唐代になると、唐は安南都護府を設けてヴェトナムを支配した。「三笠の山にいでし月かも」の和歌で有名な阿倍仲麻呂もヴェトナムに派遣された総督の一人である。彼は、16歳で遣唐留学生として入唐し、唐で官僚として厚遇され、三十数年後、遣唐使藤原清河とともに帰国しようとするが、暴風雨のためヴェトナムに漂着する。折からの安史の乱もあって帰国を断念した仲麻呂は、長安に戻って唐で再び官途に就き、760年鎮南都護として再びヴェトナムに赴きヴェトナムを6年統治し、長安に戻って客死した。766年には安南節度使を授けられている。

唐滅亡後、バクダン江の戦いで南漢（五代十国の一つで広東・広西を支配した地方政権）の水軍に大勝したゴ・クエンは、935年自ら王と称し独立した。以後900年間中国歴代の王朝は繰り返し征服の軍を進めたが、反骨のヴェトナム人の抵抗にあい、成功しなかった。特筆すべきは、ヴェトナムは中国の遠征を撃退すると、何食わぬ顔ですぐに中国に朝貢して、あらためて王に封じられるという巧妙にして　したたかな外交を常套手段にしていることである。

元の世祖フビライはヴェトナムに三度侵攻の大軍を送ったが、救国の英雄チャン・トック・トアンが指揮するヴェトナム軍は、激戦の末　大いに破りこれを撃退している。その上でヴェトナム国王チャン・ニャン・トンは、徹底的に破った当の相手の元朝に使節を送り、捕虜とした元軍の将兵を丁重に送り返した。一方で捕らえた将軍たちを送り返すときは、途中欺いて船底に穴をあけて水死させたりもしている。何ともしたたかというほかない。

元寇以外に本格的な外敵の侵攻を経験しなかった我が国とは、ある意味で対照的である。元寇の際も元の大軍を文永の役、弘安の役と二度にわたって水際で撃退でき、その後外交戦も必要としなかった。因みに本書によれば、ヴェトナムでは、日本への元の侵攻が二度で済んだのはフビライがヴェトナム侵攻に軍を振り向けたからだという説が有力なのだそうだ。

チャン・トック・トアンは、死に際して時の国王に「北方の敵は数を頼んでいるのです。これに対抗するには、しぶとくまた一気に敵を攻撃することです。…軍隊は親子のようにこころを一つに一致団結…民衆には、こころやさしく接さなければなりません。…」と言い残したという。著者は、この遺言は現代にも語り継がれ、対仏独立戦争や対米戦争にヴェトナムの民衆がこぞって戦った背景となったと評している。

明の永楽帝は、大軍を送り7年かけてヴェトナムを制圧し、徹底的な同化政策を強行した。当然、民衆の不満は高まり、1416年レ・ロイが蜂起した。彼は、はじめ山岳地帯でお決まりのゲリラ戦を展開し、やがて相手が疲れてくると平野部に進出して反撃に転じ、ついにはハノイ周辺の紅河デルタで決戦して大勝利した。レ・ロイは国内を統一し、20年ぶりに独立を回復したが、明に対しては毎年の朝貢を約束して安南国王に封じられている。

1802年に南部を含めヴェトナム全土を初めて統一して王位に就いたグエン・フック・アインも清朝の使節から越南国王之印を押し戴く一方、彼を初代とするグエン朝は、国内や清以外の他国に対しては勝手に大南国皇帝を名乗っていた。これまた伝統の面従腹背戦法である。この点、（漢委奴國王《かんのわのなのこくおう》の時代はともかく、）朝貢どころか、聖徳太子が隋帝国に対して「日出づる処の天子、書を日没する処の天子に致す。恙無きや」と国書を送り、豊臣秀吉が明帝国を征服しようと文禄・慶長の役を起こした直球派の日本とは、大分芸風が異なる。

このように軍事・外交面では、逞しくしたたかなヴェトナムだが、内政面では、どの王朝もはじめは名君が出て国を繁栄させる一方、後半になると暗愚な国王が出て衰亡するというプロセスを繰り返した。宮廷官僚たちは腐敗していき、権力闘争に明け暮れ、やがて国内に反乱が多発し、国外と結ぶ勢力も出て、ついには中国の侵攻を許すのである。チュン姉妹の反乱がわずか3年で悲劇的結末を迎えたのも、一緒に反乱した土豪たちが姉妹を見捨てたからであった。

19世紀末 グエン朝はフランスの武力に屈し、フランスの保護国となる。ヴェトナムが再び独立を回復するのは、第二次大戦後である。独立宣言後の対仏独立戦争そして米国とのヴェトナム戦争においても、伝統の救国独立の精神と軍事・外交面での逞しさ・したたかさは遺憾なく発揮された。

ヴェトナム民族の逞しさ・したたかさに感銘を受けつつ本書を読了したが、いくら感動しても昼近くなれば腹が減るのが、凡夫のかなしさである。今日のブランチは、バインミー（ヴェトナム風サンドイッチ）にしようと昨日から心に決めていて、材料も昨日のうちに用意済みだ。寝床から出て洗面したら直ちにバインミーを作り始める。バタバタと作って直ちに食す。当初「そんな高カロリーなもの食べるか」と言っていた家人に、結局は3分の1ほど取られてしまったが、なかなか美味。ホーチミンシティの空港の売店で食べたバインミーと比べて遜色なしと自画自賛する。

今晩の献立も決まっている。家内がヴェトナム風生春巻きと鶏だしのフォー（ヴェトナムの平たい米粉麺）を作ると言うので、私は、にんにくを効かせた鰹のニョクマム炒めにチャレンジする予定である。ダナンの浜辺のシーフードレストランで食べた料理だ。

生け簀の中から魚を選んで調理してもらうあの店は美味かったな。瞼を閉じれば思い出す。30cmもある巨大な蝦蛄《しゃこ》は炒め物で食べ、脂ののった大きな蟹は蒸してもらってかぶりついた。美味かったなあ。次いで、これまた大きな蛤を食べ、コリアンダーをのせたシーフードの焼きそばを食べた後に、50cm以上ある鰹をニョクマム炒めで食べ、さらにスティームライスを頼んで、魚を食べ終えた皿の汁をかけて食べた。「汁掛け飯で食べるときは、日本の米じゃないと、歯ごたえが軽すぎるなあ」と独り言を言ったその時である。「いいかげんにしなさいっ」と周囲のテーブルにも響く険しい怒声。びくっ。楽しい時間というものは、往々にして、突然かつ破壊的に終了するものである。…いつの間にか夏休みの思い出から醒めた私は、黙々と昼食後の洗い物に励んだ。

『バインミー（ヴェトナム風のサンドイッチ）のレシピ（2人分）』

〈材　料〉

バゲット1本（スーパーで売っている柔らかめの安いものがよい。高級なパン屋で売っている本格的なものは固すぎてバインミーには向かない）、大根、人参各4㎝（いずれも皮をむいて千切り、塩を振る）、パクチー数本（ざく切り）、きゅうり半本（斜め薄切りにして塩を振る）、焼豚（又はハム）数枚、レバーペースト、バター、ニョクマム（又はナンプラー）、ヴェトナム風チリソース（トゥオンオットと呼ばれるもの、タイ風のホットチリソースで代用可、ケチャップにタバスコを混ぜて代用する手もある）、ライム（又はレモン、市販の果汁で代用可）、一味唐辛子

〈作り方〉

① 大根、ニンジンを、水気を切ってボウルに入れ、ニョクマム、砂糖、ライム汁各大匙1、一味唐辛子小匙1／2を加えてあえる。

② バゲットを半分に切り、それぞれ切り込みを入れて、オーブントースターに入れて軽く焼く。

③ バケットの切り込みの片面にバター、もう片面にレバーペーストをたっぷり塗る。

④ バゲットに、汁気を絞った①のなます、水気を拭いたきゅうり、焼豚、パクチーをはさみ、最後に（辛いのが苦手でなければ）チリソースをかけて完成。

＊　野菜はレタスでも、セロリでもよいが、パクチーは入れたい。パクチーペーストで代用も可。焼豚に代えて、つくねとかローストビーフでもおいしいし、ハムでもよい。好みでミントを加えたり、マヨネーズをかけてもよい。

その27

１８世紀末フランスの腕木《うでき》通信にインターネットの黎明を見る

10月△日（日曜日）

近く職場のゴルフコンペがあるので、昨日近所の練習場で猛練習した。そのせいか、腰と肩がやたらに痛い。今日はプールに行こうと思っていたが、あっさりと予定を中止。休養専一に決心変更した。大根と葱の青いところを刻んだ味噌汁と、鰈《かれい》の干物と納豆と梅干の朝飯を食べたら、再び寝床に戻る。時期遅れの台風の影響か、やたらに暑いのでごろごろしても寝つけない。

数か月前に買い込んで窓際に積んだまま忘れていた『ＩＴ全史　情報技術の２５０年を読む』（中野明著　祥伝社　２０２０年）という本を、寝転んだままぱらぱらとめくり始める。

「情報化時代の必須知識がしっかりわかる」という帯の文句に釣られて実用書のつもりで買ったのだが、本の中身は帯の紹介とはかなり異なる。産業革命のあとにフランスで腕木《うでぎ》通信と呼ばれる情報技術が誕生した１７９４年から、レイ・カーツワイルがいわゆるシンギュラリティに到達すると予言する２０４５年の前年までの２５０年間を視野に、情報技術の歴史を著者一流の概念整理と史観に種々のエピソードをちりばめつつ概説したものである。

何と言っても興味深かったのは、ＩＴ全史初頭の腕木通信の章である。（以下同書による。）フランス革命後文字通り四面楚歌のフランスにおいては、国境近くと中央政府を結ぶ高速通信の必要性は極めて高かった。

まさにそのような状況下で、クロード・シャップが考案した腕木通信は、パリと北部フランス英仏海峡近くの町リールとの間の204㎞を、一つの信号あたり120秒で送ったという。これは秒速1700mすなわち音速の5倍である。

腕木通信の具体的な仕組みは、約10㎞間隔で設置した通信基地の屋上に立てた4~5mの柱の先端に取り付けられた4m程度の調節器と称する可動式の腕木と、その両端にそれぞれ取り付けられた2m程度の指示器と称する可動式腕木の位置を、基地内部のハンドルを操作して特定の信号を作ることにより、情報をやり取りする。各基地には通信手が常駐していて、望遠鏡で両隣の基地の信号を常時確認して、自分の基地の腕木も同じ形状の信号に変化させる。それをバケツリレー式に伝達していくのである。調節器は水平、垂直の2か所を指し、2本の指示器は7か所の位置を指す仕組みだったから、2×7×7の98種類の信号を作ることが可能で、そのうち紛らわしいものを除いた92種類の信号を使用していた。92ページ92行の符号表(コードブック)を送受信者の手元に置き、何ページ何行目というふうに信号を送り、該当する用語や文章を読み取ったのである。このように、腕木通信で送られる信号は完全にデジタル化されたものであったが、著者は、これに加えて腕木通信には現代のインターネットと注目すべき技術的な共通点があると指摘する。

まず、腕木信号では、メッセージの先頭に緊急度を示すコントロール信号がつけられたが、これはインターネットにおいてデータに付されるヘッダー情報と実質的に同じ概念だとする。また、腕木通信では符号表のボキャブラリーにない単語を送信するときは、単語をアルファベットで送信する必要があったが、符号表上アルファベットは他の単語や文章と番号を共有していたので、初めに「ここからアルファベットが始まります」の信号を送り、アルファベット送信が終了するときには終わる旨の信号を送ることになっていた。著者は、この初めと終わりの信号は現在のHTMLにおけるタグの概念に相当するものだと指摘する。

因みに腕木通信は、ギリシャ語からの造語で、「テレ＝遠くに」と「グラーフェン＝書くこと」からテレグラフと命名された。後に電信が生まれた当初、電信はエレクトリック・テレグラフと呼ばれたという。テレグラフの本家本元は、腕木通信だったのだ。

画期的な情報技術である腕木通信のネガティブな側面として、著者は史上初のネットワーク犯罪を挙げる。当時、パリの株式市場の情報は郵便馬車で5日かけてボルドーに送られ、ボルドーではそれをもとにして株式売買が行われていた。そこで政府の腕木通信回線を不正使用し、早く情報を仕入れて儲けようと、腕木通信の監督官や通信手を仲間に引き込んで大儲けした悪党が出た。しかしやがて明るみに出て一味は逮捕されるが、博学な著者は、これを題材にした小説を紹介してくれる。文豪デュマの『モンテ・クリスト伯』である。はて、『モンテ・クリスト伯』。ずいぶん昔に一読したことがあるはずだが、腕木通信なんて出てきたかしらん。

出てくるのだ。私が引っ張り出してきた岩波文庫版でいうと、第4巻の半分を少々過ぎたあたりに、「信号機」という章と「桃をかじる山鼠から園芸家をまもる方法」という章がある。ここに信号機と記述されているのは、紛れもなく腕木通信の信号機である。モンテ・クリスト伯は、パリとボルドーをつなぐ腕木通信の基地で働く通信手に彼の趣味の園芸の話で近づき、彼を大金で買収して、スペインのバルセロナで内乱発生との偽の情報を流す。クリスト伯の仇であるダングラール夫妻は、その情報をいち早く入手し、偽情報とも知らずに手持ちのスペイン公債を売り逃げる。翌朝その情報が事実無根であることがわかり、ダングラールは大損を被るのである。

本のページを繰っているうちに、気温の上昇とともに狭い寝室内はどんどん暑くなってきた。今月に入ってから我が家では冷房の使用は禁止されているのである。耐えきれず、とうとう女房の目をかすめて冷房のスイッチを入れた。心地よし。数分にして私は、昼食の時間が近いことも忘れて、安らかな昼寝に没入した。あとはお決まりの通り、目覚めればもう夕方である。

さて夕食。材料は昨日のうちに買ってあるので、あとは作るだけだが、長々と昼寝したので時間があまりない。今日はあまりに暑いので汁ものは省略。スタミナをつけるために、にんにくを効かせた韓国風の料理にする。菜は、スーパーの肉売り場売れ残りの割引き牛カルビを、人参、玉葱、いんげんと炒めることにしよう。増量のために厚揚げも加えることにする。味付けは、焼き肉のたれとキムチの素の組み合わせ。私が得意にしている味付けだ。そして飯は、先日から一度作ってみたいと思っていた牛肉と豆もやしの炊き込みご飯にチャレンジ。あとは、トマトとサラダほうれん草のサラダと、きゅうりの即席漬け。きゅうりを塩もみして酢と鷹の爪と一緒にビニール袋に入れる。すし酢少々を加えて甘みを出す。

ダイニングキッチンに冷房を入れることの了解が得られなかったので、汗だくになって、何とか定刻に夕食の準備完了。早速に食す。カルビ野菜炒め美味。きゅうりの即席漬けも好評。問題は初挑戦の韓国風炊き込みご飯だ。若干少なめの水加減にしたつもりだったが、もやしからの水分のせいか、かなり柔らかめの炊きあがりだ。しかしそれを除けば、なかなかの出来だ。

夜再び『IT全史』に挑む。面白いエピソード満載である。…無線電信を普及させノーベル物理学賞を受賞したグリエルモ・マルコーニが死後残した財産はわずかであり、それを歎いたデービッド・サーノフは「発明家とは、他人を富ませる人である」との名言を残した。そのサーノフは貧しい移民の子で、アメリカ・マルコーニ無線電信社に給仕で入り、やがて同社の無線通信士となる。たまたまニューヨークのある百貨店併設の無線局で夜勤をしていた時に、タイタニック号の遭難信号を受信した。その後三日三晩無線電信で情報を収集しメディアに報告し続けたという。やがて30歳でRCAの総支配人になり、彼が企画したボクシング世界ヘビー級チャンピオンのジャック・デンプシー対挑戦者ジョルジュ・カルパンティエ戦のラジオ中継は40万人が聴取したという…。

しかし、炊き込みご飯をどんぶりに3杯も胃に詰め込んだ影響か、ページを次々にめくって面白い逸話は頭に入っていくのだが、情報技術の「生態史観」を目指す著者の肝心の思いは、悲しいかな、満腹浅学の筆者にはおよそ伝わらないのであった。

『牛肉と豆もやしの韓国風炊き込みご飯のレシピ（4人分）』

〈材　料〉

牛ロース薄切り3～400g（安い輸入肉で可。なるべく薄くスライスされたものがよい。一口大に切る）、豆もやし（子大豆もやし）1袋（軽く水洗いしてざるに上げておく）、長葱10㎝（小口切り）、米3合、おろしにんにく小匙2、コチュジャン小匙1、いりこだしの素小匙2、白ごま大匙2、胡麻油、一味唐辛子、醤油、砂糖、酒、キムチ

〈作り方〉

① 米は研いで洗ってざるに上げ、30分程度おく。

② 牛肉に醤油小匙1、酒小匙1、おろしにんにく小匙1、胡麻油小匙2を振り、もみこむ。

③ 炊飯器に米3合を入れ、2・5合の目盛ぐらいの少なめの水加減にし、いりこだしの素、おろしにんにく小匙1、醤油小匙2、砂糖小匙2を入れ、牛肉を1枚ずつ広げて入れ、上からもやしをのせる。（炊飯器に炊き込みご飯のメニューがある場合は当該メニューにセットして）炊飯器のスイッチを入れる。

④ 葱に砂糖小匙1、コチュジャン小匙1、醤油小匙1、一味唐辛子小匙1を加え、よく混ぜる。

⑤ キムチ適量を粗く刻む。

⑥ 炊きあがったら、炊飯器の蓋を開け、大きく上下を返し、④と白胡麻大匙4を加えて、よく切り混ぜ、蓋をして保温状態で10分ほど蒸らす。

⑦ 炊き込みご飯を飯茶碗に盛り、刻んだキムチ少量をのせて食べる。

＊ 炊き込みご飯は傷みやすいので、残ったら冷蔵庫に入れることをお奨めする。

その28

昭和の怪優たちにひたすら思いを馳せる

11月△日（日曜日）

先日出張に出かけた。晩に痛飲して、早々に出来上がって、9時前にホテルに引き揚げて倒れこむように寝たのはいいのだが、深夜尿意を催して目覚め、今度は寝付けなくなってしまった。時計を見るとまだ2時前なのだが、どういうわけか全然眠気がこない。仕方がないので、タブレットでネット配信の映画を観る。

「仁義なき戦い　代理戦争」（深作欣二監督、東映）。何度も見た映画であるが、やはり傑作である。臆病なヤクザたちが虚勢をはりつつ腹の探り合いをしていくストーリー展開もいいし、何と言っても役者がいい。中でも不良少年役の渡瀬恒彦が実にはまっている。後年性格俳優として大成するのが、信じられないと言えば信じられないし、さもありなんと言えば、さもありなんという感じである。また、煮え切らない組長役の加藤武も、小狡い親分役の金子信雄も芸達者としか言いようがない。ヤクザの大幹部役の成田三樹夫も、その役回りに合わせて、その強烈な個性をあえて抑制気味にしているあたりが見事である。

また女優陣も金子信雄の女房の役の木村俊恵といい、渡瀬恒彦の母親役の荒木雅子といい上手いとしか言いようがないし、組幹部の情婦でクラブのママ役の山本英子も若いのに存在感がある。…結局朝6時までやくざ映画を観てしまった。日中あくびの連続であったことは言うまでもない。

出張から戻って、昨日の土曜日、図書館で面白い本を見つけた。『昭和怪優伝』（鹿島茂著　中公文庫2013年）。副題に「帰ってきた昭和脇役名画館」とある。著者とは年齢差があるせいか、この本に紹介されている12人の「怪優」のうちその出演した映画を観たことがあるのは、半数ほどにすぎないのだが、その「怪優」たちに対する評たるや「おっしゃるとおり。ぼくもそう言いたかったんだよな」という感じで、実に的確にしてツボを押さえている。

例えば、渡瀬恒彦に対する評は、「鉄砲玉役者の美学」とある。なるほどうまいことを言うものだと思ったが、渡瀬の主演映画に「鉄砲玉の美学」というのがあるからこれをもじったのかもしれない。いずれにせよ、上述の「仁義なき戦い　代理戦争」でも鉄砲玉的な美学はいかんなく発揮されているし、「仁義なき戦い」シリーズの第一作でも、松方弘樹演ずる組の大幹部に激しく叱責されても、無視したり逆にすごんだりと、役回りこそやくざの中堅幹部だが、渡瀬の鉄砲玉的魅力たっぷりである。

私の好きな俳優の一人である成田三樹夫の評は「ホモソーシャルな悪の貴公子」である。そして採り上げられている映画が、まず「兵隊やくざ」シリーズである。たしかに著者指摘の通り、当時デビュー2年目の成田演ずる青柳憲兵伍長は「悪のエロティシズム」を存分に発揮して、人気絶頂の勝新太郎演ずる主役の大宮二等兵と全く互角に渡り合っている。さらに著者は、「柳生一族の陰謀」での烏丸少将役で白塗り公家装束で柳生一族をばたばたと斬り伏せる成田の演技を激賞している。私もこの映画の中では、成田演ずる不気味な公家が一番印象に残っているだけに、著者の指摘は実に心憎い。

今日は、午前中にスーパーでの食材買い出しとプールで高齢者に交じってのウォーキングを済ませ、昼に冷凍鰻のうな丼を食し、午後はベッドに寝転んで本書を読みふけっている。

怪優という名に最もふさわしいと私が勝手に思っている伊藤雄之助は、「抗いがたき過剰」と評されている。著者が言う「過剰」とはオーバーアクトではなく、伊藤の場合どんな小さな役をどんなに控えめに演じても主役以上の存在感を発揮するということであり、全くおっしゃる通りである。天地茂は「横目な色悪《いろあく》」。これまた言い得て妙ではないか。

女優では、芹明香《せりめいか》が「パラドキシカルなエロスの女神」と評されている。著者は、「四畳半襖の裏張り　しのび肌」、「マル秘色情めす市場」など日活ロマンポルノの作品を挙げて、「可憐であることがそのままで猥褻になるという不思議なパラドクス。…類稀な気質」と激賞するが、私は世代的に日活ロマンポルノをほとんど観たことがないので、そのパラドクスはよくわからない。しかし、渡瀬恒彦の実兄渡哲也の最高傑作（と私が思っている）「仁義の墓場」の中で、渡が演ずる狂気のやくざ石川力夫に釜ヶ崎のドヤで覚醒剤を教える娼婦役の女優の演技は、強く印象に残っている。私は長くこの娼婦役の女優の名を知りたいと思っていて、数年前にインターネットで検索して芹明香と知ったのであった。著者は、このドヤのシーンは、監督の深作欣二が「マル秘色情めす市場」に捧げたオマージュとしている。

本書によれば芹明香は、1954年生まれ。素行不良で高校を2年で退学後、家出して、OL、掃除婦、ホステス、ヌードモデル、ストリッパーなど14回の転職を経て73年映画デビュー、76年にかけて数々の映画に出演する。その後覚醒剤使用容疑で三度逮捕され、一時芸能界から姿を消すが、84年以降脇役として復帰している。著者は、「あまりにも早い時期に、『生涯の一本』に出演してしまったがために、女優であることに耐えられなくなってしまった女優」とも評している。

『昭和怪優伝』をゆっくりと楽しみながら読み終えて、まだ3時。胡麻せんべいを齧りながら、だらだらとテレビを観て5時半。そろそろ笑点でも観ながら夕食に取り掛かろう。

このところ出張が多かったので少々体重が増加してしまった。出張先だと、ホテルが朝食付きのセット料金のことが多いので、普段は我慢している朝食をたっぷり食べてしまうからだろうか。今晩はサラダ中心にローカロリーな夕食にしよう。ということで、主菜は厚揚げのエスニック風サラダと、鶏肉と野菜の炒め物。汁は、韮《にら》と舞茸とかき玉の中華風スープ。いずれもなかなか美味。家族にも、まあまあ好評。楽しい夕餉である。

ところが、飯を軽く2膳に抑えようと、サラダの二度目のお代わりをした時であった。一天にわかに掻き曇った。「サラダって言ったって、厚揚げは揚げ物なんだからね。一人で2丁も食べたらデブになるに決まってるでしょっ」。ごもっとも…。「わかっちゃいるけどやめられねえ」と危うく口から出かかったが、何とか抑えた。鉄砲玉の美学は映画の中だけの話。「沈黙は愚者の知恵」というのが、私の生活上のモットーである。

『厚揚げのエスニック風サラダのレシピ（4人分）』

〈材　料〉

厚揚げ4丁（安物で可。1丁ずつサイコロ状に8等分する）、鶏胸肉挽肉300g、パクチー1束（葉の部分はサラダ用にちぎり、洗って水切り。茎はソース用にみじん切り）、レタス4分の1玉（一口大にちぎり、洗って水切り）、ベビーリーフ1袋（洗って水切り）、玉葱中1個（半分はサラダ用に縦に薄くスライスして5分ほど水にさらしてから水切り。残りはソース用にみじん切り）、一味唐辛子大匙1、おろしにんにく小匙1、おろし生姜大匙1、白ワイン100cc、ニョクナム大匙1（なければ醤油大匙2）、スィートチリソース大匙4、ポン酢大匙2、片栗粉大匙1

〈作り方〉

① フライパンにサラダ油大匙1をひき、軽く塩胡椒しながら鶏挽肉を中火で炒める。途中で玉葱のみじん切り、一味唐辛子、にんにく、生姜を加え、木べらでほぐしながら色が変わるまで炒める。

② 白ワインを注ぎ、煮立ったら火を弱め、ニョクナム、スィートチリソース、ポン酢、パクチーのみじん切りを加え、味見して、必要に応じ砂糖、醤油などで自分好みに味を調える。一旦火を止め、片栗粉を倍量程度の水に溶いて加え、かき混ぜながら強火で短時間加熱して軽くとろみをつけて、ソース完成。

③ フライパンにサラダ油大匙4をひき、厚揚げを白い面を中心にしっかり炒めて、全体に焼き色をつける。仕上がったら、キッチンペーパーを敷いたバットなどにとる。

④ 皿に、レタス、ベビーリーフ、スライスした玉葱を盛りつけ、上に厚揚げをのせ、さらにパクチーを散らす。②のソースをかけて食べる。

＊ 厚揚げに代えて、薄く切った鶏胸肉をカラッと揚げて使ってもいい。

その29

敗北の連続でも心折れない北畠親房の逞しさに敬意を表しながら葛うどんを食す

12月△日（土曜日）

連日の深酒に加えて昨晩ソファーで転寝したのが悪かったのか、今朝は喉が痛くて体がだるい。内臓脂肪を減らせと医師から注意を受けている身ではあるが、風邪を治すために精をつけようと、朝食に卵3個のベーコンエッグと野菜のガーリック炒め、そして分厚くバターをのせたトースト2枚をトマトジュースと即席ポタージュスープで流し込んだのだが、どうにも元気が出ない。寝床に戻って『ミネルヴァ日本評伝選 北畠親房』（岡野友彦著 ミネルヴァ書房 2009年）を読む。

過日尊敬する先輩のお供で吉野の金峯山寺に参詣した折に、北条の軍勢に攻められた大塔宮護良親王《おおとうのみやもりよし》が落城前に最後の酒宴を催した跡だという四本桜や、村上義光が護良親王の身代わりとして楼上で自害したという二天門跡を見学した。また室生寺では北畠親房の墓と伝えられるものを見た。それ以来何となく気分は南北朝というときに、たまたま先週図書館の書架でこの本を見つけて借り出したのである。

素人向けの啓蒙書としてはかなり学術的な内容で、私には荷が重い書ではあるが、40歳を過ぎてから陸奥に下向して以来、伊勢、常陸、吉野と苦難の転戦をし、ついに賀名生《あのう》に客死する親房の人生を辿るのはなかなか興深いことであった。そして四十数年来、史実と思い込んでいたことが実は誤解だったということも少

なくなかった。

　北畠親房は、後醍醐天皇即位後その信任を得てその皇子世良《よよし》親王の傅役《もり》となり、また権大納言《ごんだいなごん》に淳和院《じゅんないん》、奨学院両別当《べっとう》を兼ね、源氏長者《げんじのちょうじゃ》となるなど公家として栄進したが、世良親王夭折に落胆して38歳で出家している。後醍醐天皇が倒幕を企て一旦隠岐に流される元弘の変には、直接関わっていないとされる。

　その後、護良親王、楠木正成、赤松円心らの活躍で幕府方が苦戦する中、後醍醐帝が隠岐を脱出。そして足利尊氏や新田義貞が後醍醐天皇方に加担するに至って、鎌倉幕府は滅亡する。この建武の新政当時、親房は政権中枢から一歩遠い位置に置かれていた。従来これを親房が倒幕運動に参加しなかった故と解する説が大方であったところ、著者は当時足利尊氏も護良親王も政権中枢から遠ざけられていたことを指摘し、親房の当時の立場は、尊氏、護良親王と後醍醐帝三者の微妙な関係から考えるべきとする。

　本書によれば、鎌倉幕府滅亡直後の政局は、後醍醐天皇とその寵姫阿野廉子《あのれんし》、千種忠顕《ちくさただあき》、名和長年《なわながとし》等の天皇側近一派と、護良親王、赤松円心等畿内近国で終始一貫倒幕運動を続けてきた一派、そして足利尊氏、直義《ただよし》兄弟を中心とする旧御家人勢一派に分かれていて、三すくみの状態にあった。そして著者は、親房は護良親王と従兄弟（または義兄弟あるいはその両方）であったとし、親房は護良親王派の中心にいたとする。親王派は建武政権であまり重用されず、功績に比して小さな恩賞しか受けられなかった。親房もまたこれといった要職に就くことなく、親王が主唱した陸奥将軍府（陸奥小幕府）構想の下に、元弘3年10月嫡男顕家とともに義良《のりよし》親王を報じて陸奥国《むつのくに》へ下向した。政権側が護良親王派を京都から遠ざけた人事でもあろう。

　その後、後醍醐天皇と護良親王の対立は一段と深まり、親王は天皇派の名和長年に逮捕され、尊氏に引き渡されて鎌倉に送られ、のち殺害された。著者は梅松論から「武家（尊氏）よりも君（後醍醐）の恨めしく渡らせ給ふ」という護良親王の独白を引いている。

ところで、尊氏を警戒する護良親王であったが、親王は幕府政治という体制自体は評価しており、自ら征夷大将軍になることを望み、陸奥小幕府も構想した。本書によれば、実は親房も神皇正統記の中で「武士たる輩、言へば数代の朝敵なり」としつつ、「凡そ保元平治よりこのかたのみだりがはしさに、頼朝と云ふ人もなく、泰時と云者なからましかば、日本国の人民いかがなりなまし」として、鎌倉幕府そして執権政治を評価している。一方、後醍醐天皇は尊氏を重用する一方で、幕府政治の復活を認めようとしなかった。にわかに理解しにくい構図である。

著者は「幕府」について、我々は足利家による室町幕府、徳川家による江戸幕府を知識として学んでいるので征夷大将軍は武家が就くものと思い込んでいるが、実は鎌倉時代に限ると武家が将軍の地位にあったのは当初の27年間だけで、以後の約120年間は摂関家の子弟や皇族が将軍に就いており、特に後半の80年余はずっと親王が将軍職にあったことを指摘する。つまり我々にとって「武家将軍」が常識であるのに対して、建武政権成立時においては「親王将軍」が常識であったのだ。護良親王や親房にあっては、征夷大将軍は親王こそが就くべき地位であって、御家人出身の足利などが望むべきものではないという認識がごく自然だったのであろう。（この「常識の相対性」ともいうべきものには、私も日々の生活の中でしばしば遭遇するのだが、私の場合、多くは事後的にしかこの相対性に気づかないので、なぜ相手の人と話が通じないのかわからず、徒に苛立ったり苛立たせたりということになりがちである。）

さて、北畠親房といえば『神皇正統記』である。彼は、嫡男顕家の率いる奥州勢の活躍で一旦九州に駆逐された尊氏が、湊川の合戦で新田義貞・楠木正成を破って京都を再占領すると、吉野から伊勢に下向し南朝方の糾合を図った。一旦奥州に引き揚げていた顕家が再上洛を図り、高師安《こうのもろやす》らの軍勢と激戦を重ねて遂に堺の阿倍野で戦死すると、親房は自ら関東・東北の南朝軍を再建しようと伊勢大湊から東国に船出する。暴風雨に遭い船団は散り散りとなるが、親房は初志貫徹常陸国にたどり着く。それから苦闘5年、吉野の南朝内の和平派との不協和音もあって、遂に高師冬《こうのもろふゆ》の軍勢に追い詰められて吉野に帰還するのだが、この常陸での日々の中で幼少の後村上天皇を訓育啓蒙するために著されたのが「大日本《おほやまと》は神国《かみのくに》なり」で始まる歴史書『神皇正統記』である。

本書によれば、親房は、神武以来の皇統が無窮であることを前提としつつ、不徳の天皇が現れたときには皇統の中で皇位が傍系に継承されるとし、それは中国の易姓革命のような人為のものではなく、あくまでも天照大神の神意によるものとしている。しかるがゆえに、天皇は、神慮を仰ぎ、君徳を養い、善政を布く必要があると説くのである。

吉野帰還後も親房は、南朝の柱石として南朝方を支え、尊氏・直義兄弟の不和（観応《かんのう》の擾乱）を利して一時京都を奪還したりもした。しかし、軍事力の差はいかんともしがたく、南朝方劣勢の中、吉野南方の賀名生《あのう》で没した。正確な没年は不明である。

本書のはしがきにあるとおり親房の後半生は激烈な戦いの連続であり、敗北の連続であった。しかし、彼が悪戦苦闘の中で叫び続けた萬世一系・皇統無窮の思想は、「武士がそのむき出しの武力を以て、朝廷すら滅ぼしてしまいかねない趨勢を、すんでのところで防ぎとめることに成功した」のである。

何よりも親房に驚かされるのは、あれほど苦難敗北の連続であっても心折れることなく最後の勝利を信じ、断固妥協を排して戦い続ける逞しさであり、非勢にあっても玉砕することなく次の拠点に移って粘り強く反攻する不屈さである。「世の安からざるは時の災難なり。天道も神明もいかにともせぬことなれど邪なるものは久しからずしてほろび、乱れたる世も正にかへる、古今の理なり」（『神皇正統記』岩波文庫）と親房は説く。最終的に邪は滅び正に帰るという明快な歴史観が彼を支えていたのだろう。

気がつけばもう1時を過ぎている。昼飯時ではないか。奥州から再上洛を図った北畠顕家軍の敗因は兵站が確保できなかったことだった。まずは兵糧だ。

今朝から風邪気味なので、昼は温かいうどんを作ろう。親房に敬意を表して、吉野名物葛《くず》うどんに挑戦することにする。そう言えば金峯山寺参詣の際も、葛うどんと柿の葉鮨を食べたことであった。吉野で食べたものを思い出しつつ、いい加減に作った葛うどんながら、なかなか美味。体も温まってどっと汗が出てきた。食べ終えると、まだうどんにかける餡は大分残っている。もう一束うどんを茹でるかどうか。ううう。

さしあたっては、栄養を取って体を温めないと風邪が長引く、長期的には内臓脂肪を減らさないと成人病が深刻化してしまう。うー。「邪なるものは久しからず」という。でも食欲は「いかにともせぬこと」だしなあ…。

『葛うどんのレシピ（4人分）』

〈材　料〉

鶏もも肉1枚（一口大に切る）、**油揚げ**（熱湯をかけて油抜きしてから細く切る）、**蒲鉾1本**（8㎜〜1㎝幅に切る）、**大根4〜5㎝**（いちょう切り）、**人参半本**（半月切り）、**里芋2〜3個**（皮をむいて食べやすい大きさ切る）、**牛蒡《ごぼう》10㎝**（斜め薄切り）、**葱半本**（小口切り）、**椎茸4本**（石突を切り薄くスライス）、**なめこ2袋、昆布5㎝ぐらいのもの×2枚、おろし生姜大匙2、葛粉大匙4**（倍量の水で溶く）、**うどん**（乾麺）**4束、醤油、みりん**

〈作り方〉

① うどんつゆ用に、水2リットルを鍋に入れ、昆布を投入して15分ほどしたら火にかける。

② 沸騰する寸前に弱火にし、10分程で昆布を取り出す。

③ 鍋に鶏肉、大根と里芋を入れ、5分煮たら人参、牛蒡、油揚げ、椎茸を加え、さらに5分煮る。時々あくを掬う。

④ 別途うどんを茹でるためになるべく大きな鍋にたっぷりの湯を沸かし、うどんをメーカー指定の茹で時間より1分短くタイマーをセットしてから、茹で始める。

⑤ ③の鍋に醤油大匙4、みりん大匙1を入れ、味見しながら少しずつ塩を加えて味を調える。味が決まったら、蒲鉾、なめこ、葱、おろし生姜を入れ、かき混ぜながら水溶き葛粉を加える。滑らかになるまでかき混ぜながら煮る。

⑥ どんぶりを並べ、温めておく。麺を茹でている鍋からおたまで湯を掬って入れ、タイマーが鳴ったら、どんぶりの湯を捨て、トングでうどんをつかんでどんぶりに取り分ける。

⑦ うどんの上から、⑤のつゆ（餡？）をかけて出来上がり。好みで七味を振って食す。

＊ みつばとか海苔を散らしてもうまい。

＊ 私はスーパーで売っているごく普通の細めの乾麺のうどんを使ったが、小麦粉に葛を練りこんでいる本格的な葛うどんも百貨店や通販で入手可能である。より滑らかに仕上がると思う。

＊ 葛粉は、スーパーでも売っているが、夜中に思い立って作るときなどは片栗粉で代用する手はある。勿論葛粉で作った方が滑らかだし、葛根湯は葛の根から作ることからわかるように葛には色々薬効もあると言われている。しかし、市販の葛粉の多くにはじゃがいもや甘藷の澱粉が混ぜられているので、あまりこだわらないというのも一つの考え方である。

その30 平成31年 3月△日（土曜日）

大政治家ペリクレスの生涯に民主主義とポピュリズムの難しい関係を知る

朝、例によってスーパーに買い物に行き、戻って朝飯を食べ、運動に行き、帰宅してシャワーを浴びて昼飯。先日職場の復興支援即売会で買った宮古ラーメンにもやしとゆで卵をのせて2杯食べ、寝転んで本を読む。『失敗の本質　戦場のリーダーシップ篇』（野中郁次郎他、ダイヤモンド社、2012年）を読んでいたら、フロネティックリーダーという言葉が出てきた。フロネシスというのは、同書によれば、ギリシャ哲学由来の概念で実践知というべきものらしい。そういえば、高校で（ひょっとしたら大学だったかもしれないが、）そんな言葉を習った気もする。プラトンだかアリストテレスだかが「知」をソフィアとフロネシスに分けていたような気が…。半ば以上忘却された私の記憶はともかく、要するに、同書によれば、フロネティックリーダーというのは、個別具体の文脈の中で適時絶妙なバランスをとった最善の判断ができるという実践知、すなわち高度なリーダーシップを備えたリーダーということらしい。その例として挙げられているのが、ペリクレスとチャーチルである。

チャーチルについては多少イメージがわくのだが、ペリクレスについては昔まだ学生の頃に読んだプルターク英雄伝に出てきて、頭が玉葱の形をしていた人だったということしか覚えていない。折角の機会だからもう一度読んでみようと本棚を捜したが見つからない。結局、図書館まで出かけて古い岩波文庫を借りてきた。

ペリクレスは、アテナイ（アテネ）の名家に生まれ、著名な哲学者アオクサゴラスに師事した。人柄は、気位高く重々しく、めったに笑わず、演説も冷静で感情を交えない。どんなに罵声を浴びせられても動じなかった。英雄伝によれば、「或る時などは、手に負へない下劣な人間の一人に一日中非難され悪口を言はれながら、アゴラー（市場）の中で黙ったままそれを忍び、急ぎの仕事を捌いて行った。夕方になって威儀を正して家に帰るのを、その男は後から追ってあらゆる罵詈を浴びせ掛けた。家に入らうとした時にはすでに暗くなってゐたので、ペリクレースは召使の一人に灯を持たせ、その男を家まで見送るやうに云ひつけた」といふ。

あまり庶民的とは言えないタイプだが、彼は貧しい人々が支持する民衆派に属し、アテナイ民主政とアテネ市民の繁栄のために、その優れた政治力を発揮した。貴族が独占するアレイオス・パゴス会議（古代ローマにおける元老院に類似する機関）から政治的実権を奪い、それを民会（エクレシア）に与えた。貧民への観劇料の支給や、裁判等市民が籤引で担任する公務についての日当支給などにより、民衆の支持を得て民主化を徹底した。（注：当時貧しい者は、籤で公職に当選しても経済的理由から辞退することが多かった。）

安全保障・外交面では、強力な海軍を維持する一方、エジプトやカルタゴへの遠征論等の無謀な勢力伸長策を抑えて、アテネの勢力をギリシャの範囲にとどめる堅実な政策を取った。大国ペルシアとはカリアスの和約を結び、強力な陸軍を持つスパルタに対しては、極力正面衝突を避け、スパルタの要路に政治資金を使って時間を稼ぎ、休戦条約を結ぶなど平和の維持に努め、通商国家であるアテネの発展の環境を整備した。

財政的には、対ペルシア防衛を目的とするデロス同盟の基金をアテネに移し、アテナイと港湾の防御工事、海軍の維持・増強、パルテノン神殿等諸神殿の建築費用などに充てた。ペリクレスの時代こそまさしくアテナイの黄金時代であった。

因みに、私が玉葱型の、つまり直径が大きくて先端がやや尖った頭だと思い込んでいたペリクレスの頭は、縦に長い頭であったようだ。英雄伝には「他の点では申し分のない姿であったが、頭だけは長すぎて釣合が悪かった。そこでこの人の像は殆どすべて兜を被っている」とある。また「アッティケーの詩人はスキーノス頭といふ綽名を附けた。スキーノスといふのは玉葱の一種である」とのことなので、スキーノスというギリシャの玉葱は縦長だったのだろう。アッティケーというのは、アテナイの所在するアッティカ半島のことと思われる。それにしても我ながらいいかげんな記憶である。


さて腹が減ってきた。一旦英雄伝を閉じ、夕食づくりに取り掛かる。

今夜の献立は、サーモンをソテーしてその脂で野菜炒めを作り、鶏もも肉を柚子胡椒風味で焼く予定だが、ペリクレスに敬意を表して、もう一品、玉葱のスープを作ることにする。玉葱のスープは至って単純な料理だが、玉葱を濃い飴色になるまで炒めないといけないので結構時間がかかる。

準備に手間取ってしまったが、玉葱のスープ大いに美味。本格的な味だ。サーモンもサーモン野菜炒めも鶏もも肉柚子胡椒風味焼きもまあまあおいしくできた。満足できる夕食であった。

食後洗い物を済ませ、テレビを観ながら家の連中が寝室に行くのを待つ。静かになったところで、お茶を淹れ饅頭を食べながら、ペリクレスの物語に戻る。

ペリクレスは気位高く孤高の人であり、理想と現実の絶妙なバランス感覚を持ち、アテナイ市民のためになると思えば強引なことも押し通す腕力も備えた大政治家であったが、同時に大衆の恐ろしさ、民心の薄情さを十分にわかっていた人物のように思われる。

英雄伝によれば、ペリクレスは若い頃、陶片追放（古代アテネで僭主の出現を防ぐために行われていた制度で、有力すぎて国家に有害と思われる政治家を市民の秘密投票で10年間追放するもの）にかけられるのを恐れて政治には関わらず、政治家になってからも常に民衆派の多数党に身をおくことに努め、身の安全を図った。民衆を喜ばせるための競技会や祭典を、デロス同盟の資金を使って盛んに開催して、移ろいやすい民意をつなぎとめた。

民衆に絶えず接することにより飽きられることを恐れ、間をおいて民衆に近づくようにし、国家の大事でないと乗り出さず、他の仕事は友人や他の雄弁家にやらせた。大雄弁家であるにもかかわらず、演説については慎重を極め、登壇時は常にその時々の話題にそぐわない言葉がついうっかり出てこないよう神々に祈ったという。また、後日揚げ足を取られぬためであろう。提出した法案以外は、何一つ書き物として残さなかった。（彼の演説としては、プルターク以外の歴史家が記録したものがいくつか残っているが、古代ギリシャ最高の雄弁家の名に恥じぬ見事なものだといわれている。）多くの王や独裁者を上回る権力を持ちながら、自分の財産を父が遺してくれた物より1ドラクメーも殖やさなかった。民衆には気前よく金銭を消費したが、自分の家族には切り詰めた暮らしをさせた。

しかし、これほど身の安全に細かく気を遣っていたペリクレスであっても、一度民衆の怒りの矛先にかかると、忽ちにして弾劾を受けることは避けられなかった。一旦は休戦を約したスパルタを盟主と仰ぐペロポネソス同盟とアテナイ率いるデロス同盟との間でペロポネソス戦争が起きると、ペリクレスは、アッティカ半島に侵入してきた精強なスパルタの陸兵との決戦を避けてアテナイ籠城策を取る一方、海軍を派遣して敵の本拠地であるペロポネソス半島を攻撃した。ペリクスの戦略はうまく行くかに見えたが、折から城内に疫病が発生すると、政敵の扇動でペリクレスを批判する声が上がり始めた。ペリクレスは自身でさらに強力な艦隊を率いて出撃したが、さしたる成果が挙がらぬ内に、艦隊内にも疫病が蔓延した。市民の中には、彼に反対する勢力が多数を占めた。そして彼は、軍隊の指揮権を剥奪された上に罰金をも課されたのである。

その後アテナイ市民は、ペリクレス解任後色々な指導者を使ってみたものの、ペリクレスに匹敵するものはいないことを理解した。市民たちが彼に対する忘恩を謝したので、ペリクレスは再び政務を担当することになり、将軍にも選ばれたが、やがて彼も疫病に仆れた。

ペリクレス死去以降アテナイは、刹那的な世論に迎合して無責任に好戦的な意見を吐く扇動家（デマゴーグ）たちの時代となる。衆愚政治はアテナイを疲弊させただけでなく、デロス同盟内でのアテナイの覇権的な行動を通じて同盟ポリスの離反を招くこととなった。ペロポネソス戦争はアテナイの降伏によって終わる。

プルタークはペリクレスについて、温和と深切を保ち続けたこと、気位の高さ、あれ程の力を持ちながら嫉妬や立腹を恣《ほしいまま》にせず敵にも寛容であったことを称賛している。そんなペリクレスでも弾劾されたのだから、ギリシャ民主政は恐ろしい。しかし、専制政治の方がより恐ろしいことは言うまでもないから悩ましい。

『玉葱のスープのレシピ（4人分×2回）』

〈材　料〉

玉葱中4個（縦に薄くスライス）、オリーブ油大匙2、バター大匙1、コンソメブイヨン2

〈作り方〉

① 大きめの鍋にオリーブ油をひき、玉葱を強火で炒める。5分ほどしたら中火にして、濃い飴色になるまで、合計15～20分ぐらい炒める。間断なく混ぜると飴色がつきにくいので、玉葱の鍋に接する面が焦げる寸前まで待って混ぜるようにすると色がつきやすい。

② 弱火にしてバターを加えよく混ぜる。好みでおろしニンニク小匙1を入れてもよい。

③ お湯0・5リットルを加え、強火で煮立てながら、よく混ぜる。

④ ブイヨンを入れ、さらにお湯1リットルを加え、強火で煮立てながらよく混ぜる。

⑤ 塩胡椒で味を調えたら出来上がり。

その31

胃の不調に寝つけぬ夜に漱石の俗世を超越した思想を読む

4月△日（土曜日）

どうしたのか、といっても連日の暴飲の故に決まっているが、昨晩は胃が重苦しくてなかなか寝付けなかった。先日某先輩に超高級酒飲み放題の店に連れて行っていただいたのが悪かったのか。あの先輩の胃袋は飛び切り頑丈だからなぁ。何しろ健康診断の胃のバリウム検査で、バリウムのお代わりを所望したという伝説のあるお方である。と、取り留めないことを考えても重苦しさは変わらない。

意識が「臍《さい》上方三寸の辺《あたり》を」「うねうねと行きつ戻りつ」する。「出来るならば、このまま睡魔に冒されて、」「寐込んで、しかる後鷹揚な心持を豊かに抱いて、」「日の光に両の眼を颯《さつ》と開けたかった」が、そうもいかず、寝返りを打つたびに「胸の中を棒で攪《か》き混ぜられるような、また胃の腑が不規則な大波をその全面に向かって層々と描き出すような、異な心持」である。どこかで読んだような気分だなと、手洗いに立ったついでに本棚を見ると、思い出した。正月に読んだ漱石の『思い出す事など』の一節だ。もちろん正確な文章が頭に浮かんだわけではなく、何となくそんな感じの胃の不調と思っただけなのだが、それにしても飲み過ぎの胃の不調を形容するのに、大吐血して死にかかった漱石の修善寺大患の描写を借りてくるとは、大げさというか臆病というか、いずれにしても程があろうというものである。我ながら呆れているうちに、胃の痛みは何となく軽快してきたのだが、どういうわけか、とにかく寝付けない。結局明け方近くまで『思い出す事など』を

読み返してしまった。

読者諸兄姉よくご案内のように、夏目漱石は明治43（1910）年、「門」の執筆中に胃潰瘍を患い、脱稿後8月から伊豆修善寺で療養するが、同月下旬大吐血し一時は人事不省になる。修善寺での生死の境を彷徨った時から、10月、釣台に乗せられて帰京して内幸町の長与胃腸病院入院を経て自宅に戻った翌年2月までの間を振り返り、病床での自らの体験や思索あるいは（「遐想《かそう》」というのだろうか）俗世を超越した思想を綴った随筆が『思い出す事など』である。

漱石は、病中、宇宙論に思いをいたし、ふと考える。今自分は病気からの回復を喜んでいる。病臥中に死んでいった知名の人々や惜しい人々をもっと生かしておきたいと願っている。介抱や世話をしてくれた人たちに厚い感謝の念を抱いている。そうして此処に人間らしいあるものが潜《ひそむ》と信じているとする。その証拠には「生き甲斐のあると思われるほど深い強い快い感じが漲っているからである」と。

一方で漱石は「これは人間相互の関係である」と指摘し、「物理の原則に因って無慈悲に運行し、情義なく発展する太陽系の歴史を基礎として、その間に微かな生を営む人間を考えて見ると、われらの如きものの一喜一憂は無意味といわんほどに勢力がない」とする。そして「人間の生死も人間を本位とするわれらからすれば大事件に相違ないが、しばらく立場を易《か》えて、自己が自然になり済ました気分で観察したら、ただ至当の成行《なりゆき》で、そこに喜びそこに悲しむ理窟は毫《ごう》もない」と達観する。しかして、「こう考えた時、余は甚《はなは》だ心細くなった。また甚だつまらなくなった」とし、亡くなった友人の夫人のことを思い出しながら、夫人のために手向けの句を作るのである。

また病床で漱石は、「人間は自活の計《はかりごと》に追われる動物」であると観念し、「自活自営の立場に立って見渡した世の中は悉く敵」、「自然は公平で冷酷な敵」、「社会は不正で人情のある敵」であり、「煢然《けいぜん》として独りその間に老ゆる者は見惨《みじめ》と評するより外に評しようがない」と嘆ずる。しかし、「しみじみそう感じた心持を、急に病気が来て顚覆《くつがえ》した」とする。病人の世話をしてくれた人、見舞に来てくれた人に「世の人はみな自分より親切なものだ」と感謝の念を抱き、「住みにくいとのみ観じた世界にたちまち暖かな風が吹いた」と喜ぶ。そして「病に生き還ると共に心に生き還り」、病に謝し、人々に謝し、「願わくば善良な人間になりたいと考え」、「この幸福な考えをわれに打壊す者を、永久の敵とすべく心に誓う」のである。

大病の経験によるものとはいえ、この素直さは何となく漱石らしくないように思うのだが、碩学によれば、修善寺の大患を経て漱石は晩年の「則天去私」の境地を拓いたのだという。その肖像がお札に刷り込まれたほどの大文豪をつかまえて、病気になってから急に素直になるこの御仁は、普段健康な折にはよほど斜に構えて居たに違いないと僻目《ひがめ》で見てしまう私は、拗《す》ね者の誹りを免れないだろう。しかし、そんな拗ね者の私が読んでも、「世の中は悉く敵」という個所には付箋代わりの紙片を挟みつつ、心のどこかで善良な人間になりたいと思ってしまうのであるから、さすがである。

それにしても悲しいのは、自らの学識のなさである。漱石が挿入している自作の漢詩の意味はおぼろげにしかわからないし、彼が引用するウィリアム・ジェームズ、レスター・フランク・ウォード、グスタフ・フェヒナー、オーギュスト・コントといった学者は名前もおぼつかない。漱石が、そのエッセイ「ヴァージニバス・ピュエリスク」を引用するロバート・ルイス・スチーブンソンにしても「宝島」（1883年）の著者ということ以上はほとんど知らない。まあ、日本の最高の知識人の随筆なのだから、読めない漢詩や知らない学者・作家の名があっても当然いえば至極当然なのだが。

昨晩はなかなか寝付けなかったのに、今朝は情けなくも手洗いに行きたくてやたらに早く目が覚める。仕方がないので起きだして、洗面したらまずパソコンの動画を相手にラジオ体操第一、第二と入念に朝の体操。新聞をゆっくり読んでから、髭を剃り、胃の不調を気にして極薄めにコーヒーを淹れ、トーストを焼き、チーズもバターもハムもベーコンもなしで食す。

着替えたら例によってスーパーに食材の買い出しである。スーパーに行くまでは、胃の不調を気にして、今日の夕食は、豆腐とお粥にしようかなと殊勝なことを考えていたのだが、野菜売り場で筍を見た途端に、飲み過ぎの反省などすっかり忘れて、先週末、後輩の某君からいただいた立派な筍を筍御飯にして食べたことを思い出す。実に美味であった。

今週も炊き込みご飯が食べたくなる。筍の次となれば、少々贅沢ながらやっぱり鯛かな。筍御飯よりは消化がいいだろう。というわけで、買い物かごに鯛の切り身3切れ九百八十円を放り込む。おかずも奮発して鯛の刺身といこう。鯛のサク九百八十円も放り込む。無論これだけで足りるはずもないので、豚バラ極薄切り、春菊、もやし、アスパラガス、栃尾揚げと、次から次にかごに投げ込む。

家に戻ったら、漸く眠くなってきたのでまた寝床に戻る。

目が覚めたらもう1時。昼は尊敬する先輩から拝領したとびきり大粒の浅蜊にたっぷりとバターを使ってスパゲティを作る。サラダはトマトとブロッコリーにオリーブ油とにんにくを効かせたドレッシングをたっぷりかけて食べる。昼寝したら胃のことはすっかり忘れてしまった。午後は桜を見ながら散歩。戻ればそろそろ夕食の支度の時刻だ。

さて、夕食。鯛めしの下準備をして炊飯器をセットしたら、鯛のサクを薄めに切る。ボウルに入れて、醤油をかけ、みりん少々、わさび少々で和え、さらにすりごまをたっぷり振って和えたら、ラップして冷蔵庫に。続いてもやしを茹でて、春菊の葉先と一緒にキムチの素少量と和え、小鉢に分けたら、炒りごまを振って韓国風サラダ完成。アスパラガスは茹でてマヨネーズと七味で。汁物は、浅蜊の味噌汁。鯛めしが炊き上がったら、鯛を一旦取り出し、ほぐしてから炊飯器に戻してよく混ぜる。

韓国風サラダ、アスパラガス、鯛のごま醬油和えと食卓に並べておいて、豚バラを春菊の茎とカリッと炒め、塩胡椒で味付けしたのを食卓に運んだら夕食開始。いずれもなかなか美味。女房は美味そうにビールを飲むが、私は週に1度の休肝日なので水を飲む。残念だが、加齢のせいか週末になると飲みすぎに伴う内臓疲労が溜まってきてしまうのだ。先日の胃の不調も内臓疲労の一種だろうと勝手に自己診断する。ということで、休肝日の誓いを新たにする。

タイマーが鳴って、オーブントースターに入れておいた栃尾揚げが焼き上がる。ポン酢で食す。ここでまたビールが欲しくなる。苦しい。しかし勇敢にも私は休肝日を貫くため、早々に浅蜊の味噌汁と鯛めしに進むことにする。美味い。私はビールを忘れるため、ひたすらに味噌汁を啜り、冷蔵庫から出してきたきゃらぶきを菜に鯛めしを食べ、お代わりを重ねた。

かくして私は休肝日を全うした。しかし、言うを俟たないことながら、先日の胃の不調などケロリと忘れて欲望のままに大食の罪を犯したことは全く意識になかった。その晩大食の報いは胃もたれとなったが、私の精神は内省に向かうことはなく、「則天去私」への道は果てしなく遠いということだけはわかった。

『鯛めしのレシピ（4人分）』

〈材　料〉

米3合、鯛の切り身2～3切れ、生姜（小さめ1片、細いせん切り）、三つ葉（2～3本、1㎝幅に刻む）、醤油大匙1、みりん大匙1、酒大匙2、だしの素大匙1

〈作り方〉

①　米を研いで炊飯器に入れ、醤油、みりん、塩小匙1を加え、3合の目盛に水加減し、だしの素を加えてかき回す。そのまま20～30分ほど置いて浸水させる。

②　鯛の切り身をバットか皿に入れ酒大匙1を振りかけ、塩少々を振る。しばらく置いて上下を返し、同様に、酒、塩を振る。

③　切り身を炊飯器に入れ、蓋をして、（炊飯器のメニューに炊き込みご飯があるときはこれにセットして）スイッチを入れる。

④　炊けたら、バットか皿に切り身を取り出す。（飯は保温状態のまま。）

⑤　丁寧に、皮と骨を外す。鯛は骨が硬いので、小骨まで気をつけてとること。身の部分だけをほぐしてから炊飯器に戻し、飯とかき混ぜる。

⑥　茶碗に盛り、生姜と三つ葉をのせて、食す。

その32

令和元年 5月△日（連休中）

山田長政の物語に チャレンジ精神あふれる時代の日本男児の生きざまを思う

連休中バンコクに旅行した。日中街に出ると、とにかく暑かったが、ホテルが高層ビルだったので部屋からの夜景がよかった。

家の者が寝た後で、大きなソファにゆったりと寛いで、煌々たるバンコクの夜景を肴にウィスキーを飲むと、ＬＣＣのエコノミーシートで窮屈に耐えてここまで来た甲斐があったという気がする。チャオプラヤー川の両岸には高層のホテルがそびえ、その向こうにはライトアップされたワット・アルン（暁の寺院）も見える。川を行きかう船は電飾され、川面が反射してきらきらと光っている。

蛇行するチャオプラヤー川を遡行すると、今朝訪ねたアユタヤ遺跡がある。１８世紀ビルマ軍の侵攻で破壊されたアユタヤ王宮の跡には、レンガ造りの巨大な柱と建物の土台だけが残り、かつてのアユタヤ王朝の栄華を偲ばせる。隣接するワット・プラ・シーサンペットの三基の仏塔を仰ぎ見ると、盛時はさぞや華やかな宮殿であったろうと思う。

チャオプラヤー川とその支流の中州にあるアユタヤは、１４世紀中葉から、１８世紀後半にビルマに滅ぼされるまでの４００年間アユタヤ王朝の首都であった。チャオプラヤー川の水運は、ヨーロッパと日本を含むアジア各国との貿易による繁栄をアユタヤにもたらした。

よく知られているように、アユタヤには日本人町があった。15世紀後半から17世紀前半までが繁栄期で、軍事力と貿易による経済力によって政治的にも一大勢力を有していた。『史実山田長政』（江崎惇著、新人物往来社、1985年）によれば、アユタヤ南郊の日本人町は3万坪の広さで、17世紀初めには2000人ほどの日本人が居住していたらしい。当時は、カンボジアのプノンペンなどにも有力な日本人町があったという。

アユタヤの日本人町は、日本の戦国時代末期から主君を失った浪人が流入して人口が増え始め、特に関ヶ原合戦や大坂夏の陣以降、禄を失った武士たちが多数移住してきたと言われている。こうした実戦経験豊富な日本人たちは、精強な傭兵として王朝から重用されるようになり、政治的な勢力を蓄えていった。また、経済的には主に朱印船貿易でアユタヤ日本人町は発展を遂げた。日本からは、武器（日本刀）や石見の大森銀山などから産出される銀が輸出され、アユタヤからは、鹿や鮫の皮革が輸出された。山田長政は数隻の船を持ち、刀剣の柄や鞘に用いる鮫皮と染料に用いる蘇芳木《すおうぎ》を日本に売って巨富を得ていたという。

山田長政は、前掲書によれば天正18年（1590年）に尾張の神主の子として生まれ、父の死後は再婚した母の連れ子として駿府の紺屋で育った。今川家の菩提寺である名刹臨済寺で学び、町道場で武芸も身につけ、不良を従えて織田信長所縁の者と称して喧嘩三昧に過ごしたという。一時期沼津城主大久保忠佐の六尺（駕籠かき）もしたらしいが、やがて駿府で殺傷事件を起こしてしまう。折から徳川の天下が固まるのを見て、国内で一旗揚げることは難しいと察し、海外雄飛を決心する。貿易商の持ち船の水夫に紛れて台湾にわたり、台南から長崎の豪商 木屋弥三右衛門の船に便乗してタイに渡航し、日本人町の統領に仕えた。偉丈夫で頭も切れる長政は、軍事・貿易両面で頭角を現し、駿府を出てから10年、弱冠30歳で日本人町の統領になった。国王ソンタムの依頼により、チャオプラヤー川に侵入してきたスペイン艦隊を、日本人町が建造した軍船を率いて夜襲して全滅させ、王の信頼を得、彼は高官に任じられ、日本人部隊は王の近衛兵となった。また、貿易でも当時日本人は他国の貿易商を圧倒していたと言われる。

寛永3年（1626年）、長政は駿府浅間神社に戦艦図絵馬を奉納している。現存する模写には、18門の大砲を備える巨大な戦艦が描かれており、30人ほどの甲冑武者が弓・鉄砲を構え、中央には扇を持った長政と思われる主将が立っている。スペイン艦隊を撃滅した時の戦艦ではなかろうか。長政絶頂の時期であった。

1628年のソンタム王の死後、長政は王位継承問題に巻き込まれ、王族カラホムの陰謀でリゴール王（長官）に左遷され、1630年カラホムが即位してプラーサート・トーン王となると、彼の密命により長政は毒殺された。アユタヤの日本人町も、叛乱の恐れがあるとして焼き討ちされた。日本人町はその後再建されたが、政治的な地位を回復することはなかった。皮革や錫の貿易などに従事したが、鎖国令で新規の日本人の流入がなく、日本との交易も途絶えたので次第に衰退し、アユタヤ日本人町は18世紀初めに消滅したと考えられている。

水割りをもう1杯作りながら、アユタヤ日本人町の盛衰と悲劇の英雄山田長政の生涯に思いをいたして、長嘆息する。

北条早雲や豊臣秀吉のように実力だけでのし上がることができた、いわば実力主義の戦国時代が関ヶ原合戦と大坂夏の陣で終焉を迎え、天下が統一され国内で戦がなくなった。徳川幕府は安定を志向し、重農主義に舵を切った。身分制を確立し、世襲主義の時代になった。戦で手柄を立てる機会がなくなったので、主家を失った浪人や一旗上げることを夢見る青年たちは、国内に見切りをつけて、アユタヤやプノンペンやマニラに雄飛したのであろう。当時は渡航自体命懸けだったろう。紀伊国屋文左衛門の蜜柑船どころではあるまい。現地の地誌も言葉もわからぬまま日本を飛び出すのであるから、大変な勇気である。戦国の世なら一旗あげているような頭も腕も度胸もある人材が果敢にチャレンジしたから、各地の日本人町も隆盛したのであろう。

現代の日本でも、金融危機やリーマンショック後に、金融関係はじめ伝統的な大企業から多くの優秀な人材が転職を余儀なくされた。また、多くの優秀な人材が自ら転職を決断した。彼らはその後様々な分野で活躍している。当事者にとっては大変なことであったろうが、我が国経済全体に寄与したところは大きい。しかし、その後経済が緩やかながら上昇に転ずるにつれ、こうしたダイナミックな人材の流れは萎んでいるようにも見える。依然として我が国大組織には、能力を発揮する機会なく退蔵されている優秀な人材が少なくないように思われるのだが……。アジア各地の日本人町隆盛の時代も、鎖国令で日本人の新規流入が途絶えると、衰退したんだよなぁ……。

チャオプラヤー川の夜景をぼんやりと眺めつつ、とりとめないことを考えているうちに、腹が減ってきた。晩飯のタイスキはうまかったが、何といっても鍋物だから腹持ちが悪い。締めの麺を翡翠麺だけじゃなくビーフンも注文すればよかった。どうするかな。思案するうちに、旅行鞄の中に日本から持参した胡麻せんべいと柿の種があったことを思い出した。あれでもう一杯飲もうと立ち上がると、窓ガラスに何か映った。目を凝らすと、それは紛れもなく、チャレンジ精神のかけらもなく小心翼々と日を送り、友人と居酒屋の勘定を百円単位で割り勘にする初老の男のたるんだ腹だった。

『タイスキのレシピ（4人分）』

〈材　料〉

ラムロース極薄切り400g（豚肉でも牛肉でもよい）、鶏胸肉300g（皮を外し薄く食べやすい大きさに切る）、豚挽肉100g、ワンタンの皮1袋、ブラックタイガー海老8尾（殻をむく）、烏賊2杯（わたを抜き、胴だけ使う。皮を取り輪切り）、豆腐1丁（適当に切る）、椎茸4本、えのき1袋、木耳《きくらげ》1袋（水で戻し、大きければ食べやすい大きさに切る）、青梗菜《チンゲン》2株、人参小1本（イチョウ切り）、大根4㎝（イチョウ切り）、香菜《コリアンダー》数本（葉はちぎり、茎はみじん切り。根はスープに使うので取って置く）、韮《にら》1束（4㎝長に切る。ワンタン用に大匙2杯分細かく刻む）、にんにく（小さめ1片を半分に切る）、生姜（小さめ1片を薄く切る。ワンタン用に小匙1杯分みじん切りを作る）、中華スープの素、ナンプラー、スイートチリソース、レモン果汁、一味唐辛子、胡麻油、すりごま、オイスターソース

〈作り方〉

①　寄せ鍋用の鍋に湯を沸かし、鶏の皮、香菜の根、にんにく、生姜を入れ弱火にかける。

②　ワンタンを作る。ボウルに豚挽肉、刻んだ韮、生姜みじん切り、香菜の茎のみじん切り小匙1を入れ、胡麻油を垂らし、軽く塩胡椒してからよく練る。できた具をワンタンの中央にのせ、ワンタンの縁を水で濡らして三角に包む。

③　たれを作る。ボウルにナンプラー、スイートチリソース、レモン果汁を1対1対1の割合で混ぜ、味見して自分の好みになるよう配合を調整し、好みで一味唐辛子、胡麻油、すりごま、オイスターソースなどを加える。各人の小鉢にたれを入れ、香菜の葉と茎のみじん切りを散らす。

④　①の鍋から鶏皮などをすべて取り出してから、中華スープの素で薄味に味付けする。

⑤　鍋を卓上コンロにかけ、スープが湧いたら大根と人参の半量を入れ、再び沸いたら残りの具の半量を入れる。再度沸いたら、食べ始める。具を取り、たれにつけて食す。鍋の具を食べ終えたら残り半量を入れて食べる。

⑥　締めに、湯で戻したビーフンを鍋に入れて食べる。
＊　たれについては、市販のタイスキのたれをベースにしてもよい。ワンタンについても具入れのものを買ってきてもよい。
＊　ビーフンに代えて、春雨や固茹でした中華麺でもよい。

その33

19世紀英国の敬虔かつ善良な夫人の強烈な世界地誌を読んで困惑する

6月△日（土曜日）

この歳になって、中耳炎になってしまった。子供の頃にもかかったことはなかったのだが。まるでプールの底にでもいるような感じで、人と会話するのが苦痛である。気のせいか体もだるい。朝、食材の買い出しから戻ると、ベッドに倒れこむ。しかし9時間も寝た後だけに、寝付けない。仕方がないので、先週図書館から借りてきた『モーティマー夫人の不機嫌な世界地誌』（トッド・ブリュザン編　三辺律子訳　バジリコ発行　2007年）を読む。

19世紀 英国の敬虔な福音主義者にして児童作家である同夫人による 児童向け地理の教科書三部作をまとめたものであるが、他国民や異文化に対する偏見と無礼を、子供に道徳を訓戒するような言い切り口調でぽんぽんと書き連ねてある、なんとも強烈な本である。

まず地誌の冒頭、彼女の母国であるイングランドについては、イングランド人は世界一幸せな国民と断言している。その理由は「イングランドほど聖書がたくさんある国は、他にないから」。

隣のウェールズについては、「ウェールズ人は清潔ではありませんが、家は毎年白い漆喰を塗りなおすのできれいに見えます」とまあまあの評価である。（因みに編者によれば、本書執筆当時彼女が住んでいたところからウェールズはほんの数マイルの距離であったにもかかわらず、彼女はウェールズに足を踏み入れたことはなかっ

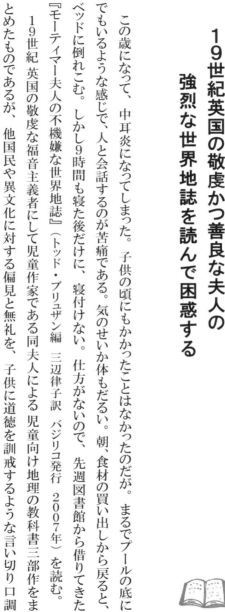

たという。）

ストコットランドについては「スコットランド人の最大の欠点は、ウィスキーに目がないことですが、もう一つの欠点はお金に目がないこと」で、「いつも正当な金額より多くを請求し、払うときは出し渋ります」とかなり侮辱的である。

アイルランドに至っては、凄まじいことを言いたい放題である。曰く、アイルランド人は自分たちをキリスト教徒だと言っているが、聖書も読まない。それは聖職者たちが間違ったことを教えているのがばれるのを恐れて、聖書を読まなくていいと言っているからだ。彼らが教えている宗教は、ローマカトリックと呼ばれているもので、キリスト教の一種だがとても悪い宗教だと。

大陸の国々に転ずると、フランスは彼女が敵視するカトリックながらあまりこき下ろされてはいないが、スペインとなると「スペイン人は怠け者であるばかりでなく残酷です。闘牛が大好きで…」という具合だし、ポルトガル人については、「スペイン人と同じぐらい怠け者ですが、…スペイン人よりうそつきです」、「ポルトガル人より手先が不器用な国民はいないでしょう」と、より侮蔑的である。イタリア人については、「ほんの少年さえ、けんかの時は素手でなく石を投げ合い、大人はナイフで切りあいます」とさらに過激である。

アジアと欧州の境のトルコになると「トルコ人はまじめな顔をしているので、賢そうに見えます。でも、怠惰な人間が賢いはずはありません」と決めつけの度合いは一段と強烈である。

誤解に満ちたステレオタイプな記述に少々飽きてきて、二時間ほど微睡んでいると、目覚まし時計のタイマーが鳴った。そろそろ起きて昼食の準備をしよう。とはいえ、体調は依然悪い。朝買い出し時の構想では、昼は親子丼、晩はプルコギにするつもりだったが、昼はそうめんが食べたくなった。そうめんというと必ず反対する女房も娘たちも外出しているので、一人でそうめんを楽しむことにする。いつもなら、肉味噌とキムチのせでそうめんを3束は食べるところなのだが、今日は、もずくと刻み茗荷をのせてあっさり食べたい気もする。やはり体調が悪いようだ。

しかし、私は元気を奮いおこして、体調が悪い時ほど栄養をつけなくてはいけないと自分に言い聞かせ、肉味噌作りに立ち上がった。肉味噌とキムチをたっぷりのせたそうめんを1束食べ、然る後にもずくのせのあっさりそうめんを1束食べて昼飯を終える。ソファーでコーヒーを飲み、今朝スーパーで買った安物の大福を食べて一休みをすると、またモーティマー夫人の地誌を読みたくなってきた。めちゃくちゃな内容を何のためらいもなく断定する彼女の文体に、悪魔的な魅力があるのかもしれない。

中国については、「（異教徒の国ながら）人々は物静かで秩序正しく勤勉」であるとし、「とても賢いことは認めなければなりません」と、とりあえずは一定の敬意を払っているように見える。しかし話が宗教になると、案の定彼女の独断と偏見は大いに発揮され、「儒教、道教、仏教では儒教が一番まし」とし、それは、老子は大うそつきで、ブッダは、自分は「仏」という神になるのだと偽ったのでさらに罪深いからだとしている。そして、中国人の性質については、利己的で冷酷であると断定し、物乞いが死んでいるのを見ても気にもかけず、すぐそばで平気で賭け事をしているとしている。他方、ワインよりお茶を好む点は褒めているが、最近はアヘンを吸いはじめたと非難している。しかし、福音主義者モーティマー夫人の名誉のために付け加えるが、「中国では（アヘンは）禁止されているが、イギリス人がこっそり売っているのです（悲しいことですが）」とも指摘している。

我々が「微笑みの国」と呼ぶタイについては、シャム人はビルマ人と似ているがさらに醜いとか、不誠実で臆病だとか、残酷という点ではビルマ人と同じだとかひどいことを書き連ねている。

東洋の君子国我が日本については、かなり好意的というか、比較的正確な書きぶりである。礼儀正しく、学問があって読み書きができ、地理と算術と天文学の知識があると褒め、また、日本が風水害や地震、火山噴火などの自然災害にしばしば見舞われることを述べている。一方、邪悪な風習として、自殺を禁ずるキリスト教の教えに反する罪として、切腹の風習を批判している。

アフリカに関する記述となると、アジアに関する記述以上に、見下しモードのとんでもないものである。ただ、それが夫人の無知と宗教的な偏見に由来するものであって、彼女の主観的な悪意によるものではないということは述べておくべきであろう。また、北アメリカについての記述の中で、北アメリカインディアンが毎年のように人口が減っている理由を、白人がやってきて彼らの土地を奪ったからだと指摘していること、南部の奴隷制や北部における黒人差別についてかなりの字数を割いて批判していることも、彼女のために挙げるべきであろう。

編者によれば、モーティマー夫人、旧姓ファベル・リー・ベヴァンは、16冊の子供向けの本を出版し、1833年の処女作『夜明けに…幼い子供にも理解できる最初の信仰の手引き』は100万部が売れ、38か国語に翻訳されたというのであるから、現在はあまり知られていないが、当時児童文学の世界では著名な作家であったのだろう。

ロンドンの裕福な家庭に生まれたファベルは、1841年39歳でトーマス・モーティマー牧師と結婚してモーティマー夫人となったが、彼女の結婚生活は、編者によると必ずしも幸せなものではなかったようだ。

夫が死去した1850年11月の数か月後、かつて恋愛感情を持っていたヘンリー・マニングがカトリック教徒になったという知らせを聞いて、彼女は大いに嘆き悲しんだ。（後年、マニングはカトリックとして枢機卿にまで上りつめる。）

というのは、彼女は元々クエーカー教徒として育ったが、25歳の時、6歳年下のマニング青年と聖書の研究を始め、二人の間に愛情が芽生えて彼女は福音主義に転向したからである。しかし、母親によって彼女はマニングに手紙を書くのを禁止され、前掲処女作出版の数か月後、マニングは教区牧師の娘と結婚してしまった。彼は数年後、妻に先立たれると修道院に入り、その後彼女からの文通を再開したいとの申し出を断っている。編者は、彼女の地誌の「カトリックに対する悪意のこもった記述を読むと、恋愛で受けた傷がまだ癒えていないことを感じさせる」と指摘している。

モーティマー夫人については姪が伝記を残しているが、編者によれば「なんの感動もない退屈な伝記を読むと、モーティマー夫人の暗い人生において、二つの衝撃的な事実が判明する。一つ目は、三冊の権威ある地理の教科書を著し、…あらゆる国民・人種について、知り尽くしたような人類学的考察を加えているにもかかわらず、本人は生涯で二度しかイングランドの外に出たことがなかったという事実だ。…二つ目は、モーティマー夫人の人生が、ヴィクトリア時代の不幸や災難の縮図のようだということだ」。因みに夫人は晩年、ロバに平泳ぎを教えようとして溺れさせたり、オウムを石鹸と水で洗って台所の火で乾かして死に至らしめたりという逸話を残している。

編者曰く「わたしの彼女の作品に対する反応は、笑いから怒りへ、そして驚きから困惑へと変化した」と。同感である。モーティマー夫人には、異文化に対する偏見やさげすみはあるが、（カトリックに対するものを除き）悪意はないので、我々としては結局のところ困惑するほかないのだ。困ったことに。

ダイバーシティが重視されるグローバル化した現代社会であるが、もしかしたら読者諸兄姉の周辺にも、困惑を余儀なくされる御仁がおられるのではなかろうか。知ったかぶりをする者（筆者はその誹りを免れないことを自覚しているが…）は嗤えばいいし、悪意ある者には怒ればいいのだが、実体は思い込みに過ぎない「すべてを知り尽くしたような」考察を、視野狭窄的善意から熱心かつ断定的に説いてくださる御仁にはどう対処すればいいのか。

愚考するに、敬して遠ざかるしかないように思う。敬遠である。「論語」の「鬼神を敬して遠ざく」とはすなわち神霊は遠くから崇敬すべきもので馴れ馴れしく近くによるべきでないという意味であろうが、上述の御仁に出会ったときは、とにかく敬意を持ったふりをして近くに寄らぬしかない。プロ野球のように宣告敬遠（宣告故意四球）の仕組みがあれば手間がかからなくていいようにも思えるのだが…。

（注）本稿執筆中に、中耳炎と思われる症状で耳鼻咽喉科にかかったところ、脳の硬膜から髄液が漏れているとのことで、某大学病院に即日入院・翌日手術となった。さらに後日談を言えば、手術後原因不明の高熱が続き、各種検査を経て別の病気が見つかって、2か月間入院した。必ずしも暴飲暴食が原因ということではなさそうであるが、節制の必要性は痛感したところであった。

『肉味噌・キムチそうめんのレシピ（4人分）』

〈材　料〉

豚赤身挽肉（又は牛豚合挽肉）400g、キムチ（市販品）、きゅうり2本（千切りし、塩少々と酢を振って軽く混ぜる）、長葱（10㎝みじん切り、5㎝小口切り）、味噌（大匙2）、砂糖（大匙1）、コチュジャン（大匙1）、一味唐辛子（小匙1）、粉山椒（小匙2）、おろしにんにく（小匙1）、おろし生姜（小匙3）、酒100cc、ごま油、麺つゆ（市販品）、そうめん

〈作り方〉

① フライパンに胡麻油大匙1を引き、挽肉を入れ、中火でざっとほぐしながら、酒を加え、かたまりができないようよくほぐしながら炒める。

② ほぐれたら、長葱（みじん切り）、味噌、砂糖、一味唐辛子、粉山椒、おろしにんにく、おろし生姜を加え、弱火にし、かき混ぜながら加熱して少し汁けが残る程度になったら火を止める。

③ 大き目の鍋にたっぷり湯を沸かし、そうめんを規定時間通り茹で、ざるにあげ、流水でよく洗って、氷水に放つ。

④ そうめんをざるにあげて水を切り、丼に分けて、きゅうり、キムチ、肉味噌をのせ、小口切りした長葱を振る。

⑤ よく混ぜて食す。好みで、麺つゆ少量を振る。

＊ そうめんをさっぱりと食べたいときは、本文中に登場するもずくそうめんがおすすめ。茹でて水切りしたそうめんを丼に入れ、麺つゆをかけ、醤油とレモン果汁で味付けしたもずくをたっぷりのせ、刻んだ茗荷とおろし生姜で食べる。

その34

酒を呑まずにいられなかった天才たちの生きづらさに思いをいたす

11月△日（土曜日）

先の入院中に悪友が『人生で大切なことは泥酔に学んだ』（栗下直也著　左右社　2019年）という本を差し入れてくれた。見舞いに来てくれた人から、「酒が飲めない状況なのにその本を読むのはつらくないですか」と尋ねられたが、さにあらず。たしかに入院していると、ビールをあおる夢を見たり、小料理屋のカウンターで美人女将に酌してもらう場面を妄想することはあるが、本書に出てくる呑兵衛たちのような飲み方はさすがに遠慮したくなるので、問題はないのだ。

本書に登場する酒呑みたちの飲み方はとにかくすさまじい。本書によれば、プロレスラーの力道山は興行成功の祝い酒を朝から自宅で呑み、夕方から料理屋で呑み、さらに赤坂のナイトクラブで呑んだ挙句、やくざに因縁をつけて叩きのめしたが、その際にナイフで腹を刺され、これがもとで死んだ。詩人の中原中也は酒乱で周囲に絡み、「殺すぞ」と言って評論家の中村光夫の頭をビール壜で殴った。『檸檬』で知られる梶井基次郎は酒癖悪く、料理屋の床の間の懸物に唾を吐きかけて回り、杯洗で男の大事なものを洗って見せ、限りない狂態を尽くした。評論家の河上徹太郎は、70歳にして、当時警察が泥酔者保護のために設けていたトラ箱に留置され、その2か月後に文化功労者を受賞した。同じく酒乱の評論家小林秀雄は、戦後すぐに、呑みかけの一升瓶を抱えたまま水道橋駅のホームから10m転落したが無傷で、駅で一晩寝かせてもらい、「実に気分爽快だった」と嘯《うそぶ》いている。小林には、しこたま呑んで自宅のある鎌倉に帰ったが呑み足らず、路地裏の待合に入るつもりで、見ず知らずの他人の家に入り込んで酒を出せと騒いで、暴言を吐いたという逸話もある。プロ野球選手で大酒飲みの強打者であったことから酒力打者と呼ばれ、「あぶさん」のモデルになった永淵洋三は、試合中に二日酔いで右翼の守備位置で吐いてしまったが、本書の登場人物の中ではまともな方だろう。

囲碁の藤沢秀行九段は、37歳で第1期名人位を獲り、57歳で棋聖戦六連覇を成し遂げ、66歳で5度目の王座位を獲得して翌年も連覇した偉大な棋士であるが、アル中ながらも仕事で成果を出し続けた男として本書に登場する。30代の頃は一晩でウィスキー2~3本空け、40代でアル中になったが、賞金の高い棋聖戦前にはホテルに監禁状態で酒を抜いて対局に臨んだという。著書『野垂れ死に』（新潮選書 2005年）の中で、「二時間も飲まないでいると全身が痙攣し、満足に碁石も持てない。それで棋聖戦の数ヶ月前になると地獄の苦しみで酒を断ち、きれいな体になってタイトル戦に臨み、防衛を果たすや否や何も食わずに狂ったように酒を飲み続ける、ということを繰り返していた」と告白している。

その私生活の滅茶苦茶ぶりは、酒、ギャンブル、借金、暴力、女性問題のいずれも何ともすさまじい。酒が入れば誰彼かまわず低能呼ばわりし、訪中して鄧小平と会見した際にも泥酔状態で、「（女性器の俗称は）中国語で何というんだ」と絡んだという。競輪・競馬に入れあげて借金は一時3億円を超え、3人の女性との間に7人の子がいた。50代で胃ガン、60代でリンパ腫、70代で前立腺ガンを患うが、アル中の平均寿命の52歳をはるかに超える83歳で天寿を全うした。リンパ腫の放射線治療の後遺症でひどい口内炎になり、以後痛くて酒が呑めなくなったのがよかったのかもしれない。

その藤沢と仲が良かったのが、同じく呑む打つ買うの三拍子派の将棋の芹沢博文九段である。前掲『野垂れ死に』によれば、藤沢の11歳年下の芹沢は自身50歳の時に、二人の余命を「シュウコウ3年、オレ5年」と予言したが、翌年肝不全で亡くなった。晩年の芹沢は朝からシャブリを何本も呑み続けて、その死は「緩やかな自殺」といわれた。

芹沢は、小学校6年生の時に沼津の将棋会で木村義雄名人に二枚落ちで勝ち、「沼津に天才少年あらわる」と騒がれた。中学2年で上京して高柳八段に弟子入りし、19歳で四段になった。棋士のランクを決める順位戦で4年連続昇級して昭和36年24歳でA級入りして八段になり、「天才芹沢」の名をほしいままにした。阿佐田哲也の筆名で『麻雀放浪記』を書いた作家の色川武大によれば、当時、弟弟子の中原誠（のち16世名人）やかわいがっていた米長邦雄（佐瀬勇次名誉九段門下、のち永世棋聖）と呑むときの勘定はすべて芹沢持ちで、芹沢が名人になったらそれまでの勘定の総和の倍を支払えという賭けをしていたという（「男の花道」、大崎善生編『棋士という人生』新潮文庫　2016年　収録）。

しかし自他ともに認める名人候補ながら、芹沢は（A級を勝ち抜いて）名人への挑戦権を得ることができないまま、A級在位わずか2年でB級1組に落ちた。その後 長く激戦のB級1組を維持したが、再びA級に戻ることはできなかった。自身を天才と信じていた芹沢は、「その気になればいつでも勝てると思っていたから、その気にならず負ける癖がついてしまった」と言っていたという。（小心翼々と生きるサラリーマンとしては、一度でいいからこういうセリフを言ってみたいものだ。）将棋では無冠のままであったが、「天才芹沢」はマルチな分野で天才ぶりを発揮し、タレント、文章家としても活躍した。しかし、名人への望みを断たれてからも名人位への思いは強く、「名人になるには天から選ばれなければならない。俺は好かれもしなければ、選ばれもしなかった」と言っていたという。

昭和44年芹沢と中原の対戦で勝った方がA級に上がれるという順位戦があった。芹沢は終始優勢に進めながら終盤逆転された。師匠の高柳敏夫名誉九段によれば、この一番で芹沢には「俺は名人になれないんだ」という思いが決定的になった（高柳敏夫著「愛弟子・芹沢博文の死」（文藝春秋 88年3月号）、前掲『棋士という人生』収録）。中原は2年後A級を勝ち抜いて名人戦に駒を進め、大山康晴を破り名人位を獲る。一方芹沢はその後さしたる成績を残していないが、将来の名人と早くから肩入れしていた谷川浩司（17世名人有資格者）との昭和56年のB1順位戦では、酒を断って体調を整え、見事に谷川を破っている。

芹沢は（その真意・背景の記述は略すが）昭和57年に「わざと負けて落ちるところまで降級し、それから全勝して昇級して見せる」という対局全敗宣言をして物議を醸した。これに関して、同じく酒呑み且つマルチタレントで彼と親しかった内藤國雄九段は、「当然ながら、落ちる方はなんの苦もなく予定通り進んだ。そして公約の切り返しの時期がくる。…今度は予定通りいかない。…棋勢をよくしても、相手に粘られて勝ち切ることができない。それだけの体力がすでになくなっていたのである。…生きる拠りどころとしていた（本気を出せばほとんどの者に負けないという）最後のプライド」が砕け散り、芹沢の飲み方が一段と荒くなったと述べている（内藤著『私の愛した勝負師たち』毎日コミュニケーションズ 1996年）。

内藤は、芹沢は豪快な藤沢秀行を尊敬しており、呑む打つ買うの三拍子にのめり込んだのも藤沢の影響だとしている。そして同じく藤沢に惚れこみ兄事した米長は、藤沢から三拍子以外のもの、すなわち「本職」への強烈な情熱を吸収したと述べ、芹沢がそうでなかったとして惜しんでいる。

これに対し色川は、その独特の勝負観から、前掲書の中で「芹さんが低迷したのは、酒色のせいではない。

彼の将棋が、どこか一つ、列強を勝ちしのいでいけないものがあったからだ。彼を酒色にふけらしめたのは、その点に気づきはじめた内心だ。…ひと口に強い弱いといってもこのクラスは天才同士の戦いで…体力、人格、気質、運、その他あらゆるもの。どこかが弱ければそこをつかれる。…将棋の実力で将来を展望していた芹沢少年が、次第に、棋力だけでは解決できないものの壁に打《ぶ》ちあたる…まずいことに、芹さんは頭脳明晰だった。感受性も抜群にすぐれていた。そうして、芹さんが手をとって教えた弟分、中原、米長が、後から躍進してきた」と指摘している。(因みに芹沢の葬儀では、中原が葬儀委員長、米長が副委員長を務めている。）そして色川は、芹沢の死を「天才としてしか生きられない人の観念的自殺」と評している。芹沢の師匠の高柳も、どうして芹沢は将棋を投げ、酒を呑まずにいられなかったかということの理由として、「天才芹沢」の挫折感を挙げている。ただし、それは世上言われている中原に抜かれたことではなく、4歳年下の加藤一二三 九段に差をつけられたことだとしている。「神武以来の天才」と称された加藤は14歳で四段、18歳で八段に昇級し、20歳で名人に挑戦した。芹沢の24歳八段も素晴らしいのだが、高柳曰く、「天才芹沢」の挫折感は強烈なものだった。

しかしながら、その加藤にしても名人位を獲ったのは、初挑戦から22年後42歳の時だった。棋界とはそういうところなのである。色川の言う天才同士の戦いの場なのである。

藤沢は自著『野垂れ死に』の中で、自分は世間から「豪放磊落」といわれているが、そう思われるのは、神経が細かすぎて、それに自分で我慢できなくなって、暴走してしまうことが多かったからで、むしろ「繊細暴走」なのであって、そんな自分にとって酒は必要欠くべからざる安定剤だったという趣旨のことを述べている。こんなことをぬけぬけと書くあたりが、藤沢と芹沢の明暗を分けたところなのだろうか。あるいは単に藤沢の方が、肝臓が丈夫だっただけなのか。与太話の展開が、入院中に読んだ本の紹介から天才のプライド論に流れてしまったが、私が天才の挫折感や、繊細すぎるプライドをめぐる逸話に惹かれるのは、私がここまで、結果がすべての勝負の世界とは程遠いところに生きてきているからであり、世俗の垢にまみれて面の皮だけ厚くなっているからだろう。そして何よりも天才とは対極の人種だからだろう。

私のような気楽な身分とちがって、天才は生きていくのが大変だろうと思う。天才とは程遠い私でさえ酒を飲まずにいられない晩もあるのだから、天才たちが酒を呑まずにいられなかったのはよくわかる。ともあれ傍で見ている分には、天才は素敵だ。まだ病後で酒が飲めないのは残念だが、酒を呑まずにいられなかった天才たちに敬意を表して、今夜の晩飯には酒呑み好みの一品を作るとしよう。

『鰯塩焼き葱味噌風味のレシピ（4人分）』

〈材　料〉

鰯4尾、長葱1本（小口切り）、味噌大匙4、みりん大匙2、おろし生姜大匙2

〈作り方〉

① 鰯を流水で洗い、鱗が残っている場合は包丁で取る。腹をまっすぐ切って、切り口から内臓をかき出す。さらに流水でよく洗い、新聞紙の上に並べておく。（キッチンペーパーで水気を拭き、腹の中まで拭いておくとなおよい。）

② 刻んだ葱をボウルに入れ、味噌、みりん、おろし生姜を加えてよく混ぜ、4等分してスプーンで鰯の腹に詰める。

③ 鰯に1尾当たり小匙半分程度の塩を両面に万遍なく振る。

④ 鰯をロースターに並べ、所定の時間焼く。

⑤ 焼きあがったら皿に取って食す。好みで、レモンなどを振る。

＊ 鰯（マイワシ）は、一年中見かけるが、旬は5～10月である。春に北上し、秋に南下するので、秋の「下り鰯」の方が、脂がのって美味いと言われる。

その35

ハマーシュタインのひたすらクールな人事評価法に恐れ入る

令和2年3月△日（日曜日）

暖冬とはいえ3月の朝は寒い。唐の詩人 白居易（字 楽天）は香炉峰に左遷され、山中に住居を構える（「香炉峰下新卜山居」）にあたり「小閣に衾《しとね》を重ねて 寒さを怕《おそ》れず」と詠んだが、白楽天の香炉峰の下《ふもと》の山居よりはるかに狭苦しい我が家で毛布と布団を重ねても寒い。北向きのあばら家とはいえ、やけに寒いぞ。目を開ければ窓が開いている。先に起きた家人がウィルス対策の換気と称して開けていったのだ。

起きて近所のスーパーに出かけると、開店前から行列ができていて、ドアが開くやどっとなだれ込んでいく。はてと思いながら店内に入り商品棚を見渡すと、トイレットペーパーと米が売り切れだ。コロナウィルス対策でマスクや消毒液が売り切れるのはわかるが、何故トイレ紙や米が品切れになるのか。（後刻家の者に尋ねたらSNSとやらのご託宣らしい…。）

さて私は何を買うか。昨日は近所で外食したから今日は家ご飯だ。寒いとくれば鍋物だ。どんな鍋にするか迷うところだが、手羽先が安い。手羽先でスープを取って、鶏の鍋にしよう。手羽先スープはガラスープに比べて手間がかからないのがいい。野菜は、博多水炊き風にきゃべつにする。

帰宅して運動のため近所のゴルフ練習場に行く。張り切って出かけたものの、年配女性が美しいフォームでナイスショット連発の隣で、盛大にマットを叩いたり、球の横っ腹を痛打するのが嫌になって、早々にやめる。

一旦家に帰ってから、散歩をかねて図書館に出かける。帰れば昼飯。手羽先を関節で切り離し、先端部はスープ用にして、太い方を味付けして焼く。その間に残り物の玉葱と人参と乾燥わかめで味噌汁を作り、冷ご飯を温めて、納豆を用意すれば、手羽先焼き定食の出来上がり。食べた手羽先の骨の部分は晩飯のだしに使う。

食べ終えたら、食器洗いの間に湯を沸かし、沸いたら手羽先の先端と骨を放り込んでぐらぐら煮る。夕食の下準備だ。鶏もも肉から外した皮を鍋に入れ、葱の青い部分やキャベツの芯なども投入して、煮続ける。

一段落してコーヒーを淹れ、スーパーで買ったよもぎ大福を二つ食べ、先刻図書館で借りた『がんこなハマーシュタイン』（ハンス・マグヌス・エンツェンスベルガー著、丘沢静也訳、晶文社、2009年）を読む。

クルト・フォン・ハマーシュタイン男爵は、ドイツ帝国陸軍のエリート参謀将校として第一次大戦を戦い、戦後もベルサイユ条約下で極度に人員装備を抑制されたドイツ国防軍で昇進を続けた。1929年には軍務局長（事実上の参謀総長）に任じられ、翌年には大将に昇進して、陸軍最高司令官に就任した。因みにワイマール共和政時代に国防相・首相を務めたシュライヒャーとは、士官候補生時代からの親友であった。

早くからナチに嫌悪感を抱いていたハマーシュタインは、1933年1月、ヒトラーの首相就任に際して、ヒンデンブルグ大統領にヒトラーを首相に任命しないよう働きかけたが、容れられなかった。しかし、軍を率いて非合法な実力行使によりヒトラーの首相就任を拒む強硬策には踏み切れなかった。内戦よりはナチの政権参加の方が、害が小さいと考えたのである。彼は、陸軍最高司令官としてナチ政権と距離を保つよう努めたが、シュライヒャーに代わった親ヒトラーの国防大臣ブロンベルクの下で、次第に追い込まれ、同年12月に辞任して軍を退いた。「長いナイフの夜事件」[注]でシュライヒャーが親衛隊に殺害された折には、将軍としてはただ一人葬儀に出席した。第二次大戦については早くから敗北を予想し、開戦の十年前から、今度大戦があればドイツは負けて分割されるだろうと漏らしていた。

大戦勃発後1939年9月に現役復帰し、対仏防備の司令官に任じられたが、数週間で退役させられた。これに関し著者は、彼の守備領域にヒトラーが出張するよう仕組んで、その機に拘留する計画があったという説に言及している。また1944年のヒトラー暗殺計画の構想段階に関わっていたという説も紹介している。

1943年4月、ヒトラーが彼に復讐を果たせないうちに、ハマーシュタインは死去した。上級大将にふさわしくベルリンの軍人墓地に埋葬したいと軍から申し入れがあったが、鍵十字の旗で棺を覆うことが条件だというので、家族はこれを拒否し、ハマーシュタイン家の墓地に埋葬した。ヒトラーから贈られた花輪のリボンは、親族が地下鉄に「忘れたため」付されていなかった。狩りを愛し、コニャックと高級葉巻を愛したハマーシュタイン男爵は、妻との間に4人の娘と3人の息子に恵まれた。子供たちは奔放さで知られ、マリー・テレーゼとヘルガの2人の娘は共産党の非合法活動にも従事した。

ところでハマーシュタインは、あるとき、どのような視点で部下の将校を判断するのかと聞かれて、以下のようなことを述べたという。自分は、部下を利口な将校、勤勉な将校、馬鹿な将校、怠け者の将校の4つのタイプに分ける。たいてい2つのタイプの組み合わせである。まず、利口で勤勉な奴。これは参謀本部に必要だ。次は馬鹿で怠け者。これは9割いてルーチンワークに向いている。利口で怠け者というのが、トップのリーダーとして仕事をする資格がある。難しい決定をするときに、クリアな精神と強い神経を持っているからだ。最も用心しなければならないのは、馬鹿で勤勉なタイプで、これには責任ある仕事を任せてはならない。どう転んでも災いしか引き起こさないだろうから。

いやはやクールなお言葉。戦時中 米国側から最も恐るべき敵と称されたエーリッヒ・フォン・マンシュタイン元帥は、回想録の中でハマーシュタインを「最も利口な人間の一人」と評し、彼が「（勤勉さは）平均的な人間にはなくてはならんものだ」と（周囲を）気の毒がっていたことを紹介して、「（彼は）勤勉という特性をほとんど使わなかった。すばやく把握する才能と鋭い知性があったからだ」と解説している。要するに、ずば抜けて頭がよかったから勤勉である必要がなかった、ということだろう。

ハマーシュタインの4分類は、おそらく将校の配置基準としては有用なのではないかと思うが、自省のための警句として活用するのは難しい。人間は多くの場合、自分が怠惰であることは認めても自分が愚鈍であるとは認めないからである。とはいえ、この4分類、勤勉の美徳を頭から否定するようなもので人前で公言するのは憚られるが、自分のことを棚に上げて言えば、人間観察として実に秀逸ではないかと思う・・・。

寝椅子から起きるとそろそろスープができたようだ。晩の鍋物が楽しみだ。

（注）「長いナイフの夜事件」：1934年6月30日から7月2日にかけて、ナチ党による同党私兵の突撃隊幹部などに対する粛清事件である。突撃隊のトップであるエルンスト・レーム、ナチス左派のグレゴール・シュトラッサー、元首相で名誉陸軍大将のクルト・フォン・シュライヒャーなど党内外の人々多数が裁判を経ずに殺害された。ナチ党内部の権力闘争であり、レームの政敵ヘルマン・ゲーリング、親衛隊トップのハインリヒ・ヒムラー、親衛隊諜報部長官ラインハルト・ハイドリヒの3名が中心となって、レームの突撃隊を解体させるために企てたとされる。

『手羽先スープの鶏鍋のレシピ（4人分）』

〈材 料〉

手羽先10本、鶏もも肉1枚、鶏もも挽肉300〜400g、蓮根5㎝（粗みじん切り）、長葱2本（青い部分は取り分け、白い部分のうち5㎝ぐらいみじん切り、残りは薄く斜め切り）、きゃべつ半玉（芯の部分を取り分け、残りを一口大に切る）、春菊半束、絹豆腐1丁（8等分に切る）、卵1個、刻み昆布1つかみ、にんにく2片（1片はみじん切り、1片は二つに切る）、椎茸6本（石突を取り分け、傘の部分を縦に4つに切る）、生姜5㎝大（半分はみじん切り）、酒大匙2、中華スープの素、粉末かつおだし大匙1、片栗粉、粉山椒

〈作り方〉

① 大きな鍋にたっぷり湯を沸かす。

② 手羽先の先端部を関節のところで切り離し、鍋に入れる。太い部分（手羽中）に塩胡椒し、さらにガーリックパウダーを振って、魚焼き用のロースターで中火で5〜6分焼く。こんがりいい色に焼けたら七味唐辛子を振って食べる。食べた後の骨は鍋に放り込む。

③ 鶏皮、葱の青い部分、キャベツの芯、椎茸の石突を鍋に投入。にんにく、生姜のみじん切り以外の部分も入れ、3時間以上煮続ける。適宜水を補給し、最終的なスープの出来上がり3〜4リットルをめざす。

④ 夕食前15分になったら、鍋物用の鍋に刻み昆布、鶏肉、きゃべつ、椎茸、豆腐各適量を入れ、斜め切りした葱とみじん切りしたにんにく、生姜を散らし、スープを注いで煮る。

⑤ 同時並行でつみれを作る。ボウルに鶏挽肉、蓮根、みじん切りした葱を入れて練る。さらに塩小匙1、粉山椒小匙1、溶き卵、酒、水溶き片栗粉大匙2を入れ、よく練る。鍋にかつおだしを入れ、中華スープの素で味付けする。

⑥ 鍋を卓上コンロに移して食す。好みで、醤油、柑橘果汁、柚子胡椒やラー油を用いる。適宜つみれや野菜、スープを追加して食べる。

⑦ 具を食べ終えたら、残った汁で雑炊を作る。

＊ スープの残りは翌日ラーメンに使うとよい。濾したスープに葱をどっさり入れて煮る。適宜味付けしておろし生姜を加え、水溶き片栗粉で少しとろみをつけると、鶏煮込みそば風のおいしいラーメンスープになる。

その36

映画中の小さな町の排他性のやるせなさにもの悲しさを感ずる

4月△日（日曜日）

季節は春である。偉そうに俄《にわ》か仕込みの蘊蓄を語ると、徒然草に「もののあはれは秋こそまされと人ごとに言ふめれど、それもさるものにて、今一《ひと》きは心も浮きたつものは、春の気色《けしき》にこそあめれ」（第十九段）とある。周囲からは「花より団子」党と思われている私ではあるが、ここ何年かは、桜が咲き始めると日々花の開き具合を気にし、花に嵐の心配をしながら、葉桜になるまで桜のことばかり気になってしまう。春の景色に心浮き立つようになったわけで、兼好法師が徒然草を執筆したのは４０代といわれているから、１５年か２０年遅れでようやく彼の心境に、形だけは追いついてきたということか。

それはともかくとして、今年はコロナウィルスのせいで、春だというのに楽しめない。家に籠ってばかりだと逼塞《ひっそく》感で鬱々としてしまう。江戸時代に「逼塞」という刑罰があったそうだが、今はまさしく「逼塞」である。いや、「逼塞」は門を閉ざして日中の出入りを許さずということだったようだから、夜間の外出も自粛の今は差し詰め「閉門」というところか。

兼好法師は花の話に続けて、「灌仏のころ、祭のころ、若葉の、梢涼しげに茂りゆくほどこそ、世のあはれも、人の恋しさもまされと人の仰せられしこそ、げにさるものなれ」と、若葉が涼しげに茂る様子は、世の物悲しさや人の恋しさにもまさると説く。同感。灌仏会《かんぶつえ》は4月8日だが、旧暦だから今の4月末頃だ。まだ

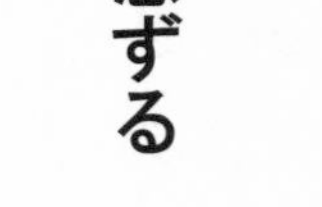

見たことがないが、有名な京都の葵祭は5月15日。5月半ばだと、若葉というより青葉かな。いずれにせよ、涼しげに茂っている樹木の脇を歩いても、キープディスタンスというのだろうか、人と距離を確保するのに気を取られているのでは、風情は楽しめないだろうな。

若葉の次は青葉。「目には青葉 山ほととぎす 初鰹」。初鰹といえば5月か6月だろう。初夏の季語を三つ並べたこの有名な句は、江戸時代享保期の俳人山口素堂の作である。因みに、この句には「鎌倉にて」と前書きがあり、物の本によれば、素堂は徒然草第119段「鎌倉の海に鰹といふ魚は」という一節を踏まえて詠んだという。徒然草の同段は、最近鎌倉では鰹という魚が珍重されているが、昔は身分の高い人の前には出さなかったものであり、末法の世になったので鰹のような下魚が上流階級でも喜ばれるようになってしまったという話である。兼好法師が末法と嘆いた鰹は、江戸時代になると「まな板に小判一枚初鰹」とか「女房を質に入れても初鰹」というぐらいに成り上がった。まあ鮪のトロなども、江戸時代はもちろん昭和初期までは、猫も食べないという意味で「猫またぎ」と呼ばれて捨てられていたのであるから、世の中の価値観というものは定まらないものである。

桜と新緑の話がいつの間にやら鰹と鮪の話になってしまった。閑話休題。さしあたっては今日をどう過ごすかだ。緊急事態宣言やら自粛要請やらで、せっかくの週末ながら、近所のなるべく人通りの少ないところを散歩するほかはやることがない。あらかじめ図書館でどっさり本を借りておけばよかったのだが、借りていた本を読み終えて、次の本を借りに行こうと思った矢先に臨時休館になってしまった。無聊《ぶりょう》をかこつとはこのことか。

結局日々テレビの前で過ごす時間が長い。人生の後半、麻雀で言えば南2局も終盤戦という年齢になって無為徒食に日がなテレビの前にいるのは情けないが、仕方がない。因みに中国語では、「仕方がない」は

「没法子《メイファーズ》」というらしい。ただ、日本語の「仕方がない」とは少しニュアンスが違うと聞いたことがある。はるか昔に読んだ和辻哲郎の文章の中で、政府の保護を期待しえない戦前の中国の民衆について論じた文脈があった。その中で、中国語の「没法子」という言葉の裏には、軍閥や馬賊のような抵抗できないような強い力にはとりあえず忍従するが絶対服従するわけではない、つまり面従腹背《めんじゅうふくはい》する底知れぬふてぶてしさがある。また、海賊に襲われるかもしれない海上輸送業に、頼りないジャンクで家族を連れて平然と携わり、心配しても軽減されない危険には徹底して無感動でいるたくましさがある。という趣旨のことが書いてあったように思う。そう考えてみれば、人と接する機会を減ずるよりほかにコロナウィルスに対抗する術がない以上、当面あれこれ考えずに、すなわち「無感動に」素直に家に籠ってひたすらテレビを観るというのも、一見受動的に見えるが、ふてぶてしく逞しい生き方といえるのではないか。

と、わけのわからぬ自己弁護でまた話がそれてしまった。元に戻すと、テレビを観るといっても、ニュースと再放送の時代劇ぐらいしか観る気がしないので、ウェブ配信の映画をテレビの画面で観ることが多い。今日は午後から「ゴッド・タウン　神なきレクイエム」（ジョン・スラッテリー監督　2014年）を観た。ウェブ上では、名優フィリップ・シーモア・ホフマン最後の主演作と紹介されている。映画や俳優には詳しくないのだが、観終わってみると確かに名優だと思う。

「ゴッド・タウン　神なきレクイエム」をご覧になっていない方のために、簡単に映画の筋を説明しよう。

1980年代フィラデルフィア郊外のゴッズ・ポケットは、低所得者たちが暮らす生気のない町である。他所から流れてきたうだつの上がらぬ中年男のミッキーは、友人とトラックの積み荷を盗むようなことを生業にして食べている。朝の食卓で、色っぽい妻のジェニーが地元紙を広げている。「ゴッズ・ポケットの男たちは単純だ。働き、野球を観戦し、結婚をして子供を持つ、町を出るものはいない。ほぼ全員が盗みの経験者で、子供の頃、人の家に放火。戦うべき時、われ先にと逃げ出す連中。イカサマが好きで親は子供を殴る。何があっても町を離れないし誰も変わることはない。町を出ることだけは、決して許されないのだ」。初老記者リチャードのコラムを読み上げて「的を射ている」と言うジェニーに、ミッキーが「誰もが承知していることを書いて何が偉い？」とたずねる。ジェニーが「よそ者には分からないわ」と応ずる。

ある日、ジェニーの連れ子であるチンピラのレオンが日雇い仕事の現場で殺される。黒人労務者にナイフをちらつかせて散々絡んだ挙句に、怒った相手に撲り殺されたのだ。職場の連中が犯人をかばった結果、嫌われ者のレオンの死は事故として処理される。レオンの葬儀のために近所の酒場の主人がカンパを集めてくれるが、だめ男のミッキーはもらった金を競馬ですってしまう。ミッキーは葬式の金策に走り回り、ドタバタを演ずる。一方ジェニーは、息子の死には隠された真相があるのではないかと疑う。しかし、調査取材にきたアル中で女好きのリチャードに口説かれ、あっけなく体を許してしまう…。

すったもんだの葬儀の後、ゴッズ・ポケットの連中が酒場で呑んでいるところへ、リチャードが入ってくる。彼はコラムで「…レオンは典型的なこの町の男だった。顔は薄汚れていて学もなかったが、身なりには気を使う。彼らは働き結婚し、子供たちも町に住む。結婚後も実家を出ない。酒を飲む決まりの場所は町の場末のバーだ。そこでわかりもしないことを論じる。政治や人種差別、宗教について。最後には皆と同じように死ぬ。家族に家と思い出を残して死んでいく。それは威厳ある死だ」と、本人としては共感を込めたつもりの気取った文章を書いていた。当然歓迎されると思っていたリチャードだったが、町の連中からは「よそ者が馬鹿にしやがって」という怒声を浴びせられる。「ここは私の町だ」「あれは賛辞だ」と弁明するが、店の外に連れ出され、リンチを受ける。止めようとしたミッキーに、なじみの店主は「よそ者は黙れ」と怒鳴るのだった。

小さな町の排他性のやるせなさと、見下した筆致で庶民に共感しているつもりの似非インテリ記者の悲しい滑稽さ。人々の共感と反感の移ろいやすさ。それらは程度の差こそあれ我々の周囲にもありそうなのだが、そうしたもののほろにがさを感じながら、ゴッズ・ポケットの退廃した雰囲気の余韻を楽しんでいたら、もう夕方である。

このところ子供たちがテレワークとやらで暇を持て余しているものだから、今、我が家はちょっとした料理ブームである。ちょっと油断すると台所を占拠されてしまう。台所が空いている今のうちだ。早々に豚挽肉の香菜風味蒸し物に取り掛からなくちゃ。

『豚挽肉の香菜風味蒸し物のレシピ（4人分）』

〈材　料〉

豚赤身挽肉（又は牛豚合挽肉）２００g、玉葱半個（みじん切り）、椎茸４個（石突を切り落とし、みじん切り）、セロリの葉１０枚程度（みじん切り）、コリアンダー１束（茎の部分をみじん切り、葉は他に使う）、白菜の葉２枚（一口大に切る）、おろしにんにく小匙１、生姜１片（みじん切り）、酒１００cc、中華スープの素小匙１、五香粉２振り、塩小匙１

〈作り方〉

① 蒸し器と、蒸し器に４つ入る深めの器（茶碗蒸し用の椀など）を用意する。
② 白菜以外の材料をボウルに入れ、混ぜる。
③ 器の底に白菜を入れ、その上に４等分した②を盛る。
④ 器を蒸し器に入れ沸騰後２０分ほどで完成。
＊ 具の上に出てきたスープがおいしい。好みで、ラー油を垂らしてもうまい。

その37

5月△日（土曜日）

二千年以上前の塩鉄会議に側近対実務家の図式を知る

コロナ自粛の巣ごもりでやることがないものだから、このところ週末は朝から1～2時間散歩することにしている。今日は家から30分ほどかけて、こじんまりした氷川神社まで出かけた。参拝すると、二宮尊徳の「今日の暮らしは昨日にあり　今日の丹誠《たんせい》は明日の暮らしとなる」という言葉が掲げてあった。まことに金言であるが、「今日の感染状況は二週前の自粛にあり」と詠みかえたくもなる今日この頃である。

散歩の途中に歩いた商店街でも、飲食店は大半が休業かテイクアウト限定であり、書店もシャッターが閉まっている。商売を営んでいる方やそこで働く方たちはさぞや大変なことだろう。対策には、財政出動も必要だと思う。一方で我が国の財政状況は悲惨な状況にあり、コロナ禍以前から連年巨額の赤字を将来世代に付け回している現状だ。おじさん連のオンライン飲み会でくだ巻きながらコロナ対策を論ずるときには、「若い世代、将来世代には申し訳ないが」という前口上だけでもつけようと思う。前口上をつけたところで意味はないかもしれないが、気は心というからなぁ。

参拝を済ませてよたよたと歩きながら、昨晩読んだ本のことを思い出す。コロナ禍で図書館が臨時休館なので、書棚をひっくり返して古い本を読むことが多い。先日『中国の歴史』（講談社）全10巻のうち何故か1～5巻が出てきた。昭和49年刊だから40数年も前の古本であるが、中国四千年の歴史の前では40年やそこらは誤差のうちに入るまいと決め込んで、このところ、テレビの時代劇を観ていないときに少しずつ読んでいる。

昨晩は漢の武帝の前後を読んだ。紀元前140年に16歳で即位した武帝は、54年に及ぶ在位中に武威を四方に輝かせた。武帝自身が親征したことはなかったが、対匈奴戦をはじめとする大規模な度重なる外征は、祖父の文帝、父の景帝の二代にわたって充実が図られた国家財政を窮乏させ、新たな財源を要することとなった。そこで登場したのが、桑弘羊《そうくよう》らの法家思想の財務官僚たちであり、彼らによって塩鉄専売制、均輸・平準法による税外収入の拡充、告緡令《こくびんれい》（告発奨励制度）による財産課税の強化などの財政政策が進められた。

国家による塩鉄専売制（後に酒にも専売制導入）が、従来製鉄業や製塩業を営み巨利を得ていた地方の豪族の反発を招いたのは当然であるが、均輸法と平準法についても、政府が商品の買い付けや運搬を行い物価の統制を図るものであるから、大規模な商業を営んでいた地方の豪族層の利潤を減少させるものであった。財産課税の強化も、緡銭《びんせん》すなわち蓄蔵貨幣に対する重課税であったから、主として中規模以上の商工業者に対する課税であった。かくて実務的な法術官僚たちによる財政政策の下で、地方豪族や商工業者の不満が高まっていた。

武帝の次の昭帝の代、紀元前81年に、詔勅によりいわゆる塩鉄会議が開催された。各地方から「賢良」、「文学」と称する民間有識者60余名が長安に招集され、塩鉄専売制など新財政政策を存続すべきかどうかについて、丞相車千秋、御史大夫桑弘羊ら有司（政府高官）との間で激しい論戦が戦われた。桑弘羊は武帝時代以来の新財政政策の立案施行者であり、当時の行財政の事実上の最高責任者であった。

賢良たちは、「民間の疾苦するところ」を諮問されたのに対し、塩鉄専売など政府自ら民と利を争って民を本業（農業）から末業（商工業）に赴かせる政策は廃止すべきと主張した。儒家思想による農本主義を標榜しているが、彼らの廃止論が地方豪族・商工業者の利益に適うことは論を俟たない。賢良・文学の出自も地方豪族層であったろうし、また、地方豪族は、族的結合や家族倫理などの面から儒学と親和的でもあったと思われる。

これに対し、桑弘羊らは、現実主義に立ち、現在政府のなすべきことは匈奴など外敵の侵入を防ぐことであり、辺境防備のための財源として専売制などは存続して国庫の充実を図るべきであるとした。そして、賢良・文学は尚古思想による理念主義を主張するだけで、当面の国策に具体的提案がないと非難した。しかし、賢良・文学は、車千秋、桑弘羊ら政府高官を畏れることもなく執拗に論難した。同書は、一介の書生に過ぎない賢良たちが、廟堂で時の権力者を激怒させるような発言を重ねることができた事情として、彼らの背後に、桑弘羊をしのぐ実力者である大司馬大将軍霍光《かくこう》の存在を指摘する。彼は軍職にあったが、尚書（上奏を皇帝に取り次ぐ役）を兼ねて、内朝を統率していた。内朝とは、丞相府、御史府など国政の執行機構である外朝に対して、皇帝・帝室の私的な面を司る機構を総称する概念である。

しかし、塩鉄会議の論争の結果は酒専売制の廃止だけに終わった。政府側に、賢良・文学の主張は国策に対する理解力がなく、専売制の不便を言ったに過ぎないものと片付けられ、地方豪族の期待も内朝勢力の支援も老練な財務官僚の桑弘羊を圧倒することはできなかった。

会議の翌年、かねて霍光による外朝への介入に反発していた桑弘羊は、内朝内の霍光と上官桀《じょうかんけつ》の対立に際して上官桀に与し、燕王の謀反に参画して誅殺された。しかしながら、桑弘羊の財政政策は霍光が政権を掌握した後も、深刻な財政状況にかんがみてか、酒専売の他はそのまま維持された。

この一連の経緯を、内朝対外朝すなわち皇帝側近勢力 対 実務官僚機構という図式だけでとらえることに無理はあろうが、あえて単純化して言えば、この時期皇帝の権力が専制的な方向に強化される過程で、内朝・外朝間、換言すれば皇帝側近と行政機関の間の均衡が、内朝側すなわち側近側に傾いてきたということであろう。誤解を恐れずさらに単純化して言えば、内朝側は縁戚関係など皇帝との個人的な結合に基礎を置くのに対し、官僚機構である外朝側は法制度を重視する。従って前者は、時の政権の求心力増大を最優先するので、民心の動向に敏感であり、恤民《じゅつみん》政策を志向する。これに対し、後者は制度の安定性・永続性を重視するので、不人気な政策を政権に背負わせることもいとわない。悪く言えば、内朝の側は目先の人気取りに走って制度の将来的な安定を損ないがちであり、他方外朝の実務官僚たちは、法理の厳格な執行に励む結果、酷吏の批判を招き、さらには社会に不満がたまりやすいということか。二千年以上も前の塩鉄会議であるが、現代に生きる我々にも考えさせるところ大きい。

柄にもないことを考えながら歩いていたら道を間違えた。家の者が、今日の夕食に鰯のパン粉焼きを作るというので、私は、何かの記事に出ていた砂肝のコンフィと、野菜と茸のマリネを作るつもりだ。ついでに砂肝とにんにくとオリーブ油の風味のきいたセロリの葉入りスープも作ろう。急いでスーパーに寄って買い物をして帰らなくては。

『砂肝のコンフィのレシピ（4人分）』

〈材　料〉

鶏砂肝1パック（300〜400g）、にんにく1片（皮をむく）、粉末タイム、乾燥ローズマリー数本、オリーブ油、サラダ油

〈作り方〉

① 砂肝を2つに切り、塩小匙1と胡椒適量、粉末タイム少量を振り、しばらくそのまま置く。（砂肝は2つが1セットになっているのでそれを切り離すだけでよい。それ以上の下処理不要。）

② 小さめの鍋かボウルに砂肝とにんにく、ローズマリーを入れ、砂肝が隠れるまでオリーブ油とサラダ油を半々の割合で注ぐ。鍋か深めのフライパンに湯を沸かし、その中に砂肝の入った鍋を入れ湯煎にする。湯煎の湯が沸騰する寸前ぐらいの火加減で2時間煮る。時々湯を補給すること。

③ 砂肝が入った鍋を出し、砂肝をガラス瓶などに取り出す。煮油の上澄みを（時間があればキッチンペーパーを敷いた笊で濾して）、砂肝の入った瓶に注ぐ。煮油の底に砂肝から出たエキスが沈殿しているので、これが混ざらないよう上澄みだけ注ぐこと。残った油とエキスは後述するスープに使うとよい。

＊ できあがった砂肝のコンフィは冷蔵すれば2〜3週間はもつ。そのままフランスパンを添えてワインや洋酒のおつまみにしてもうまいし、フライパンで焼き目をつけると本格的な一品になる。私の一番のお勧めは、適当にスライスして、後述する野菜のマリネの上にのせ、上から煮油をかける食べ方である。

『砂肝エキスのスープのレシピ（4人分）』

〈材料〉
砂肝の煮油（及びエキス）、セロリの葉10枚ぐらい、セロリの茎の細いところ、玉葱1／4〜1／2個、人参1／3〜1／2本（いずれもあらみじん切り）、白ワイン50cc

〈作り方〉
① 砂肝の煮油でセロリの葉以外の野菜を2分ほど炒め。白ワインを加え、さらに湯800ccを注ぎ加熱する。
② セロリの葉を加え、塩、胡椒で味を調える。

『茸と野菜のさっと煮マリネのレシピ（4人分）』

〈材料〉

マッシュルーム6個（石突を切り落とし、縦に半分に切る。他の茸《きのこ》でもよい）、セロリ20cm（ピーラーで筋を取ってから、3等分し、さらに縦に4等分にする）、人参半本（太目の拍子木切り）、黄パプリカ半個（横半分に切ってから縦に1cm幅に切る）（調味料）ワインビネガー（又はりんご酢）大匙6、白ワイン大匙6、乾燥ローズマリー数本、塩小匙1／2、胡椒少々

〈作り方〉
① 鍋に調味料を入れてよく混ぜ、パプリカ以外の具材を入れ、落し蓋をして強火で一煮立ちさせる。沸いたらすぐ火を止め、パプリカを加え、再度一煮立ちさせる。
② 火を止め、そのまま冷ます。

その38

「洲崎パラダイス赤信号」に高度経済成長期の活力の予兆を見る

6月△日（日曜日）

週末の朝の日課の散歩と買い物を済ませて、一風呂浴びて新聞を一通り眺めたら、何やら腹がすいてきたので、早お昼に冷やし中華を食べる。具には既製品のスモークした鶏ささみと茹で卵ときゅうりとキムチ。唐辛子を漬けた酢と市販のごまだれと醤油を適当にかけまわして食べれば、いとうまし。思わずもう一玉麺を茹でる。

腹がくちくなれば横になりたくなるが、ここで昼寝に入ると夜眠れなくなる。テレビでも観ようかと思うが、女房子供が情報提供番組というのだろうか、私にはおよそ興味がわかない番組を延々と観ている。仕方がない。ここで下手に文句をつけると、今後のテレビのチャンネル争い上不利になる。

最近コロナ自粛でほぼ毎日夕食を家でとるものだから、晩のテレビのチャンネルの主導権争いは熾烈である。私はニュースと時代劇しか観ないのだが、家の者たちは愚にもつかないバラエティ番組を観たがる。夕食後に、私がくつろいでノーマルサイズ（画面の横縦比4対3。現在の16対9のワイドサイズのテレビ画面で見ると画面の両側に黒い余白部分がでるサイズ）で収録された昭和の時代劇を観ていると、舌打ちとともに「毎度同じ筋なのに何が面白いんだ」と吐き捨てるような非難が浴びせられる。「以前のように飲み歩いて遅くなってから帰ってほしい」とまで言われるが、かえってそういう厳しい環境下ほど鬼平犯科帳や座頭市の世界により深く没入できるというものだ。

たしかにテレビの時代劇は、基本的に勧善懲悪、一話完結なので、似たような筋で先が見える展開になりやすい。しかし、そういうお決まりがあるから、時代劇は安心感をもって観ていられるのだ。一定の枠の中で、筋書きにどう趣向が凝らされているか、人情の機微がどう織りなされているか、役者の個性・持ち味がどう活かされているかといったあたりが、テレビ時代劇鑑賞の醍醐味なのである。

先日観たのは、堅物の筆頭老中が「ご改革」に邁進して奢侈贅沢禁止令を発し、酒や高級衣料から櫛かんざし、芝居や貸本、見世物興行までご禁制になるという話だった。その裏で、悪知恵たけた町奉行と大商人が、闇で酒やら何やらを売ってあくどく儲けるわけだが、当然のことながら主人公がバッタバッタと退治する。結末は、主人公に諭された老中が「ご改革」を緩和して、庶民のささやかな贅沢は復活されるという結構なストーリーなのであるが、途中の主人公と筆頭老中の会話が面白かった。

真面目な主人公は、「悪法でも法は法」と、闇で酒を買ったり、隠れて見世物興行をする周囲をたしなめる一方で、筆頭老中に「庶民が一日の勤労の疲れを忘れるために茶碗一杯の酒を飲むのが、許されない贅沢とは思えませぬ」と問う。老中は「酒は飲まなくても生きていける」と答える。さらに「わずか20銭の木戸銭の興業がなぜ禁止されねばならぬのですか」と問うと、答えて曰く「不要不急」。劇中では老中が、規制が闇を生むという禁止令の弊害を悟り、演芸の隠れ興業に庶民が喜ぶ様を見て娯楽の意義を知って考えを変えるのだが、この問答は考えてみるとなかなか難しい。

財政であれ個人の家計であれ、赤字であれば収入を増やすか支出を削るしかない。収入が増やせなければば支出を抑えるほかなく、何を切り詰めるか優先順位づけしなければならない。政府が優先順位をつけるのが当然だろうが、家計すなわち個人消費の優先順位づけは難しい。上記の時代劇の例でいうと、不要不急の基準は何か。奢侈品と生活必需品を区分する尺度は何なのか。

そもそも経済政策として、庶民の贅沢禁止つまり家計支出の切りつめに意味があるのだろうか。庶民までが贅沢をするので諸色高直《しょしきこうじき》（物価高騰）となり、米増産で米価が下落する中で、収入を米に依存する幕府や武士が物価高で困窮するから贅沢を禁止しようという論法なのだろうが、迂遠すぎないか。商人の所得に課税したり、財産課税した方が有効かつ公平ではないか…。情報提供番組とやらの音声を聞きながら、とりとめもないことを考えているうちに結局うつらうつらしてしまった。

目を覚ますともう夕方。今晩は家の者たちが、サラダと茄子の焼びたしと鰯のパン粉焼きを作るという。結構なことであるが、飯の菜にはちと心細いので、私は豚のスライス肉をカリカリに炒めて、人参といんげんと炒り合わせて韓国風に味付けることにする。夕食は、カリカリ炒めで大いに飯が進み、いい年齢をしてどんぶり飯を2杯半も食べてしまった。

食後、報道番組を見ながらひとしきり世の中を慨嘆してから、入浴して坊主頭を丁寧に剃り上げたらもう11時近い。明日の出勤に備えて寝床に入らないといけない時刻なのだが、昼食後不覚にも長々と昼寝をしてしまったので、まったく眠くならない。仕方がないので、ネット配信の映画を観ることにする。月形龍之介主演の「水戸黄門」にするか、ジョン・フォード監督の「肉弾鬼中隊」か、それとも川島雄三監督の「洲崎パラダイス赤信号」か。散々迷った挙句「洲崎パラダイス赤信号」にする。

昭和31年7月、翌年4月の売春防止法施行間近で公開された映画である。冒頭、愚図で覇気のない義治

（三橋達也）と堅気女には見えない蔦枝（新珠三千代）が、勝鬨橋の上で「これからどうする」「どうするって、お金60円しかないのよ」と思案している。結局二人はバスに乗り、蔦枝がかつて籍を置いていたらしい洲崎パラダイスの近くで降り、遊郭の入り口にある居酒屋「千草」に入る。店の女主人お徳（轟夕起子）は、夫が若い娼婦と駆け落ちしてしまい、女手ひとつで幼い息子二人を育てている。蔦枝は千草で働き、義治はお徳の紹介で近くのそば屋「だまされ屋」の住み込み店員となる。人あしらいのうまい蔦枝は、赤線の往来に寄る客たちの人気を集め、いつもスクーターでやってくる神田のラジオ商、落合（河津清三郎）に気に入られアパートに囲われる。

そんな中、女と出奔していたお徳の夫伝七が姿を現すが、お徳は何も言わず家に入れる。蔦枝の件で怒って飛び出した義治が落合を探し疲れて千草に戻ると、お徳から「だまされ屋」の気立てのいい店員玉子（芦川いづみ）と一緒になれと勧められ、義治も真面目になろうと思い始める。

ある日、落合にも飽きた蔦枝が千草に戻る。お徳に「義治と一緒にいたときは、落合のスクーターの音がするとどんなにクサクサしててもパーッと気分が晴れたの。ところが落合と一緒になってみると、そば屋の出前持ちが通るたび、みんな義治に見えちゃうの」とあっけらかんと話す。

その晩、パトカーがサイレンを鳴らして神社に向かう。現場には野次馬に交じって義治とお徳がいた。伝七が一緒に逃げた女に殺されたのだ。お徳が泣き崩れているところへ蔦枝が現れ、義治とお互いを見つめ合う。その晩、二人は洲崎を出る。

数日後、出張から帰ってきた落合が千草に寄る。「（伝七のことは）大変だったね。まあ、初めから帰って来なかったと思えばいいじゃないか」と無神経な言いぶりながらお徳を慰めた後、「ところで」と蔦枝の消息を訪ねる。「また前の男と一緒になってどっか行っちまいましたよ。…あれも悪い子じゃないんですけど、ひっかかるだけあなたの損でしたよ」と言うお徳に、落合は「アパートの権利…着物と…諸雑費とともにざっと10万円の損か」と笑う。一方義治と蔦枝は勝鬨橋の上で、これからどうしようかと映画冒頭同様の応答を繰り返している。蔦枝が「今度はあんたの方から先言ってよ。あんた行くとこ、ついてくからさぁ」と言うと、義治は「それじゃ行こう」と彼女の手を引いて、バスに走っていくのだった。

別れないとだめになるとわかっていながら、別れられない男女の腐れ縁がテーマの映画なのだが、後味は悪くない。昭和30年代、すなわち明日は今日よりも良くなる時代の活力を感じた。登場人物中、私はラジオ商の落合が気に入っている。彼の明るい俗物ぶりが好きだ。彼の人物像に、劇中勝鬨橋をひっきりなしに通過するダンプカーの列以上に、高度経済成長を予兆させるものを見たと言えば、少々理屈っぽいか。

監督の川島雄三は多作と豪遊で知られ、作家の織田作之助と親交があり、日本軽佻派を名乗っていた。井伏鱒二が于武陵《うぶりょう》の詩中の「人生別離足る」という句を訳した「サヨナラダケガ人生ダ」という一節をこよなく愛したという。45歳で急逝した川島自身は、この映画について、「自作を語る」(『サヨナラだけが人生だ映画監督川島雄三の生涯』今村昌平編、ノーベル書房、1969年、収録)の中で、「自分では好きな作品です。『幕末太陽伝』が僕の代表作ということになってますが、自分としては本来、こういう作品の方が好きです」と語っている。フランキー堺主演の「幕末太陽伝」も、私の好きな映画である。石原裕次郎の高杉晋作はあまりいただけないが。

ところで「洲崎パラダイス赤信号」の「赤信号」は何を意味するのだろうか。売春防止法施行を控えて洲崎遊郭ももう先行きがないということか。それとも蔦枝が、洲崎パラダイスの中には入らず(=娼婦稼業には戻らず)、ぎりぎり遊郭入り口の居酒屋で足を止めたという意味なのか。

川島ワールドに浸っているうちにすっかり深夜になってしまった。明日は一日眠気に耐えるのに苦労しそうだ。

『豚肉のカリカリ炒めのレシピ(4人分)』

〈材 料〉

豚ロース(肩肉でも小間でも可)スライス400g(2㎝幅程度に切る)、人参中1本(1㎝角ぐらいの粗みじん切り)、いんげん10本(1㎝幅程度に切る)、市販の焼き肉のたれ大匙4、市販のキムチの素大匙2

〈作り方〉

① フライパンにサラダ油、胡麻油各大匙1をひき、中火で豚肉をほぐしながら炒める。ベーコンをカリカリに炒めるイメージ。豚肉が濃いきつね色になるまで炒めたら、キッチンペーパーを敷いたバットの上にあける。フライパンをペーパータオルで軽くぬぐって油をある程度取る。

② フライパンに人参を入れ、中火で1分炒めたらいんげんを投入し、2分炒める。

③ 豚肉を再度投入し、さらに1分炒め、焼肉のたれとキムチの素を投入し、よく混ぜながら1分炒めたら完成。好みでいりごまを振る。

その39

苛立ちの溜まる悪夢に五臓の疲れを知る

7月△日（土曜日）

年齢のせいか朝早く目が覚めるようになった。手洗いに立つと、今朝は朝から雨がひどい。散歩に行くのはあきらめ、朝寝を楽しむことにして、もう一度寝床に入ったのだが、これが悪かった。ひどい夢を見た。

夢の中で私は出張に行っている。晩に関係者の会食の約束があり、出張中なのになぜかTシャツ・短パン姿の私は、会食の前に着替えのためにホテルに寄る。ところが、ホテルの入り口がわからない。会食の時刻が迫るので、大きなホテルの周りを、小走りで入り口を探し回る。何周も回って、汗だくになってようやくホテルに入るのだが、どうも様子が違う。チェックインした棟とは別の棟なのか。まごついていると、いかにも高級ホテル従業員然とした格調高い制服姿の女性従業員が案内してくれると言う。

彼女の後についていくと、エレベーターで昇って降りて、階段を上がったり下りたりしているうちに、いつのまにか大衆旅館風の景色になっている。建て増しを続けた一昔前の温泉旅館のような狭い廊下になり、入り組んだ廊下の果てに、ベニア張りのドアがあって、そこが私の部屋だという。振り返った彼女を見るといつのまにか薄汚れたエプロン姿で、ぼさぼさの髪には白髪が目立つ。擦り切れた畳のがらんとした部屋に入るとボストンバッグがある。その中に着替えが入っており、ワイシャツを取り出して着替える。ところが、ワイシャツに着替えたはずなのに何故か古ぼけたアロハシャツ姿だ。慌てて着替えるのだが、次は擦り切れたセーター姿。一層慌てて着替えると、今度は知らない人の名札のついた中学校のトレーニングウエア。次はまたアロハシャツ。…やっとの思いでワイシャツに着替えて、次はズボンと上着と気がせくのだが、これが見つからない。部屋中探して回る。再び汗だくになって、破れ襖を開けて回り、押入れの奥を探すとうっすら埃を被ったスーツが見つかった。あわててスーツを着込んだはずなのだが、年代物の鏡に映っているのは漁師の着るような上下つなぎの雨合羽姿である。雨合羽を脱ごうともがいていると、いつの間にか周囲に、ワイヤレスイヤフォンを耳に突っ込んだ黒スーツ白シャツ黒マスクの若い男が大勢いる。出張の同行者らしいのだが、それにしてはガラが悪い。手伝いもしないで「おじさん、何やってんだよ。早くしろ」「約束の時間過ぎてるぞ。相手さんが待ってるぜ」「そんな服で他人様に会えると思っているのかよ。偉そうにするんじゃねえよ」と急《せき》き立てるものだから、ゴム引きの雨合羽に足がもつれて倒れた。そこで場面が飛んだ。

次の場面は、立食パーティーだ。髪を後ろになでつけて顎髭を生やし、妙に派手な服を着た年齢不詳の紳士と、名刺交換しようとしているところだった。名刺入れから名刺を取り出したら、今、顎髭氏からもらった名刺だ。慌てて次を取り出したらこれまた別の人の名刺。その次もその次もそのまた次も他人様の名刺だ。手帳に名刺が何枚か入れてあったはずと、内ポケットを探るが手帳が出てこない。探っても探っても出てこない。いつの間にか周囲にドレス姿で濃いサングラスとマスクをかけた女性たちがいて、私の方を向いて「あの人呆けてるんじゃない」「名刺もらって自分は出さないなんて失礼よね」「だからじじいは嫌だ」と勝手なことを言っている。ようやく反対側の内ポケットから手帳を取り出すのだが、手帳のカバーに挟んであった名刺が引っ掛かって出てこない。周囲を取り巻く女たちが罵《ののし》る高声が耳を聾《ろう》する。ようやくにして出てきた名刺はレストランのハウスカードだ。その下の名刺はセールスマンの顔写真入りの名刺。次は歯医者の診療券。その次にやっと自分の名刺が出てきたのだが、なんと四半世紀前に地方勤務していた時の名刺だ。で、ついに今の自分の名刺が出てこないまま目が覚めた。汗びっしょりだ。何とももどかしく、苛立つ夢だった。

こういう夢を見るということは、自分には隠れた癇性があって日常これを抑圧しているということかと思ってみたりする。先日読んだ本の影響かな。『人生に効く漱石の言葉』（木原武一著 新潮選書、２００９年）という本である。「心」の一節が引用されていた。主人公の「先生」が「本当を言うと、私は精神的に癇性なんです。それで始終苦しいんです。考えると実に馬鹿々々しい性分だ」と言って笑う場面だ。私も精神的癇性なのかなぁ。

しかし同書の著者が指摘するように、「心」では「先生」の「精神的に癇性」について、当初は「俗にいう神経質という意味か、または倫理的に潔癖という意味か、私にはわからなかった」が、物語の展開とともに後者であることがわかる。私の夢のイライラとは、ちょっと違うようだ。そもそも「先生」は、異常なまでの清潔好きで、食卓にはいつも洗濯したての真っ白なテーブルクロスを敷く人物である。テーブルクロス代わりに新聞紙を広げてその上で飯を食い、食べ終わると食べかすごと丸めて捨てる私と、共通点はなさそうだ。

まぁ夢の内容をあれこれ考えても、文字通り夢物語を論ずるのであるから所詮は雲をつかむような話。とはいえ、あの着替えができない苛立ちや、名刺が出てこないもどかしさは、何か爆発できない癇癪をこらえていることに由来するのではなかろうか。同書には、漱石が、夕飯の折に子供が歌をうたったのがうるさいとお膳をひっくり返して書斎に入ってしまう話が出てくる。御多分に漏れず私も家の中で苛《いら》っとすることは少なくないが、あの不快な夢は、見知らぬおかしな登場人物がいろいろ出てくるところからすると、家庭内由来だけではないような気がする。節度を失いタガが外れかかった時世時節を憂い、自らの無力を嘆いての苛立ちの産物と解しておこう。馬齢を重ね齢《よわい》還暦を疾《と》うに超えた私でさえ嫌な夢を見るほどなのであるから、財政をはじめ社会の各種負担先送りの付け回しを受ける若い世代の苛立ちはいかばかりかと思う。

待て。危うい、危うい。夢物語で時世を論じてしまうところだった。夢物語は気をつけないとひどい目に遭う。『戊戌《ほじゅつ》夢物語』で幕政を批判した高野長英は蛮社の獄で永牢に処された。その後牢屋敷の火災切放《きりはなち》に乗じて脱牢逃亡して伊予宇和島藩に匿われ、蘭書を翻訳したり兵制洋式化を助言したりした。やがて硝酸で顔を焼いて人相を変え、江戸に潜伏して町医者を営んだが、脱獄の数年後幕府の捕吏に襲われ自殺した。…幕末の先覚者の偉大な著作を私如きのつまらん夢に絡めて茶化すとは慎みのないことであると反省する。

閑話休題。昔の人は「夢は五臓の疲れ」と言った。落語の「鼠穴」は、土蔵に鼠の開けた穴があるのを気にして、火事でもあったらその穴から土蔵の中に火が回って大変だと心配するあまり、その晩火事で土蔵が焼けて財産を失う夢を見るという噺だ。落ちは「夢は土蔵（五臓）の疲れだ」となる。私の夢も五臓の疲れであったのかもしれない。

五臓六腑の疲れを取るには、睡眠と栄養が大切である。ひどい夢だったが、睡眠時間は十分だ。栄養をしっかり取るために、まずは今晩の献立を決めて買い物に行こう。

そういえば、先日テレビでワシントンの官庁街に並ぶフードカーの話題が出ていた。調理用に改造したバンの中で昼食用の弁当を調理して売るのである。コロナ以前の映像ではあるが、人気店は行列が出来ていて飛ぶように売れている。その中のペルー料理の弁当がうまそうだった。１㎝角５㎝長ぐらいに切った牛肉を唐辛子と炒めて、玉ネギとトマトを加え、醬油とワインビネガーと生ライムジュースで味付けする。それをライスとフライドポテトを盛った容器にどっと載せて完成。ロモ・サルタードというやつか。なぜ醤油なのだろうと思うが、屋台の主人曰く、フュージョン（融合）こそペルー料理とのこと。19世紀にプランテーション農園に広東省から送り込まれた苦力《クーリー》たちがペリーに醤油を持ち込んだと言われる。牛肉をアンデス原産のトマトと中央アジア原産の玉葱とともに、インド原産の胡椒と中南米原産の唐辛子と地中海原産のクミンシードで風味をつけて炒め、中国由来の醤油と東南アジア原産のライムで味付けするのであるから、まさにフュージョンである。

牛肉とトマトとはいかにも栄養がつきそうだ。私も私流のフュージョン炒めを作ることにして、牛肉とトマトを買いに行くことにしよう。できることならペルーの葡萄の蒸留酒ピスコも買って、ジンジャーエール割りにしてチルカーノ（モスコミュールのペルー版？）というカクテルにしたいものだが、近所のスーパーにそこまでの品ぞろえを求めるのは無理というものだろうな。焼酎をジンジャーエール割りにしてレモンを浮かべてペルーの気分を味わうことにしよう。

『牛肉の和風フュージョン炒めのレシピ（4人分）』

〈材　料〉

輸入牛ロース（肩肉などでもいいが、バラは脂が多いので不向き）厚めのスライス5～600g（食べやすい大きさに切る）、玉葱中1個（5㎜幅に櫛切り）、トマト中1個（8等分）、クミンシード（粉末）、鷹の爪2本（種を抜き、適当にちぎる）

【合わせ調味料】市販のポン酢、醤油各大匙2、豆板醤、酒、レモン果汁各大匙1、おろしにんにく、おろし生姜、オイスターソース各小匙1

〈作り方〉

① 牛肉に、胡椒とクミンシードを振る。

② フライパンにサラダ油大匙2をひき、鷹の爪を入れ強火で牛肉をほぐしながら2分ほど炒める。肉の色が変わったら、玉葱を加えて1分炒め、トマトを加えてさらに1分炒める。

③ 合わせ調味料を振り、大きく混ぜながら1分炒めたら、味見をし、味が薄ければポン酢と醤油で調整して完成。

その40

日本陸軍の終戦工作に日本型組織の意思決定の難しさを知る

8月△日（夏休み）

昨晩夜更かししたので、目が覚めたらもう9時だ。急ぎ朝飯を済ませて、デパートの地下の食品売り場に出かける。今年の夏は自粛で楽しみが少ない。せめてたまにはおいしい食材を仕入れよう。精肉売り場で和牛のステーキ肉に心惹かれたが、やはり貧乏性なのだろうか、結局買ったのはハムの切り落としだけ。鮮魚売り場で、間八《かんぱち》のサクを1本買ったものの、あとは貧乏性を遺憾なく発揮して鰯《いわし》4尾と鯵《あじ》2尾。野菜売り場でちょっと奮発しておいしそうな枝豆とトマトとほうれん草とみつ葉。それ以外は香辛料をいくつかと、豆腐。とはいえ、せっかくだからと一回りするうちに、和菓子店で水ようかんと最中を買い、パン屋でもいろいろ買って、さらにチーズ屋でも買ったりしたものだから、結局は、かなり散財してしまった。

今晩の献立は、間八の刺身と鰯の塩焼き、そして鯵をなめろうにしよう。なめろうは、房総の郷土料理だ。漁船の上で鯵を包丁で細かくたたき、味噌で味付けしたのが発祥と言われている。船上なので醤油だとこぼれてしまうから、味噌にしたとか。

帰宅して、買ってきたハムとパンを食べ、早速に鯵の下準備にとりかかる。鰯も内臓をぬいてから焼いたほうがきれいに焼けるので、あわせて下準備する。

鯵について、近時スーパーマーケットの売り場では、加熱して調理するよう表示されていることが多い。寄

生虫アニサキスによる食中毒を懸念しているのだろう。アニサキスの成虫は鯨《くじら》の腸内に生息するが、卵は排泄物とともに海中へ放出され、孵化して、オキアミに寄生する。オキアミを食べた魚の内臓内でさらに生育し、最終宿主である鯨がその魚を捕食すると、鯨の腸内で成虫になるのだ。

アニサキス幼虫が寄生している生鮮魚介類を生で食べると、同幼虫が胃壁や腸壁に侵入して激しい腹痛を招く危険がある。同幼虫が侵入となると内視鏡手術で幼虫を摘出しなければならない。私の友人の一人は自家製の締め鯖《さば》で内視鏡のお世話になり、別の一人は烏賊《いか》の刺身で二度もあたった。アニサキス幼虫は、鯖、烏賊以外にも鰺を含め秋刀魚《さんま》、鰯、鮃《ひらめ》、鮭、鰹等の海産魚介類の内臓に幅広く寄生する。宿主が生きている間は内臓に寄生しているのだが、漁獲後鮮度が低下するにつれ、内臓から肉の部分に侵入する。だから内臓を食べなくとも被害に遭うのだ。鯖は内蔵の鮮度の劣化が早いので、特に要注意である。鰺にしても生食する場合は、まず鮮度の高い魚を買い、かつ早めに内臓を取り除くことが重要である。

因みに酢や醤油ではアニサキス幼虫は死なない。前述の知人の締め鯖の例にも見るとおりである。正露丸が効くという話を聞いたことがあるが、刺身のクレオソート和えは食べる気がしない。同幼虫は、加熱すれば60度1分間で死ぬから、焼いたり煮たりすれば問題ない。マイナス20度以下の冷凍状態では24時間で死ぬそうであるから、北海道で鮭をルイベにして食べるのは理に適っている。飲食店で供される締め鯖や鯖の刺身は、おそらく冷凍方式を活用しているのだと思う。

同幼虫は体長2㎝ほどなので、刺身をなるべく薄く切れば、目視で除去可能であり、また包丁で傷つければ簡単に死ぬ。アニサキス自体には毒素はないため、死んでしまえば口に入っても特に問題はないと言われている。

前置きの話が長くなったが、要するに、鯵も速やかにはらわたを取った上で、なめろうにして包丁で細かく叩けば、生きたアニサキス幼虫を摂取してしまうおそれはまずあるまいということだ。

魚の下準備を済ませたら、横になりたくなった。昨晩、１１時過ぎからネット配信で映画「日本のいちばん長い日」（岡本喜八監督、１９６７年公開、東宝）を観てしまったからなぁ。何しろ１５７分の大作である。何度か観た映画であるが、鈴木貫太郎総理大臣役の笠智衆、阿南惟幾陸軍大臣役の三船敏郎はじめ山村聡、宮口精二、志村喬、加藤武、石山健二郎、島田正吾、藤田進、伊藤雄之助、田崎潤、加東大介など名立たる名優が勢揃いし、叛乱青年将校役にも椎崎中佐に中丸忠雄、畑中少佐に黒沢年男など芸達者な俳優を配しただけあって、見応えがある。天本英世演ずる横浜警備隊長佐々木大尉に至っては怪演とでも評すべきものだ。

内容は、いわゆる宮城《きゅうじょう》事件を描いたもので、昭和２０年８月１４日の晩、ポツダム宣言受諾を阻止しようとした陸軍省軍務局の青年将校達は、近衛第一師団長森赳中将を殺害して偽の師団長命令を発し、近衛歩兵第二連隊を出動させ、皇居や放送会館を占拠した。しかし田中静壱東部軍管区司令官を説得することができず、阿南陸相の自決もあってクーデターは失敗し、翌１５日正午玉音放送を以て終戦を迎えたのである。

因みに「日本のいちばん長い日」には２０１５年公開版（原田眞人監督、松竹）もあるが、やはり５０余年前のものの方がしっくりくる。８頭身体形の最近の俳優が昭和の軍人を演ずるのには、無理があるのかもしれない。

それはともかく眠い。しかし、ここで昼寝をすると今晩寝つけなくなってしまう。アイスコーヒーをがぶ飲みしてから、寝そべって『主戦か講和か　帝国陸軍の秘密終戦工作』（山本智之著、新潮選書、２０１３年）を読む。同書によれば、「（太平洋戦争末期の）日本陸軍は戦争継続一枚岩・一辺倒の組織で、（海軍、宮中、外務省などの）終戦工作派に裏をかかれて、不本意ながら戦争終結に移行した」という一般的理解は必ずしも正確ではなく、陸軍には陸軍なりの終戦工作があり、主体的に戦争終結にむけて動いていた勢力もあった。著者は、参謀本部作戦課を中心とした主戦派と同戦争指導課を中心とした早期講和派が主導権争いを展開する中で、中間派（サイレントマジョリティ）が両者を天秤にかけ、最終的に早期講和派を支持することで戦争終結に移行したと分析する。同書によれば、早期講和派の中心人物である松谷誠戦争指導課長に早期和平の研究を促したのは中間派の杉山元（当時参謀総長）であり、44年6月松谷が東条英機首相兼陸相兼参謀総長に日独の敗勢を前提としたソ連仲介による終戦工作を意見具申して東条の逆鱗に触れ、支那派遣軍に飛ばされたのを、同年11月に陸相秘書官として中央に戻したのも杉山（当時陸相）であった。また、従来主戦派とみなされていた梅津美治郎（44年7月参謀総長就任）が、実体は中間派であり、総長就任以降陸軍の人事を握り、表向き主戦派に味方しつつ、次第に東条人事を覆し、東条系あるいは作戦課系の佐藤賢了軍務局長、真田穣一郎参謀本部第一部長、服部卓四郎同作戦課長等主戦派の中核を陸軍中央から遠ざけたことも指摘している。

「日本のいちばん長い日」の中で陸軍の長老が陸軍の方針として「皇軍ハ飽迄御聖断ニ従ヒ行動ス」と申し合わせる場面があった。梅津参謀総長、第一総軍司令官杉山元帥、第二総軍司令官畑元帥ら長老たちがいずれも淡々と了解する。降伏受け入れなのに実に淡々としている。そうであれば、なぜもっと早く終戦の意思決定ができなかったのだろうか。

軍人である以上停戦の命令がない限り戦い続けるが、ひとたび大元帥陛下の御聖断が下った以上承詔必謹が当然であるという単純な話ではなかったはずだと思う。陸軍省、参謀本部の要職を歴任した長老たちであるから、帝国憲法下、統帥権は独立しており、本土決戦か降伏かの判断は統帥部抜きには決することができないこと、仮に内閣で決しようとしても陸軍大臣が辞職すれば、軍部大臣現役武官制がある以上簡単に倒閣に追い込めることは十分知悉《ちしつ》しており、我が国として終戦の意思決定は、陸軍が敗戦を受け容れるかどうかにかかっていることはわかっていたはずだ。

このあたりの疑問に、本書は一つの解を示してくれたような気がする。本書によれば、阿南陸相も含めて長老たちは、皆中間派だったのだ。筆者が思うに、サイレントマジョリティだった彼らが、既に敗戦必至であることは理解しつつ、積極的に戦争終結を言うことはできなかったのは、単純な保身とか、プライドとか、一時は与した主戦派への遠慮ということだけによるものではあるまい。本土決戦もなく降伏したのでは戦場に散った多くの英霊に申し訳ないという気持ちもあったろうし、国体の護持に不安もあったろう。そして何よりも、かつて2・26事件で皇軍相撃の恐怖を実感した陸軍の最高幹部たる彼らとしては、主戦派を抑えることができなければ内乱を招きかねないという懸念が大きかったであろう。だから、主戦派抑え込みの見通しが立った時点で、淡々と了解できたのであろう。

前記映画を観て、もう一つ筆者が疑問に思ったのは、宮城事件の首謀者が陸軍省軍務局の中・少佐たちであって、参謀本部の将校ではなかったということだ。陸軍の政治や各省との接点である軍務局は、開戦前、武藤章局長以下対米避戦派が大勢で、参謀本部の田中新一作戦部長、服部作戦課長等主戦派と対立していたことに照らすと違和感があった。これについて本書は、軍務局軍事課員たちは職務上ポツダム宣言受け容れをめぐる経緯に深く接する立場にあり、国体の護持により大きな不安を抱いていたという見方をしている。これに加えて、本書の指摘する梅津の人事的統制が、陸軍省にはその膝元の参謀本部ほど徹底していなかったということかもしれないと思う。

著者は、本書の終章で「（陸軍は）主戦派・早期講和派・中間派と派閥が分かれたために統一した見解をとれず、人事的に主戦派を排除するのに多くの時間が費やされ、戦争の終結が遅れたのである。組織のコンセンサスを得るのに、必要以上に時間を食うのは、今に通じる、日本の組織の問題点ともいえよう」と指摘している。私には、著者の言う「陸軍の派閥構造の複雑さ」が終戦の意思決定の遅れの原因なのかどうかはわからないが、上意下達を旨とする組織である軍にあってさえ、慎重な手順を踏んだコンセンサス形成を経てなければ方針決定できなかったということは、日本型大組織の特質として銘記すべきであろう。同時に、戦時下の軍内において、松谷のように上司の意向に反する早期和平の意見具申をする余地があったのも「派閥構造の複雑さ」の故かもしれない。ヒトラーのドイツやスターリンのソ連で、このような意見具申をすれば、粛清は免れ得なかったであろう。いずれにせよ、組織の構成員が最善と考える意見を腹蔵なく表明し、指導部がそれを踏まえて適切な方針を、機を失することなく決定することは難事である。日本型大組織の場合、一番の問題は、サイレントマジョリティが意見を「腹蔵なく」表明するまでに時間がかかりすぎることのように思う。

読み終えたら夕方だ。起き上がって台所に立つ。枝豆を茹でて塩を振り、ほうれん草も茹でておひたしにする。鯵の中骨と昆布とみつ葉で吸い物を作り、鰯をロースターに入れて焼く準備ができたら、間八のサクを引き造りにする。そしていよいよ鯵のなめろうに取り掛かる。味噌は少なめにして梅干の果肉を加えて入念に叩いて粘りが出たら出来上がり。最後に水切りした豆腐を冷奴にして、さあ夕食だ。先ずはビールだ。我が家にしてはあっさりした夕食だが、なかなか美味。ついつい飯を丼に2杯食べてしまった。食べすぎ批判が出そうだ。食後に水羊羹と最中の両方を食することができれば大いに幸せなのであるが…。

『なめろう梅干風味のレシピ（4人分）』

〈材料〉

鯵小ぶりのものなら2~3尾、梅干1／2個（塩分控えめのものなら1個）、味噌小匙2、薬味［大葉4枚、長葱5㎝、みょうが1個、生姜3㎝大（いずれもみじん切り）］

〈作り方〉

① 鯵を3枚におろす。身の部分の腹骨をすきとり、皮をはぎ、身を薄く切る。
② 梅干の果肉、味噌、薬味を加え、包丁でたたく。
③ 十分たたいて、滑らかになって粘りが出たら出来上がり。味が薄ければ醤油を加える。

その41

股旅作家 長谷川伸に純乎たる日本人の生き方を見る

9月△日（日曜日）

今年の夏は暑い日が続いた。コロナもあって出かけるのは億劫だから、週末も家から出ずにごろごろして過ごす日が多かった。9月になっても暑いので、今日は買い物を断念して、食事は冷蔵庫になるもので済ますことにする。鶏肉ときゃべつがあるから、今晩は鶏《けい》ちゃん焼きにしよう。鶏ちゃん焼きとは、岐阜県の郷土料理というか典型的B級グルメで、鶏肉ときゃべつなどの大衆的な野菜を味噌や醤油ベースの甘辛いタレで焼いたもので、専門店では鉄板やジンギスカン鍋で焼く。ビールにやたらよく合うが、飯の菜としても優れもので、ご飯が猛烈に進む結構な料理である。今晩は、ホットプレートでたっぷり作って、単品メニューで手抜きすることにしよう。

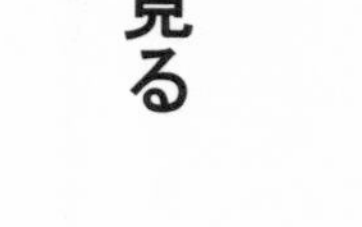

ごろごろ生活の料理と食事以外の時間は、寝転んでネット配信の映画を観るか、本を読むかしかないのだが、面白い映画や興味深い本にはなかなか当たらない。昨晩読んだ『義理と人情』（山折哲雄著　新潮選書　2011年）はよかった。尊敬する先輩から薦められた、京都在住の評論家による長谷川伸論である。

長谷川伸は、明治17年生まれ。本書によれば、父の放蕩が原因で幼くして母親と生き別れ、小学校も卒業せずに、父親が営んでいた土木請負業の世界に入り、さまざまな職業遍歴の末、作家となった。彼が子どものころ、父のところに妊娠した女を連れた土工が出入りしていた。その女は土工の友人の女房だったが、その友人が死ぬとき、「女房と腹の子の面倒をみてくれ」と頼まれ、その約を守って生活を共にしていたのだが、女との間はきれいなままだった。その見聞がもとになって、名作戯曲「沓掛時次郎」が出来上がったのだという。

旅のやくざ時次郎は、一宿一飯の義理で何の恨みもない六ツ田の三蔵と刃を交え、これを倒す。いまわのきわの三蔵に頼まれた時次郎は、三蔵の女房おきぬと息子の太郎吉を連れて旅に出る。やくざの足を洗おうとしている時次郎だったが、三蔵の子を宿しているおきぬの出産費用を稼ぐため、背に腹は代えられずやくざの喧嘩の助っ人に出る。時次郎の活躍で喧嘩には勝ったが、日当を手に時次郎が宿に戻ると、おきぬは難産で赤ん坊とともに死んでいた。時次郎は太郎吉と二人骨箱を抱えて旅立つ。私の大好きな作品である。

本書によれば、長谷川伸の戯曲でもっとも上演回数の多いのは「瞼の母」（二幕六場　昭和5年）である。江州番場宿の旅籠の伜忠太郎は、父の身持ちが悪く5歳の時に母と生き別れ、ぐれてやくざ渡世の中、母おはまを探し求めて江戸に出る。料理茶屋水熊の女将におさまっているおはまを探し当てて名乗って出るが、やくざの兄がいては娘お登世《とせ》の将来に傷がつくと懼《おそ》れるおはまは、息子は九つで死んだと言ってきかない。落胆して出て行った忠太郎と入れ違いに戻ってきたお登世に説得され、おはまは後悔する。一方、おはまに恩を売って店を牛耳ろうとするやくざの金五郎は、忠太郎を斬ろうと浪人の鳥羽田を連れて忠太郎を追う。それを知ったおはま親子も追いかける。夜明けの荒川堤、忠太郎は鳥羽田を斬り倒す。おはまとお登世が忠太郎の名を呼びながら探すが、忠太郎は返事をしない。二人があきらめて去ったあと忠太郎は反対方向に歩き出して独り言《ご》つ。「俺あ、こう上下の瞼を合せ、じいッと考えてりゃあ、逢わねえ昔のおッかさんのおもかげが出てくるんだ――それでいいんだ。逢いたくなったら俺あ、眼をつぶろうよ。」

本書によれば、この「瞼の母」が機縁になって、長谷川伸は生母三谷かうと47年ぶりの再会を果たした。

三谷家の長男、すなわち長谷川の義弟 隆正は当時一校教授、次男 孝信は外務省人事課長の職にあった。異父妹 妙子は三校教授 山谷省吾に嫁しており、次の妹 田鶴子の夫はのちに東京府知事を務めた川西実三であった。股旅物作家と評されていた長谷川伸と、当時最高のエリートコースを進む三谷家の両者にとって、こうした状況は、再会に踏み切るかどうか逡巡させるものだったろうが、本書によれば、この迷いは「杞憂に終わった。長谷川伸の人柄が三谷家の人々の心をうち、異父弟たちもまたかれを暖かく迎え入れたからだった」。

本書は、文学界、映画界、演劇界に長谷川伸を追慕する人々が多いことを指摘し、門下生の一人である棟田博（作家、代表作「拝啓天皇陛下様」）のエピソードを紹介する。昭和13年棟田が歩兵伍長として中国の戦場にいた折、決死隊任務を命ぜられ、訣別の手紙を2通出すことを許されたとき、彼は迷わず母と長谷川伸に出した。長谷川とは、心の師と慕いつつも文通だけで未見の間柄であった。棟田は負傷して内地送還後、ようやく師との出会いがかなう。そのときは、「とても上機嫌」の先生の姿に接しただけであったが、後日他人から、長谷川伸は棟田の訣別の手紙をシャツの下に入れ、肌身放さず身に着けていたことを知らされた。棟田の言うように、長谷川は「純乎たる日本人の生き方」を、身をもって垂範する人であったのだろう。いや、垂範などという意識はなかったのではないかと思う。

本書の終章に、長谷川伸が死の4日前に病床で口述した「絶筆」が紹介されている。その末尾に「埋もれた人々をほりだしたい。誤解された人物を正しく見たい。…じっくり想を練り、人々の魂に何かを与える紙碑を残したいと思います。」とある。驕りもなければ気取りもない。嫌味も臭味もない。枯れてもいない。すごい人だ。亡くなる数日前にこんなことを言い残せる人になりたいと思う。もちろんなれるはずもないことはよくわかっているのだが。

十数年前、新入職員数名を連れて花見に出かけたことがあった。その折に、浅野内匠頭の辞世の句の話がきっかけで、酒の勢いから、止せばいいのに「日本人のこころは忠臣蔵と長谷川伸の戯曲にあるんだ」と演説してしまった。ところが、皆「沓掛時次郎」、「一本刀土俵入り」は勿論「瞼の母」さえ知らないという。忠臣蔵を知らない者もいた。がっかりして、「ちくま文庫に長谷川伸の戯曲がまとめられたのがあったから、機会あれば読むといいよ」と偉そうに言って、その場は終わったのだが、中にはまじめな若者がいて、後日「先輩のおっしゃっていたちくま文庫を調べたのですが、『瞼の母・沓掛時次郎』は絶版です」と教えてくれた。長谷川伸の創始した新鷹会という勉強会に集った山手樹一郎、山岡荘八、村上元三、平岩弓枝、池波正太郎などの文庫本は書店の書架にたくさん並んでいるのに、彼らの師匠格であり、一頭抜きんでた作家だと思う長谷川伸の本が一冊もないのは、時世とはいえ寂しいことである。

私が最初に読んだ長谷川伸の作品は「佐幕派史談」だった。当時高校生か大学生だった私は、周囲の大人たちの話から、長谷川伸という人はいわゆる股旅物の作家とされていてその戯曲は専ら大衆演劇で演じられているということを知っていた。生意気盛りの年頃の私は、股旅物とか大衆演劇とかいうものを、食わず嫌いのまま低く見ており、その思い込みと、まさしく紙碑と評されるべき「佐幕派史談」の内容が、どうしても一致しなかったことを覚えている。長谷川伸は股旅物で成功したが、後半生は歴史物に注力した。昭和17年に「佐幕派史談」、18年に「相楽総三とその同志」、30年に「日本捕虜志」、38年に「日本敵討ち異相」を著している。彼の歴史物には「誤解された人物を正しく見たい」という姿勢が貫かれている。誤解され歴史に埋もれた人達への「紙の記念碑」であり、「文筆の香華」なのである。

その後私も年齢を重ねるにつれ、長谷川伸の股旅物の戯曲の魅力がわかるようになってきた。本書にも取り挙げられる『長谷川伸論』（佐藤忠男著　中央公論社　2004年）の中で、佐藤は「近代日本の作家で、長谷川伸くらい、すぐれて倫理的な作品を書いた人はそうざらにいない」、「貧しさゆえにぐれて放浪している点では社会の被害者」である主人公のやくざが「やくざ社会の掟に殉じて何かやると、きっと『沓掛時次郎』の未亡人と子供のように、自分などよりもっとかわいそうな人間を、もっともっとかわいそうな境遇につきおとす結果になる。長谷川伸のヒーローはそれをいつも、己の原罪としてとして背負うのである」と指摘している。そして、長谷川伸と「沓掛時次郎」を映画化した監督である加藤泰に関して、「長谷川伸＝加藤泰の世界では…すべての男は、すべての女に負い目があり、すべてのやくざは、すべての堅気の衆に負い目があり、すべての大人は、すべての子どもに負い目がある。ただ、それを自覚するかどうかが、良い人間と悪い人間との違い」であると論じている。

本書の著者 山折は「任侠道、町人道、武士道をつらぬいて変わらぬ主題とは…日本人のヒューマニズムの原形質」であるとし、「それが弱者への無限の負い目を担いつづける心的傾向性」であるとしている。その原罪と負い目の意識は含羞といぅメンタリティーと密接不可分のものであったろう。

著者の思いを私なりに受け止めて、言わずもがなのことを言えば、含羞という言葉が死語になりつつある現在、世の中から負い目という観念が消え、臆面もない権利主張や外罰的な責任追及が溢れているのを見ると、今や我々は「純乎たる日本人の生き方」を喪失しつつあるのではないかと思う。因みに、本書の副題は「長谷川伸と日本人のこころ」とある。まさに然り。

『鶏《けい》ちゃん焼きのレシピ（4人分）』

〈材　料〉

鶏もも肉2枚（皮を外し一口大に切る）、**玉葱中1個**（縦半分に切ってから櫛切り）、**人参中半本**（皮をむき拍子木に切る）、**きゃべつ1／4**（食べやすい大きさに切る）、**椎茸4個**（石突を取り、縦に4等分）

［合わせ調味料］味噌（赤味噌がよい）**大匙4、醤油大匙1、酒100cc、砂糖大匙1、おろし生姜大匙1、おろしにんにく大匙1、一味唐辛子小匙1**

〈作り方〉

① 鶏肉を合わせ調味料に漬けておく。

② ホットプレートを熱し、鶏皮を焼いて脂を出す。皮がきつね色になったら取り出す。（鶏ちゃん焼きでは、ホットプレートに蓋をしない方がよい。具から水分が出て水っぽくなるからである。ホットプレートの火力が不十分で蓋をしないと火が通らない時も、蓋をずらして水分を飛ばすようにすることをお勧めする。）

③ 鶏肉を合わせ調味料から取り出して焼く。（調味料は取っておく。）

④ 2分ほどしたら玉葱、にんじん、椎茸を加え、よく混ぜてから蓋をして2分焼く。

⑤ 2分ほどしたらキャベツを加え、残った調味料を加えて3～4分焼き、よく混ぜ、全体に火が通っていれば完成。好みで七味や粉山椒を振って食す。

＊ もやしや長葱、えのき茸などを入れてもよい。鶏レバーなどを入れてもうまい。上記では、家の者が鶏皮を好まないので皮を外したが、もちろん外さなくてもいい。

＊ 鶏ちゃん焼きの名称の由来は、豚肉の内臓料理である「とんちゃん」をもじったとする説が有力なようである。

その42

官能的な恋愛小説の中に演技しなければ生きられない社会の恐ろしさを思う

11月△日（三連休の中日）

今日は三連休の中日だが、何の予定もないので、朝起きると取り敢えず散歩に出た。歩きながら、先日尊敬する先輩とお話した折に「インターネット社会は人間を馬鹿にする」とおっしゃっていたことを思い出す。会食の席でもあり、すぐ次の話題に移ったので、その具体的な意味をおたずねする機会がなかった。

あれこれ考えてみると、インターネットの利便性が人間をお手軽志向にしていくということかと思う。何かを知りたいときに、スマートフォンをちょっと触れれば、簡単に検索出来てそれなりのことがすぐにわかる。まことにお手軽であるが、ちらっと見てわかった気になってしまう。その結果、わかりやすさが正確さや意味の深さよりも重視され、「キャッチーなフレーズ」とやらがやたらに評価されるようになる。これがワンフレーズポリティックスやシングルイシューポリティクスと言われる傾向につながっていくのかもしれない。

インターネットの大きな意義は、誰でもが簡単に情報や意見を発信できるということだ。しかし、ネット上に発信される情報には、失礼ながら愚にもつかない内容のものも多い。それどころか、真偽のほどが定かでない情報をリツイートする人もいれば、他者を誹謗中傷したりする人もいる。匿名発信の気楽さが無責任につながるわけだ。

先輩がおっしゃったのは、インターネットの手軽さ、気軽さの問題点だったのか。…生意気なことをぶつぶつ言っているうちに自宅の前に着いた。インターネットの功罪はともかく、私自身についていえば、近年本を読まなくなった。老眼が進んだからというのもあるが、かつてならハードカバーの本を開いたであろうちょっとまとまった時間に、ネット配信の映画を見るようになった。偉そうなことを言っても、手軽さには中々勝てない。

先日図書館で、昔読んだモラヴィアの『1934年』（アルベルト・モラヴィア著　千種堅訳　早川書房　1982年）を借りた。しかし、鞄に入れたまま、1頁も読まないうちに返却期限を迎え、むなしくそのまま返したことであった。

散歩から戻って、こんがり焼いた食パンに分厚くバターとブルーベリージャムを塗って、三連目玉焼きと一緒に食べる。もう一枚バターとパイナップルジャムをのせて食べたら、再度モラヴィアにチャレンジしたくなった。図書館に出かけてもう一度『1934年』を借りてきて、寝転んで読み始める。読み飛ばす性格の本ではないので、はじめはなかなか読み進められず1頁ごとに休憩していたのだが、いつの間にか熱中して、午後までかけて読み終えた。

若い頃読んだとき、同書の印象は官能的な恋愛小説だった。あるいは、生きるのに絶望しながら死にたくなくて、絶望をいわば「固定的な」ものにしたいと試みるインテリ青年と、絶望の論理的解決として一緒に自殺する道連れを求める女優を描いた小説だった…。

カプリ島で、ドイツ文学を専攻するイタリア人青年ルーチョは、若いドイツ人の人妻ベアーテと出会う。ナチスの突撃隊の幹部らしい夫と一緒の彼女の緑色の瞳の中には、ルーチョと同じ絶望があった。二人の意思疎通は、劇作家ハインリヒ・フォン・クライストの書簡集を通じて深まってゆく。34歳のクライストは1811年11月ポツダム近郊の湖畔で、がんを患った人妻ヘンリエッテ・フォーゲルとピストル心中した。（二人の関係は自殺の途連れであって、恋人ではなかったとされる。）ベアーテが届けてきた書簡集には栞が挟んであり、その箇所にはヘンリエッテが友人に自殺を予告した有名な手紙があった。（本書をこれから読もうとする方のために、これ以上筋を辿ることはやめておこう。そもそもこの優れた小説を要領よくまとめることなど私の能力を超えることである。）

今この年齢になって『1934年』を読み返してみると、本書は、出版時74歳のモラヴィアが、若い頃からずっと気になっていた情景や人物や時代の空気といったものを、官能的な恋愛小説という形式を用いてまとめたものなのではないかという気がしてならない。そう考えてみると、劇中劇としては長すぎるように感じられる年配のロシア女ソーニャと警察のスパイであるアゼーフとのロシア革命前夜の異様な恋愛譚や、結末寸前のところで展開される美術蒐集家シャピロとの禅問答も納得がいく。エヴノ・アゼーフは実在の反革命スパイであり、警察に内通しつつ社会革命党内に要人暗殺組織を結成し、内務大臣やモスクワ総督セルゲイ大公の暗殺に関わる一方、当局に情報を流し、同志たちを逮捕させた。やがて内通を疑われるが、査問の寸前逃亡し、その後は株の売買で成功するなど波瀾万丈の数奇な一生を送った人物である。シャピロのモデルは、訳者によれば、イタリアルネサンス研究で著名な美術史家であり、モラヴィアにとって懐かしい人でもあるバーナード・ベレンソンとのことである。

おそらくモラヴィアが本書の中でもっとも描きたかった情景は、ヒトラー総統の緊急放送をラジオで聞くために、宿泊先のカプリ島のペンションのサロンに集まったドイツの大学や中学の教員たちを中心とするドイツ人観光客の一団の「演技」振りであったのではないかと思う。第一次大戦で片腕を失った歴史教師が、別の教師と学生決闘（メンズーア・ドイツの学生たちが行う顔を斬りつけて行う決闘。深刻な怪我や死亡に至らぬよう流血の時点で終了となる）の意義について議論し、片腕の教師がこれに否定的な見解を述べて中座すると、皆が、彼が「不健全でデカダンなインテリ」であり、「健全で建設的なドイツ文化」と一致しない旨を言い立てる。自分の内心を偽り、自分の抱くのとは遠い意見を口にして、自らに「インテリ」であるとの批判が及ぶのを防ごうとするのだ。ベアーテもまた絶望から逃れるために、演技し創作する。演技しなければ生きられない社会は恐ろしい。21世紀の現代にあって、そういう国は我が国の周辺にもありそうだし、我が国でも、心にもないことを言わないと吊し上げ同様の目に遭う場面も少なくないように思う。

訳者のあとがきによれば、モラヴィアは一時書名として「絶望と演技」を考えていたという。なお、小説中緊急放送で伝えられる総統への謀反は、「長いナイフの夜事件」であり、ヒトラー、ゲーリングらの指示により、エルンスト・レームら突撃隊幹部、元首相のクルト・フォン・シュライヒャーなど党内外の多くの者が裁判抜きで粛清された。

前述のように私は、モラヴィアの内心における本書の位置づけを、気になっていた情景や人物や時代の空気を恋愛小説というスタイルでまとめたモラヴィア流の覚え書きといったものではないかと、根拠もなく勝手に思い込んでいるのだが、言うまでもなく本書の小説としての芸術的完成度は高い。柄にもなくうっとりした午後を過ごした。

午後遅く読み終えて起き上がると、ビールを飲みたくなった。今夜はビールに合うおかずにしよう。ビールとくれば餃子だが、このところ白ワインにはまっている家人への配慮も重要である。熟慮の上、晩の献立は、前菜としてワインにも合うお洒落系の揚げ餃子を3～4種用意した上で、鶏ささみの中華スープ、メインは安上がりに麻婆豆腐、締めは五目チャーハンにすることにしよう。

いずれもなかなか美味。本書の中で、美しいヒロインが猛烈な食欲で絶望を抑えこもうとする場面がある。主人公の目の前で、スパゲティとスープを二人前、主菜を二人前、デザートを二人前食べる。私は、何かを抑えこむという目的もなく、ただ純粋な食欲から、揚げ餃子と麻婆豆腐と五目チャーハンを各二人前超食べ、食後に草餅と月餅とアイスクリームを食べた。

『揚げ餃子のレシピ（4人分）』

〈材　料〉

餃子の皮30枚ぐらい、揚げ油

具材A：豚挽肉60g、葱5㎝（みじん切り）、生姜2㎝（みじん切り）、セロリの葉数枚（みじん切り）、おろしにんにく小匙1、塩少々、粗挽胡椒少々、花椒少々、一味唐辛子少々、オイスターソース小匙1／2をよく練り、大匙1ずつ餃子の皮に包む。

具材B：鶏ささみ1本（筋を抜き、1㎝大に切る。）、塩少々、柚子胡椒小匙1、酒小匙1を混ぜ、鶏ささみ1片ずつ餃子の皮に包む。

具材C：セロリの茎10㎝（縦に4等分、横に3等分に切る）、ピザ用チーズ、粒マスタード。セロリ2本、チーズ適量、マスタード適量を餃子の皮にのせ、包む。

具材D：バナナ半本（縦に2等分、横に1㎝幅に切る）に、きび砂糖大匙2をまぶし、胡麻油大匙1を加えて軽く和え、大匙1ぐらいずつ餃子の皮に包む。

〈作り方〉

① 160～170度の油で、濃いきつね色になるまで揚げる。（あまり高温にせず中温でじっくり上げる感じ）。

② A、Bは、好みで酢、醤油、ラー油をつけて食べる。Cはそのまま食す。Dはそのまま食すか、好みで塩少々を振り、メープルシロップなどをつけてもうまい。

＊ 餃子の包み方：餃子の餡大匙1ぐらいを餃子の皮の中央にのせる。指に水をつけ、餃子の皮の縁㎝m程を濡らす。餃子の皮を二つ折りにし、軽く押さえて隙間なく圧着してから、1㎝間隔でひだを作り、密着させる。皮に隙間ができると揚げるときに水分が跳ねるので、餡を入れすぎないように気をつける。慣れるまでは具を少なめにするのがよい。

＊ 豚挽肉にせよ、鶏ささみにせよ、餃子に使う量はわずかであるので、冷蔵庫の残り物を活用したり、他のおかずに流用することをお勧めする。今回私の場合、豚挽肉は麻婆豆腐に、鶏ささみは中華スープの具に使った。

その43

5億年間 5回あった生物大量絶滅の歴史に運命論者になりかかる

令和3年1月△日（正月休み）

正月休み。朝食が焼いた餅だけではちと寂しいので、おかず代わりに納豆に卵を落としてよくかき混ぜる。そういえば、若いころよく行った職場の近くの飲み屋の品書きに「納豆」と「黄金納豆」というのがあった。違いは生卵が落としてあるかどうかだけだったのだが、卵入りの黄金納豆にはゴージャス感があったなあ。楽しきわれらが日々を想い出して、思わずコップに日本酒を注いでしまった。黄金納豆を流し込み、かまぼこの残りをつまんで、朝酒とは朝から幸せである。磯辺餅を3つ食べて、黒豆をデザートにすれば大いに満足。なかなか素敵な朝食であった。食後はやることもないので、ほろ酔い気分で、散歩に出かける。

例年と同じく穏やかで静かな正月だが、道行く人がみなマスク姿なのが昨年までと違う。そういえば、昨春新型コロナウィルスが流行し始めたころ、パンデミックの先例として、スペイン風邪のことがしばしばメディアで解説されていた。1918～1919年に流行したスペイン風邪の推定感染者数は、一説には世界全体で数億人、当時の世界人口の3割に上るとされ、推定死者数は数千万人と言われている。折から第一次世界大戦の末期から直後の時期であった。第一次大戦では千数百万人が死亡したとされているが、スペイン風邪の被害はこれをはるかに上回る悲惨なものであった。

人類史上最悪のパンデミックは14世紀のペストの大流行である。一説には当時の世界人口約4億5千万人のうち、約1億人が死亡したとされ、特にヨーロッパでは総人口約8千万人のうち約2500万人が死亡したと言われる。何ともすさまじいものだが、人類史を超えて地球史レベルで言えば、直近5億年間に、地球上の生物が全滅しかかった大量絶滅が5回あったとか。以前読んだ或る会報に載っていた理学博士の講演録に書いてあった。

あてもなくふらふら歩いていると、とりとめもなくいろいろなことを考える。ずいぶん高尚なことを考えていたような気もするのだが、家に帰りついたころには何を考えていたのか大方忘れてしまうのが、何とも情けないところである。とはいえ、今日の散歩の目標8千歩の半分ぐらいこなしたことに満足して家に入る。

一休みすると、昼飯時である。久しぶりにパンを食べたくなって、賞味期限切れの食パンの残り3枚が冷凍庫にコチコチになっていたのを思い出す。ベーコンエッグを焼き、コーヒーを淹れ、パンをトースターに並べる。家の者たちが不精にもカップ麺を食べているのを尻目に、こんがり焼けたトーストに、パンの厚さと同じぐらいたっぷりとバターをのせ、ジャムも同様にたっぷりとのせて食べる。

うまい。ジャムのせバタートーストはかくも美味なるものであったか。糖とでんぷんと脂の組み合わせほど美味いものはない。塩漬け肉と卵と油脂の組み合わせもまた美味。たちまちにしてベーコンエッグとパン3枚を胃に収める。

食後は年賀状に目を通して住所録を整理しなくてはならないのだが、すぐ飽きてしまって寝室に行く。枕元に積み上げた本やら冊子やらをかき回していたら、例の会報が出てきた。講演録を読み返す。（注）学士會会報№.933　海保邦夫氏講演地球誕生は46億年前であり、地球上に生命が発生したのは38億年前らしい。講演録によると、現在の動物の原型になる脊椎動物が現れたのは、5億4000万年前、古生代のカンブリア紀だという。この時期、生物は海の中で進化し、爆発的に生命の多様化が進んだ。いわゆる「カンブリア爆発」である。その後の5億年間に、大量絶滅が5回生じたという。大量絶滅後は、生き残った生物が大進化を遂げた。例えば、初回の大量絶滅後に繁栄した古代魚は2回目の大量絶滅でほぼ絶滅したが、生き残った魚類の一部は両生類に進化して陸上に進出したとのことだ。3回目の大量絶滅後には爬虫類である恐竜が登場し、4回目の大量絶滅後には恐竜が巨大化して大いに栄えたという。5回目の大量絶滅で恐竜が絶滅すると、哺乳類が進化した。現在人間が繁栄を謳歌しているのは、その延長線上ということのようだ。

さてその5回の大量絶滅の原因であるが、4回目までは地球規模の火山活動による環境の大変化によるとするのが通説らしい。他方、6600万年前の5回目の大量絶滅については、講演録によると、小惑星の衝突が原因である。火星と木星の間に存在する数多くの小惑星の中の一つが、長楕円軌道で公転するうちに地球に接近するようになり、やがて激突したのだという。その衝突跡がメキシコのユカタン半島北部にある直径170㎞にも及ぶチクシュルーブ・クレーターである。十数㎞の小惑星が、ユカタン半島のあたりに突っ込んだ時の衝突のエネルギーは、広島に投下された原爆の10億倍以上、生じた津波は高さ約300mであったと、以前何かで読んだ記憶がある。

衝突に伴う熱波は周囲広範囲の生物を死滅させるが、それだけでは大量絶滅には至らない。講演録によれば、6600万年前の衝突は衝突した場所が偶々海岸近くの海中で、有機物がたくさん堆積している地域だった。そのため、衝突のエネルギーで堆積岩中の有機物が高温で燃焼した結果大量の煤が生じた。その煤が成層圏まで舞い上がって地球を覆い、数年間太陽光を遮ったために陸上の気温が十数度低下したらしい。恐竜は、中・高緯度地域では気温低下で絶滅し、赤道付近では気候急変に伴う干ばつで植物が枯れ果てた結果、食物連鎖的に絶滅したという。もし小惑星が海岸近くでないところに衝突したのであれば、有機物の堆積がないので大量の煤の発生はなかっただろうから、地球は寒冷化せず恐竜も絶滅しなかったということになる。大量の煤が生じるような衝突適地？は地球表面の十数％に過ぎないそうだから、恐竜にとっては当たり所が悪かったということになるし、我々哺乳類にとっては幸運だったということであろう。

幸運なる哺乳類にしても、今後のことはわからない。突然もう一度大隕石が衝突するかもしれないし、火山活動が急に地球規模で増進して地球環境が激変するかもしれない。何らかの原因で酸素濃度が急減するかもしれないし、オゾン層が大きく破壊されて、地表に到達する有害な紫外線が激増するかもしれない。

地球史レベルで言えば、絶滅するのも運、繁栄するのも運ということか。何事も運という考え方は、中高年のおじさんには妙にしっくりくるが、やはり少々切なくもあるし、何やら物悲しくもある。地球史レベルの運には抗えないとしても、少しは夢も見たいし、夢を追いかけていささかの努力もしてみたい。とは思うが、夢見る頃はとうに過ぎて、努力を続ける気力もすでに尽きつつある。せめて、小惑星衝突のおかげで繁栄した我々人間の所為で地球環境が壊れないよう気をつけたいものだ。暖房を控えるため体が温まる料理を食べ、食材ロスを避けるために冷蔵庫の残り物から食べよう…。

地球史だ大量絶滅だと身の丈に合わないレベルの話に思いを巡らすうちに、そろそろ夕方近い。さて、晩飯をどうするか。冷蔵庫には、年末に買った安牛肉のスライスがある。すき焼きにするか。それともプルコギか。何となくそういう気分じゃないし、生憎と冷蔵庫に豆腐はないし、野菜も玉葱とセロリしかない。買い物に行けばいいのだが、出かけるのが面倒になってきた。散歩の残り半分のことは、都合よく忘れてしまった。まあ、今晩のところは安直にカレーにするか。カレーが食べたくなるのも正月らしいと言えば正月らしいかもしれない。

安牛肉と玉葱とセロリだけのカレーは予想外に美味。たっぷり入れたカレー粉の香りにセロリの風味も溶け合って食欲をそそる。隠し味のコーラがよかったのかもしれない。

カレー粉中の芳香と苦みの成分クミンは消化促進と整腸の薬効があり、黄色成分ターメリックはウコンの一種で胃の機能を高め肝臓にもいい。その他コリアンダー、チリ、フェヌグリークなどにも色々な薬効があるという。加えて生姜もたっぷりすりおろして入れたから、寝正月の食い過ぎで疲れた内臓によろしかろうと、大汗をかきながらついついお代わりを重ねてしまった。いくら薬効がある香辛料が豊富に入っているからといっても、こんなに食べては我が体重の持続可能性を損なう。と、わかっちゃいるけどやめられない。これはカレーの食欲増進効果によるものだろうか。つい口に出してしまった。当然、家の者から単なる責任転嫁であるとの指摘を受けた。ごもっとも。

恐竜は十分なエサがあれば生きている限り成長を続けると、聞いたことがある。中高年男子も食べ続けると体重が増加し、腹囲が伸長する。しかし、それはメタボリックシンドロームとか肥満症と呼ばれる。誰も成長とは言わないようだ。

『玉葱とセロリの安直カレーのレシピ（4人分）』

〈材　料〉

安い牛肉のスライス（豚肉でもいいし、挽肉でもいい）5～600g、玉葱中2個、セロリ1本、カレー粉大匙6、おろし生姜大匙2、薄力粉大匙3、一味唐辛子、固形ブイヨン2個、ワイン（赤白どちらでもよい）200cc、コーラ200cc

〈作り方〉

① 肉を一口大に切り、軽く塩胡椒する。もしあれば、オールスパイスを振る。フライパンにサラダ油大匙2～3をひき、肉を中火できつね色になるまで炒める。

② 鍋に湯500ccを沸かし、肉を投入する。ワインを加え、蓋をして30～40分煮る。

③ 灰汁を取り、ブイヨンとコーラを加え、20分ほど煮る。

④ この間に、まず玉葱とセロリの茎の部分を粗みじんに刻む。セロリの葉は細かくみじん切りにする。

⑤ 玉葱を、先ほどのフライパンにサラダ油大匙1を追加してから、弱火で20分ほど炒め、きつね色になったらセロリの茎のみじん切りを加え、5分ほど炒める。

⑥ 弱火のまま薄力粉を加え、焦がさないように木べらでよく混ぜながら5分ほど炒める。火を止めてからカレー粉と一味唐辛子小匙1（辛いのが嫌いな向きは省略）を加え、よく混ぜる。

⑦ ⑥を③の鍋に投入し、弱火で混ぜながら5分ほど煮る。とろみがついてきたら、おろし生姜、セロリの葉を入れ、塩、醤油で味を調えたら完成。

＊ カレー粉を増やすほど風味は増すが、苦くなる。苦いのが苦手な人は、カレー粉を控えめにしてローレルや粉末のカルダモンを加えると、苦みを抑えて風味を増すことができる。

＊ セロリが手元にない時は、セロリの風味は得られないが、玉葱を多めに使う手もある。人参でもよい。

その44

ふっくらした牡蠣の妙なる味わいに鏡花文学の阿片的快楽を思う

2月△日（土曜日）

先日昼に職場の近くを散歩していたら、とあるビルの前庭に紅梅が咲いていた。赤い梅の花を見ると「梅に鶯《うぐいす》、藤不如帰《ほととぎす》」とつい口に出るのは、若いころ花札に凝った後遺症だろうか。鶯の実物はついぞ見たことはないが、和菓子の鶯餅の色と同じだとすると紅梅色とは似合いそうだ。加齢のせいか最近覚えたことはすぐ忘れるが、昔覚えたことは意外に忘れていない。「木の花は、濃きも薄きも紅梅」と紅梅を誉めたのは清少納言だったな。今朝は、これまた加齢のせいか早くに目が覚めたので、自宅からちょっと離れた神社まで散歩に出かけた。曲がりくねった小道を歩いていくと、道沿いのお宅の庭に白梅の花が咲いていた。白梅と言えば思いつくのは、芝居の「湯島の白梅《しらうめ》」である。「切れるの別れるのッて、そんな事は、芸者の時に云うものよ。私にゃ死ねと云って下さい。蔦には枯れろ、とおっしゃいましな」といったっけなぁ、お蔦のセリフは。湯島境内の別れの場面には白梅がふさわしい。

百人一首の「人はいさ心も知らずふるさとは花ぞ昔の香ににほひける」の「花」は梅だと、受験参考書か何かで大昔に読んだ記憶がある。古今集の詞書に梅の花を折りて詠めるとあるから花は梅に決まっているのだが、紀貫之の時代は花と言えば梅だったのだという解説があったような気がする。しかし、昨今の物の本によれば、貫之の時代は既に「花と言えば桜」になりつつあったようだ。それはともかく、紅梅白梅を昔の人は「色

は紅梅、香りは白梅」と評したが、実際に紅白の梅の香気量を測定すると白梅の方がかなり多いらしい。貫之の「花」は白梅だったのだろう。

令和の元号の出典も万葉集梅花の宴の歌の序文だったことを思い出す。自粛が続く中、宴会を連想しておおいに人恋しくなった。飲み会依存症か。せめて晩飯は豪華なものを食べようと、散歩から帰ってデパートの地下の食品売場に出かける。久しぶりのデパ地下である。まず本マグロのサクと大きな殻付き牡蠣を奮発し、ついでにもずくを買う。そして豚しゃぶ用の薄切り肉が安売りだったのでこれを買い、野菜と豆腐を買ったら、デリカテッセンや和菓子屋も回りたいところだが、コロナ流行の時節柄涙を呑んで早々に帰宅する。

昼は夕食用の豚肉を少し使って、肉とキャベツをにんにくと唐辛子で炒め合わせたスパゲティ。子供が小さい頃は、週末の昼によくスパゲティを作ったものだが、いつしか家の者たちがスパゲティは太ると言うようになり、こちらもこれまた加齢のせいかパスタよりも蕎麦の方が好きになって、まったく久しぶりのスパゲティランチである。久々なので分量がわからず、超大盛になってしまったが、我ながら見事に完食。美味。デザートは先日近所の八百屋で買った清美オレンジで、これまた美味い。

余談ながら、「清美」の名称は静岡にあった清見潟に由来する。清見潟は古くから景勝地として知られ、西園寺公望の別邸坐漁荘はこの海岸にあったが、戦後海岸の埋立てが進められ、臨海工業地に変わった。高校で習った漢詩ふうに言えば「更に聞く　清見潟の変じて工場の埠頭と成るを」ということか。

午後は、図書館で借りだした『大衆文学大系』（講談社）で泉鏡花『婦系図《おんなけいず》』を読む。前述の「湯島の白梅」の原作である『婦系図』には、お蔦と早瀬主税の湯島境内の別れの場面はない。芝居にするときに脚色されたのだろう。芝居のこの場面を鏡花も気に入ったようで、後に自身で「湯島の境内」という戯曲にしている。因みに、鏡花の妻すずは元芸者で、鏡花の師匠である尾崎紅葉は二人の関係を許さず、「女を捨てるか、師匠を捨てるか」と迫ったという。大恩ある紅葉には逆らえず泣く泣く別れた二人だったが、紅葉の没後結婚した。

『婦系図』を未読の方々には恐縮だが、話の展開の便宜上あらすじを述べると、ドイツ文学者酒井の弟子早瀬主税は、師には内緒で元芸者お蔦と所帯を持っている。折から酒井の娘妙子に、閨閥で権力と富を築かんとする河野一族から縁談があり、失礼な仲介者が妙子の身元を聞きまわる。早瀬が邪《よこしま》な縁談から妙子を守ろうとするうちに、お蔦との関係を酒井に知られてしまう。酒井は、芸者とは別れろと早瀬に迫る。早瀬は少年掏摸だった自分を育ててくれた師の大恩を思い、泣いて別れる。椿事から職を失い、河野一族の本拠地である静岡に流れた早瀬は、河野の縁談から妙子を守るため、河野の娘たちを篭絡して河野を追い込もうと尽力するが、その間にお蔦は早瀬と会えぬまま病に倒れ、二人の恋を赦した酒井の腕の中で死ぬ。最後に早野は、久能山で河野の家長英臣と対決する。妙子は酒井が芸者に産ませた子であることを知って英臣が縁談を取り消すと言うのを、早瀬は卑怯と糾弾し、逆に河野家の不祥事を暴く。早野を拳銃で撃とうとした英臣は、それが果たせず自殺する。妙子を守護した早野も、その夜自殺するのだ。

小説としてみればストーリー展開に無理があるというか荒唐無稽の感があるが、場面場面の人物描写とセリフには歌舞伎の名演を観る感があり、惚れ惚れとする。そして鏡花一流の絢爛《けんらん》たる文章には陶酔するばかりだ。例えば、「函嶺《はこね》を絞る点滴《したたり》に、自然浴《おのずからゆあみ》した貴婦人の膚は、滑かに玉を刻んだように見えた。真白なリボンに、黒髪の艶《つや》は、金蒔絵《きんまきえ》の櫛の光を沈めて、愈《いよいよ》漆のごとく、藤紫のぼかしに牡丹の花、蕊《しべ》に金入の半襟、栗梅の紋お召の袷、薄色の褄《つま》を襲《かさ》ねて、幽《かす》かに紅の入った黒地友染の下襲《したがさね》、折からの雨に涼しく見える、柳の腰を、十三の糸で結んだかと黒繻子《くろじゅす》の丸帯に金泥でするすると引いた琴の絃《いと》、添えた模様の琴柱《ことじ》の一枚《ひとつ》が、ふっくりと乳房を包んだ胸を圧《おさ》えて、・・・」という具合だ。

『李陵』や『山月記』を著した早逝の作家中島敦は、横浜高等女学校の教員時代、学内誌に「鏡花氏の文章」（中島敦全集2、筑摩書房、仮名遣いは筆者が変更）という一文を寄せ、「日本人に生れながら、あるいは日本語を解しながら、鏡花の作品を読まないのは、折角の日本人たる特権を抛棄しているようなものだ」、「鏡花氏こそは、まことに言葉の魔術師。感情装飾の幻術者」と評している。そして「氏の芸術は一箇の麻酔剤であり、阿片であるともいえよう。・・・一体、阿片の快楽に慣れるためには、はじめ一方ならぬ不快と苦痛とを忍ばねばならぬという。しかも、一度それに慣れて了うと、今度は瞬時も離れられないほど、その愉楽にしばられて了うのであるという。丁度これと同様なことが鏡花氏の芸術についてもいえると私は考える。鏡花世界なる秘境に到達するためには先ず、その『表現の晦渋《かいじゅう》』という難関を突破しなければならない」と、うら若い教え子たちに少々妖しく蠱惑的な表現で鏡花の作品を勧めている。

女学生ならぬ私も、午後一杯泉鏡花ワールドに浸った。ふと空腹を覚えて時計を見ればもう夕方である。さあ、夕食の準備だ。

ビールと日本酒を冷蔵庫に入れてから、牡蠣の殻を外す作業に取り掛かる。私以外の家の者は生牡蠣を食べないので、自分のために生牡蠣をいくつか分けて、残りはチーズ焼きにしよう。鮪のサクを刺身に切り、しゃぶしゃぶ用の野菜を切れば準備完了。さあ贅沢な夕食だ。

まずは本鮪ともずく。ビールがうまい。続いて生牡蠣。半数はレモンと醤油と柚子胡椒で、残りは白梅に因んで梅肉おろしで食す。頂き物の吟醸古酒を飲めば実にこたえられない。中島敦言うところの「阿片の快楽」

かもしれない。しかしてその「秘境に到達するためには先ず、」牡蠣の殻外しという「難関を突破しなければならない」わけだ。次いで牡蠣のチーズ焼き。これにはスコッチウィスキーの水割りだ。これもまた美味い。そして豚しゃぶ。締めは饂飩だ。腹充たされ、ほろ酔いで大いに満足。

ここで家の者から一言。「あんたは、本鮪がとろけるの生牡蠣がどうのと食通を気取っているけど、結局は安い豚肉と饂飩で腹一杯になれば幸せなんでしょ」。ううっ。

かくて休日の夕食は終わった。牡蠣の殻で擦りむいた指先が痛い。

『殻付き牡蠣のチーズ焼きのレシピ（4人分）』

〈材　料〉

殻つき牡蠣8個、白ワイン、ピザ用チーズ、パン粉、ガーリックパウダー、オリーブ油（殻を外すのに、洋食用ナイフと軍手を用意する）

〈作り方〉

① 左手に軍手をはめ、表面が平らな方の面を上にして牡蠣をつかむ。右手でナイフを持ち牡蠣の殻の隙間から差し込む。隙間がないときは、殻の先端をペンチで折るかキッチンばさみで先端を切る。

② ナイフを平らな方の殻に沿って動かして貝柱を切り、上の殻を外す。下の殻からもナイフで貝柱を切り、流水でさっと洗って殻の破片を流す。

③ 丸みを帯びた側の殻の上に切り離した牡蠣をのせる。8個全部準備できたら、それぞれに、白ワイン小匙1を振り、ガーリックパウダーと胡椒を一振りしてからオリーブ油を数滴たらし、牡蠣の上にピザ用チーズとパン粉を適当にのせる。

④ ２２０度に予熱したオーブンで１２分程度焼き、チーズとパン粉に焼き色がついていれば完成。

その45

4月△日（土曜日）

新茶の連想から荒神山の喧嘩と人生劇場を経て吉良上野介の無念に辿り着く

昼寝から起きてお茶を飲む。そろそろ新茶の季節である。昔から新茶と言えば八十八夜。八十八夜というのは、24節季の一つである立春を起算日として88日目ということであり、今年でいうと5月1日である。24節季は太陰暦と異なり、太陽の運行を基準にしているので、実際の季節とのずれが小さい。「彼岸」、「八十八夜」、「土用」、「二百十日」などは、我が国において24節季をベースに生活・農事のために設定された暦日である。

昭和世代のおじさんとしては、お茶の産地と言えば「清水港の名物は　お茶の香りと　男伊達」と歌にもある通り、静岡県が圧倒的な大産地だろうと思っていたのだが、最近は鹿児島県もほぼ同じぐらいの産出量らしい。これは煎茶についてであり、抹茶については、何といっても宇治を擁する京都府が1位で、続いて愛知県、鹿児島県といったところだ。愛知県では西尾の抹茶が有名で、抹茶スイーツなどにもよく使われている。

先程の歌にある「清水港の名物」としてお茶と並ぶ「男伊達」とは、言うまでもなく清水次郎長《しみずのじろちょう》一家のことであるが、愛知県西尾市は吉良《きら》町と合併しており、荒神山《こうじんやま》の喧嘩で有名な侠客吉良仁吉《きらのにきち》は三州《さんしゅう》吉良横須賀の生まれである。

過日吉良を訪問した折に、仁吉の墓がある源徳寺のご住職から話を聞いたことがある。お話によれば、浪人崩れの寺男の息子であった仁吉は、180㎝を超える大男で腕っぷしが強く草相撲で鳴らしており、巡業で回ってきた相撲興行に飛び入りで参戦した。当時興行上の暗黙の了解として、飛び入りの素人は下位の力士にはともかく大関には勝を譲らなくてはならないとされていた。ところが仁吉は、勝ち抜いて大関と対戦したのはいいが、若気の至りで大関を投げ飛ばしてしまい、興行主のやくざから命を狙われる羽目となった。そこを近隣の侠客寺津《てらず》の間之助《まのすけ》に匿われたことから、間之助から盃をもらってやくざになった。それが縁で間之助の兄貴分である清水次郎長の下で18歳から三年間修業をして、その後吉良に帰り、吉良一家を構えた。

仁吉は義理に厚く、堅気には腰が低く、若くして人望を集めていたが、兄弟分である伊勢の博徒神戸長吉《かんべのながきち》の縄張りを同じく伊勢の穴太徳《あのう》次郎が奪うという事件が起きる。長吉から助けを求められた仁吉は、たまたま吉良に滞在していた次郎長一家の幹部清水大政《しみずのおおまさ》、関東綱五郎、樋屋鬼吉《おけやのおにきち》、法印《ほういん》大五郎、増川仙右衛門等とともに穴太徳との喧嘩に助っ人として赴くことになる。ご住職によれば、仁吉は多勢に無勢の不利を承知で、それでも侠客としての義侠心から引き受けたのだという。そして神戸一家と助っ人の吉良一家、清水一家あわせて22名と、穴太一家と助っ人の黒駒勝蔵一家、平井亀吉一家130余名が、現在の三重県鈴鹿市にある荒神山観音寺の裏山で激突した。これが世に言う荒神山の喧嘩である。荒神山観音寺は、かつて春日局《かすがのつぼね》の信仰が篤く、その威光で公然と博打開帳が許されており、その収益は莫大であったという。荒神山の喧嘩は博徒同士の利権争いであった。神戸方は人数的には劣勢であったが、仁吉や大政以下清水一家の活躍で勝利した。しかし、仁吉は鉄砲で撃たれて死ぬ。28歳の最期であった。穴太方は、「神戸方の頭株の仁吉と大政はいずれも大男であるから、大男を狙え」と雇った助っ人の猟師に指示していたのだという。

源徳寺には、次郎長が建立したという仁吉の墓のほか、「義理と人情 吉良町」と刻まれた大きな石碑がある。自治体が任侠道に因んだ碑を建てるというのも珍しいと思うが、なかなか立派な碑である。

閑話休題。先日、親族の90歳近い老人が庭仕事中に枝に額をぶつけて怪我をして、血液凝固阻止剤を服用していたためか出血が止まらず困ったことがあった。土曜日の午後であったので営業中の病院を探し、家族が付き添って某整形外科を訪れて、受付で事情を説明したが、医師が姿を見せることなく「当院では首から上の怪我は診ない」と断られ、保険会社の「安心ダイヤル」のメモを渡されたそうだ。そこに電話しても話し中だったので、今度は市役所に相談したところ、ある総合病院を紹介された。そこの外科に電話して説明したところ、「当院はMRIやCTがなく十分な検査ができない」と断られた。出血以外は全く元気だから応急の止血措置をしてほしいと言っても引き受けてくれないのである。翌朝救急車に来てもらって比較的大きな病院の休日外来に連れて行ってもらって、ようやく診ていただき縫合してもらえたのだが、特段の検査は不要とのことだったそうだ。車中で救急隊員は親切に「遠慮なくすぐに救急車を呼んでください」と言ってくれたそうだが、老人にしてみればこの程度のことで呼ぶわけにはいかないと思ったのだろう。この話を聞いた時、もちろん病院側にもいろいろ事情はあったのだろうが、「義理と人情」の碑を思い出したことであった。演歌「人生劇場」に曰く「時世時節《ときよ》は変ろとままよ、吉良の仁吉は男じゃないか…」。

ベストセラー「人生劇場」を書いた尾崎士郎も吉良の出身であり、自伝的大河小説である同書には、吉良仁吉の血をひく吉良常《きらつね》なる人物が登場して、随所で主人公青成瓢吉《あおなりひょうきち》の力になる。「人生劇場」では、吉良から上京して早稲田大学に入学する瓢吉の青春を描いた「青春篇」や「愛欲篇」が面白いが、仁義に生きるやくざ飛車角《ひしゃかく》と老侠客吉良常を中心に描いた、やや番外篇的な「残侠篇」も人気がある。何度も映画化されているが、私が好きなのは、飛車角を鶴田浩二、吉良常を辰巳柳太郎が演じた「人生劇場　飛車角と吉良常」（内田吐夢監督）である。

因みに荒神山の喧嘩始終を次郎長に最初に伝えたのは、旅回りの講談師松廼家太琉《まつのやたいりゅう》である。次郎長の家に寄食することの多かった太琉は、荒神山の喧嘩にも同行して、大政の命を受けて次郎長のもとに報告に急行したのである。話を聞いた次郎長は、仁吉の弔い合戦に、数百人を引き連れて船で伊勢に乗り込んだが、穴太方が謝罪したので手打ちになった。太琉は、次郎長の養子山本五郎（後の禅僧・歌人天田愚庵）が著した次郎長の半生記「東海遊侠伝」を読み、「清水次郎長伝」の講談を考案して語ったが、あまり受けなかった。何としても次郎長伝を世に出したかった太琉は、人気講談師三代目神田伯山に、自分の次郎長伝をそっくり譲ったという。伯山は、それから「東海遊侠伝」を参考に練り上げて「清水次郎長伝」を完成させ、大人気を博した。これを初代玉川勝太郎や二代目広沢虎造が節《ふし》をつけ、独自の工夫を凝らして浪曲化した。虎造の「清水次郎長伝」はラジオで放送され、大衆の支持を得た。戦後、次郎長伝をはじめとする虎造の浪曲のラジオ番組は聴取率第1位となるほどの人気で、これにより仁吉も含めて清水次郎長一家は庶民のヒーローとなった。春秋の筆法をもってすれば、博打好きの太琉が次郎長の家でごろごろしていたから、吉良仁吉も有名になったということになろうか。

ところで吉良の有名人と言えばもう一人、吉良上野介義央《きらこうづけのすけよしひさ》を挙げねばなるまい。忠臣蔵では意地が悪く欲深な老人として描かれ、天下の憎まれ役とされている吉良公だが、地元では治水事業に尽力した名君と称えられている。領内に黄金堤という堰堤を築いたとき、赤毛の愛馬にまたがり巡視にあたったとされ、吉良にはその銅像がいくつもある。馬上の義央は穏やかにして威厳がある。吉良公の赤馬に因んだ郷土玩具や最中は、吉良の名物になっている。

　吉良上野介の墓所は、吉良の片岡山華蔵寺《へんこうざんげぞうじ》にある。かつて華蔵寺を訪れた俳人村上鬼城は「行春や憎まれながら三百年」の句を残した。同寺には、生前の吉良義央がつくらせたという義央の木像もある。温厚で思慮深い顔立ちである。また、地元の方々が建てた「真実を求めて」と題する立派な石碑もある。碑文中に曰く「…名君を暗殺したものを忠臣としたのでは、武士道にも反し芝居にならないので、小説家、劇作家たちが、興味本位にいろいろのつくりごとをして、吉良公を極悪人に仕立て上げ、忠臣蔵として世間に広めた。…」。

　世の中に一度悪評が定着すると、それを覆すのは極めて難しい。「ため息は命を削る鉋かな」というが、昨今の一部マスコミの興味本位の一面的な記事やSNS上の無責任な誹謗、そしてそうした諸々のものからなる薄っぺらで尖った世相を見ると、ため息が出る。華蔵寺の石碑を建てた吉良の人たちの思いに感ずるところ切なるものがある。

　時計を見るともう5時近い。吉良三人衆に思いを馳せてばかりもいられない。そろそろ夕食の準備にかかろう。献立は、葱と牛肉のスープにチャプチェと石焼ビビンパだ。チャプチェは本来春雨で作るものだが、家の者がチャプチェは太ると難色を示すのでしらたきで作ってみた。意外にもなかなか美味。世の中ではカロリーを気にする人も多いようで、家人が言うにはしらたきのチャプチェは結構流行っているらしい。もっともご飯を山盛りにした石焼ビビンパで、しらたきへの置換によるカロリー節減効果は完全に相殺されてしまった。本当はもう1品カルビ焼肉ぐらい食べたかったが、久しぶりの韓国飯で一応満腹。さてと、夜は久しぶりに二代広沢虎造の清水次郎長伝の荒神山の段あたりをゆっくりと聴くことにしよう。

『しらたきのチャプチェのレシピ（4人分）』

〈材　料〉

しらたき400g、輸入牛ロース薄切り120g（細く切り、ごく軽く塩、胡椒する）、玉葱半個（細く櫛切り）、人参半本（3㎜角程度に細く切る）、木耳《きくらげ》半袋（水に戻し食べやすい大きさに切る）、椎茸4本（石突を取り薄くスライス）、ピーマン1個（細切り）、いりごま（白ごま）、一味唐辛子、

【合わせ調味料】醤油大匙1、砂糖大匙1、酒大匙2、焼肉のたれ大匙1、おろしにんにく小匙1

〈作り方〉

① しらたきを食べやすい長さに切り、湯通しして笊にあげる。さらにフライパンで乾煎りし、醤油、酒各大匙1を振り、かき混ぜてから、ボウルなどに取る。

② フライパンに胡麻油大匙2をひき、中火で牛肉を炒めほぐす。牛肉の色が変わり始めたら、人参と玉葱を加えて1分炒め、椎茸、木耳を加えてさらに1分炒める。

③ ピーマンを加え、合わせ調味料半量を振り1分炒めたら、しらたきを投入し、合わせ調味料の残りを振って、強火で2分混ぜながら炒める。途中で一味唐辛子少々を振る。

④ 味見して、味が薄ければ、醤油と焼き肉のたれで整え、皿に盛りつけ、いりごまを振れば完成。

＊ 生椎茸、ピーマン、一味唐辛子に代えて、水で戻した干し椎茸、韮、糸唐辛子を使ったりするとさらに本格的な感じが出る。

その46

尾張宗春公の真正放蕩者ぶりを読み、自らの小心翼々ぶりを情けなく思う

8月△日（夏休み）

新型コロナウィルス蔓延で、夏休みだというのに外出自粛で出かけられない。せめて近所のジムかプールに行きたいと思うが、緊急事態宣言下控えた方がよさそうだ。かといって炎天下の散歩はつらい。屋根があって屋外の場所ということで、近所のゴルフ練習場に出かける。善男善女の考えることは同じようで、朝から結構混んでいる。しばらく待って打席に入り、入念に準備運動してからおもむろに球に向かう。流れるようなバックスイングからクラブ一閃。白球は正面のネット上段に突き刺さるはずが、空振り同然のチョロ。次はマットが飛びそうなダフリ。次は、野球ならゴロでセンター前に抜けようかというトップ。気を落ち着けて素振りを繰り返してから再度アドレスに入るが、今度は痛烈な直角フック…。挙句は痺れるようなシャンクまで器用に打ち分けて、汗びっしょりになって早々に退散する。

家に戻って風呂場で水を浴びてから、昨晩の残りのカレーにカリカリに焼いた目玉焼きを2個のせて食べる。食後にコーヒーを飲みながら『尾張の宗春』（亀井宏著 東洋経済新報社 1995年）を読む。ついでに水羊羹も食べる。

同書は、不行跡と財政困窮により家中及び領地を誅求した故を以て、将軍から隠居謹慎を申し付けられ

た尾張徳川家第7代宗春を描いた歴史小説である。宗春は、時の将軍吉宗の享保の改革を、法令が多いのはよくない、倹約はかえって無駄を生ずるなどと批判し、祭りを奨励し、自らも派手な生活をし、遊郭や芝居小屋の設置を認め、商工業を振興した。庶民はこうした宗春の施政を歓迎した。

しかし、自身の派手な遊興や自由開放路線、質素倹約の否定は幕府の保守主義・緊縮財政主義に沿わないものであり、幕府からの詰問を受けるに至る。一旦は言い逃れたものの、将軍吉宗の怒りを買う。人間の欲望を自然なものとして肯定する宗春の考えは、それがどこまで深く思索されたものかどうかはともかく、朱子学全盛の当時にあって革新的であったが、徳川幕府体制の維持を最優先する現実主義者吉宗の思想と相容れるものではなかった。宗春にはその点の理解がなかったようだ。

太平の世で藩士の遊郭通いや芝居見物を公認し、自身も江戸で吉原通いを盛大に行っていれば、家中に身を持ち崩す者も出るし、幕府に目をつけられる。歳入の目処がないまま派手な生活や大掛かりな祭礼など放漫な財政支出を続ければ、巨額の財政赤字に至る。当然と言えば当然である。当然なことをあらかじめ当然なことと見通せないのが、人間の悲しいところだ。

家中の風紀については、宗春も「遊興徘徊と博奕を特に禁ず」る書きつけや、遊郭・芝居小屋の縮小に関する書きつけを発するなどして匡正《きょうせい》を図ったが、本人が派手な生活をしているのだから実効は上がらない。財政については、その悪化のため領内から巨額の上納金を徴発するに至り、領民の反発を招いた。幕藩体制下にあって、藩財政逼迫による領民への誅求は反乱を招きかねないものであり、治世の失敗として重罪にあたるとされていた。

そういえば、先日寝酒代わり「君主論」（「マキアヴェッリと君主論」佐々木毅著、講談社、1993年）を読んだ。

その一節（第16章「気前良さとけちについて」）を思い出した。マキアヴェッリ曰く、「気前が良いとみられることは好ましいであろうが、しかしながら気前の良さが人々の考えられるような仕方で実行に移されると有害である。…人々の前で気前が良いという評判を維持しようとするならば、豪奢に類する行為を避けるわけにはゆかなくなる。…このような君主は、豪奢に類する事柄に常にすべての資産を使い果たすことになる。そして気前が良いという評判を維持しようとするならば最後には民衆をはなはだしく抑圧し、重税を課し、金を得るためにはあらゆることを行うことにならざるを得ない。その結果、臣民は彼を憎悪し始め、貧しくなった彼に何人も尊敬を損なわなくなる。…賢明な君主はけちであるという評判を気にすべきではない」。宗春の例にはこの指摘が当てはまる。現代の政治社会にも当てはまるかもしれない。と思ったものの、財政が一定以上の信用力を有する国では、為政者は重税を課さなくても公債の発行によって、気前が良いという評判を維持することができるらしいから、当てはめに無理があるかもしれない。いやそもそも現代の為政者は、気前が良いという評判を維持しようと豪奢に類する行為を行うために財政支出を行うわけはなく、景気対策その他「真に必要にしてやむをえない施策」を行うために財政支出を行うはずであるから、無理なあてはめが頭をよぎった私はかなりひねくれているということだろう。

なおマキアヴェッリは、「君主は自己及び自己の臣民の財貨を費やす場合には節約すべきであるが、第三者のそれを費やすものである場合には気前良さを大いに発揮すべきである」という趣旨のことも述べている。この「第三者」を「将来世代」と読み替えようなどとは思わないようにしよう。

さて話を宗春に戻すと、改易（藩の取り潰し）を怖れる藩の重臣たちの策謀もあって、宗春は43歳で隠居謹慎を命じられ、長い幽閉生活を経て69歳で没した。死してなお幕府から赦されず、墓石には金網がかぶせられていた。ようやく赦され従二位権大納言が追贈されたのは、死後75年目1839年であった。

宗春については、将軍吉宗と勝手掛老中松平乗邑《のりさと》の質素倹約・規制強化路線に対して、開放政策・規制緩和をして民の楽しみを重視したとか、享保の改革による緊縮政策に自由経済政策理論をもって立ち向かったなどと、持ち上げる向きも多い。そうした中で本書の著者は、そもそも宗春は遊蕩児の気質が巣喰ったロマンチストで政治家の素質は皆無に近いと評する。そして、宗春は、米経済中心の将軍吉宗には見えなかった「完全なる商品貨幣経済の到来を見通していた」としつつ、それは放蕩者特有の感覚の鋭敏さと直観力の「ほとんど無意識のうちの働き」によるものであって、「彼自身確信を持っていたわけではない」としている。

小説あるいは評伝としての出来栄えについて論ずる能力はないが、著者の辛口な口調は何とも言えず面白い。例えば宗春の晩年について、「あれだけの長い歳月蟄居生活を送ったにもかかわらず、宗春が万巻の書を読んだという話は伝わっていない。よほど学問が好きでなかったとみえる」とまことに容赦ない。宗春の晩年、宗春つき奥番として自らの藩士としての将来を捨てて主人に尽くした河村秀根《ひでね》に関しては、「相手（秀根）のケタ外れの好意を平然として受ける宗春の図々しさも相当のものだが、自分の人生のほとんどを擲《なげう》ってまで尽くす秀根のやさしさも常人ばなれがしている」としている。秀根は、宗春の死後宿願の日本書紀研究に打ち込み、宗春没後22年目に「書紀集解《しっかい》」30巻をまとめるが、これに関しても著者は、彼の「学問が深部に達せず、かつ未完結のまま終わったことと、彼の壮年期を宗春のために犠牲にしたこととは、直接には関係がないと思われる。それよりも、その程度の人物だったからこそ、自分を捨ててまで他人に尽くすことができたともいえる」と辛口に評している。

水羊羹では止まらず、さらに餡団子を食べながら、著者の「食えない」筆致にニタニタしているうちに、口の中からガリっと嫌な音。奥歯の金属の詰め物が取れたのだ。ここ数年歯の具合が悪い。以前治療した歯の詰め物が、次々に外れるのだ。歯が割れているとかで、無慈悲にも抜かれてしまった奥歯もある。悔しいことが多くて歯噛みばかりしていたからか。外れてしまった詰め物を試みに歯の穴にはめてみるが、やけにきつい。歯が縮むわけもないから、元々削った穴よりも大きめだったのだろう。思い出してみると、詰め物を木槌で叩いて歯の穴に詰められたような気がする。きっちり入れたから20年近くもったのか、歯に無理がかかって割れて抜く破目になった歯も生じたのか。さもあればあれ、後輩諸君には、いかに忙しくとも歯医者は慎重に選べ、手近だからとか予約の変更がしやすいからという理由で選ぶなと言いたい。

残りの団子を食べるのは断念して、昼寝する。目覚めれば夕方。夕食の準備にかかる。歯の詰め物が取れるとは思わなかったので、今晩のメインは煮豚である。ごついロースのかたまり肉を煮て、湯通しして味付けたキャベツの上にのせる。豚肉の繊維が歯に引っ掛かりそうで献立を後悔したが、昨日のうちに献立を決めて買い物したので仕方がない。あとはほうれん草のお浸しと、蛸と豆もやしのキムチ風サラダ。いずれも歯に悪そうだが、当たりが悪い日というのはこんなものである。

煮豚は我ながら美味かったが、歯の穴が気になるので、早々に念入りに歯を磨く。酒は歯に悪そうなので、冷水に数滴ウィスキーを垂らしたものを飲む。テレビをつけるが、大して面白くもないので消し、昼寝前に読み終えた前掲書をパラパラめくり、ところどころ読み返す。

ところで先程歯磨きの時に洗面所の鏡で自分の顔を見た。正しく草臥《くたび》れた初老の男の顔であった。因みに「初老」とは本来は「不惑」同様四十歳を指すらしい。「四十にして惑わず」と言うが、筆者はと言えば、還暦を大分過ぎたというのに「惑わず」とは程遠い。それに加えて思うのは、「少年老い易く学成り難し」とは至言であるということだ。若いころもっと勉強すればよかった。学問でなくとも芸事でも道楽でも何事か究めたら素敵だったろうな。来し方に思いを致し、ああすればよかった、こうしておけばよかった、あれはこういうことだったのかと、ため息交じりに愚痴を独り言つ。

ふと思う。前掲書の主人公宗春公は、隠居謹慎を命じられても、ああすればよかった、こうすればよかったとりとめもない愚痴を漏らすようなことはなかったのではないか。たまには吉原に行きたいとか、芝居を観たいとかは思っただろうが。節制勤倹が嫌いなことは筆者も同類であるが、真正放蕩者の宗春公と小心翼々の筆者とではスケールが違うのである。情けないと言えば情けない。

ところで前掲書の中に、「書物から学んだわけではないし、誰に教えられたというのでもない。…年齢とは不思議なものである。どうやら、年齢を重ねるうちに、自然に脳そのものが変化していくらしかった。年をとるにつれて、世の中の仕組みというものの正体が、だんだんわかるようになってきていた」という一節があった。わかるようになるころには、現役を卒業し、気力も体力も知力も下り坂になっているのが、凡人の凡人たる所以である。

むにゃむにゃ言っているうちに、何やら腹が減ってきた。歯が気になると言いながら、飯に煮豚の残りをのせて掻き込む。再びテレビをつけて、ぼーっと見る。グラスにウィスキーをどぼどぼと注ぎ足し、ポテトチップの袋を開け、完全にカウチポテト態勢に入る。前掲書の著者の筆致を真似れば、「過去の怠惰を後悔したようにみえてすぐまた怠惰に流れる程度の人物だからこそ、60余年も無芸大食の人生を歩むことができているともいえる」。やれやれ。もう寝よう。

『煮豚のせ茹でキャベツのレシピ（4人分）』

〈材　料〉

豚ロースかたまり肉（煮豚用にあらかじめタコ糸のネットに包まれているものがよい。そうでない場合はタコ糸で大まかに巻く）4〜500g、キャベツ半玉（食べやすい大きさに切る）、茹で卵4〜8個（殻をむいておく）、醤油120cc、酒60cc、味醂大匙4、砂糖大匙4、生姜1片（薄くスライス）、おろしにんにく小匙2、五香粉、練り辛子

〈作り方〉

① 豚肉と茹で卵が入る大きさの鍋に水600ccを入れ、沸かす。

② フライパンにサラダ油大匙1を引き、五香粉を振った豚肉を入れ、中火で表面に軽く焦げ目がつくまで焼く。

③ 豚肉と茹で卵を鍋に入れ、醤油、酒、味醂、砂糖、生姜、おろしにんにく小匙1を加え、落し蓋をして、中火で約30分煮る。途中で肉の上下を返す。煮汁が少なくなってきたら味見して、醤油と砂糖で味を調整する。この間別な鍋にキャベツの湯通し用の湯を沸かしておく。

④ 煮汁が1cm位になったら火を止める。肉と茹で卵を取り出し、肉はタコ糸を外してから好みの厚さに切り、卵は半分に切る。

⑤ キャベツを湯通しして、ざるにあけ、よく湯を切ったら、ボウルに入れ、おろしにんにく小匙1と塩小匙1を加え混ぜる。

⑥ 皿にキャベツを敷き、煮豚と卵をのせ、煮汁をかける。辛子をつけて食べる。

その47

ヤクザ映画の傑作に実体経済の真理を学ぶ

11月△日（日曜日）

先日映画俳優の千葉真一氏の訃報を見て以来、週末に気が向くと、彼が出演した映画をネット配信で観ている。「柳生一族の陰謀」、「沖縄やくざ戦争」、「魔界転生」、「戦国自衛隊」、「将軍家光の乱心　激突」、「赤穂城断絶」ときて、昨晩は「必殺4　恨みはらします」と「仁義なき戦い　広島死闘編」の2本を観た。結果として今朝はずいぶん寝坊して、髭も坊主頭も剃らずに大あくびをしながら、急いでスーパーへ買い出しに行く。夕食用にチゲ鍋の材料一式を買う。昼飯は手早くベーコンとレタスのサンドイッチにしようかと思ったが、何となく心残りな気がしてもう一回りすると、魚介売場で生鮭が目に留まる。舞茸と長芋と一緒にバター醤油で炒めて、深まる秋の気分に浸ろうか、久しぶりに味噌汁でも作って…と、買い物を済ませて帰宅したのだが、家に戻って寝転んで新聞を読んでいたら、飯を炊くのが面倒になってきた。結局昼飯は鮭と舞茸と長芋の和風スパゲティ。それはそれで美味なのだが、麺類はどうしても食べすぎる。腹が重くてソファーから立ち上がれない。

閑話休題。話を千葉真一に戻すと、日本を代表するアクション俳優であり、出演した映画、テレビドラマは数多い。代表作といえば「柳生一族の陰謀」、「魔界転生」、「戦国自衛隊」あたりか。前二者で千葉は野生味溢れる柳生十兵衛を演じ、「戦国自衛隊」では長尾景虎と組んで天下取りを狙う精悍な伊庭三等陸尉を演じている。アクション映画としての出来栄えもいい。これらが代表作だろうとは思うが、一番気に入っているのは「仁義なき戦い　広島死闘編」である。千葉はテキ屋の親分を父に持つ暴力団組長大友勝利《かつとし》を演じている。

この千葉が演ずる大友勝利というのが、愚連隊的というか戦後ヤクザ的というか、とにかく欲望丸出しの粗暴極まりない男で、哀しき鉄砲玉というべき主人公の山中（北大路欣也）以上の強烈な印象である。この大友勝利役は千葉畢生の熱演といってよいのではないか。

映画ではこの大友勝利が、広島で当時広島最大の暴力団になりつつある村岡組と事を構える。もともと村岡組は博徒であり、大友連合会はテキ屋であって、お互いの縄張りを守って友好関係にあった。昭和25年、村岡組は広島競輪場の警備を請け負うなど勢力を大きく伸ばしており、闇市時代からのマーケットの仕切りを業とする大友連合会との勢力の差は明らかであった。それが面白くない勝利は、競輪場の便所をダイナマイトで爆破する。昔気質の父大友長次（加藤嘉）は、テキ屋らしい筋目論で諌める。要約すると、「マーケットは村岡（名和宏）と二人で立ち上げたものだが、村岡は『マーケットは神農道の縄張りだ』と言って手を引いてくれた。（神農は露天商の守護神とされている。）競輪は博打打ちのシマだから手を出すな」というものだ。しかし、勝利はせせら笑って言うのである。（余りに下品な台詞なので一部伏字。）

「…こぎゃなマーケット、何の役に立つんなら。見とってみないよ、今に物が自由に出回るようになったらど、客は誰も寄り付かんようなるわいよ。それに比べて競輪場いうたらよ、のう、年に十億の売り上げじゃけん。…何が博打うちじゃいや、ああ。村岡の持っちょるホテルは何を売っちょるの。淫買じゃないの。いうならあいつら×××の汁で飯食っとるんじゃないの。のう、親父さん、神農じゃろうと博奕打ちじゃろうとよ。わしらうまいもん食ってよ、まぶい△△抱くため生きとるんじゃないの。それも銭がなきゃできゃせんので。そうじゃけん、銭に体張ってどこが悪いの、おう」。

激怒した長次は勝利を勘当するが、勝利は古顔の博徒である時森勘市（遠藤辰雄）の跡目を受けて大友組を結成し、村岡組との抗争に突入する…と物語は進行する。時は昭和25年（1950年）、日本経済は、ドッジ・ラインによる不況から、朝鮮特需を契機にようやく立ち上がろうとしているところであった。それにしても、野卑な広島ヤクザが吐いた「今に物が自由に出回るようになったら、（闇市的なマーケットには）客が寄り付かなくなる」という台詞は、千葉の熱演もあって妙に記憶に残る。

戦後日本のインフレは、他の敗戦国にも増して長く厳しいものだった。まず支那事変以来の非軍需物資の供給不足と復員に伴う国内人口増加などによる消費増加から、極度のモノ不足の状況にあった。他方、傾斜生産方式を支えるため復興金融公庫融資が同公庫債の日銀引受を財源として行われ、加えて各種補助に充てる多額の財政赤字もあった。モノ不足のところに通貨の過剰供給がなされた結果、激しいインフレが生じたのである。卸売物価が昭和20年から24年の間に70倍になった。消費財不足と激しい物価上昇の中で、何とかモノを手に入れようと、国民は闇市や青空マーケットに群がった。

しかし昭和24年2月、GHQ経済顧問ジョゼフ・ドッジによりインフレの一挙安定を図るべくドッジ・ラインが実施されると、一転してデフレとなった。昭和21年時点ではヤミ価格は公定価格の7・3倍という水準だったが、ドッジ・ライン後の昭和25年には1・2倍にまで接近している。つまりヤミ価格が相対的に急下落したわけで、大友連合会の仕切るマーケットも一時の活気が失われたであろう。昭和25年6月朝鮮戦争が勃発すると、いわゆる朝鮮特需で景気は一転して回復した。モノが出回りはじめ、物価も比較的落ち着く中で、人々は徐々により良質なものを求めるようになり、また食料品や衣料品以外の嗜好品、奢侈品やサービス消費も求めるようになっていった。そうした中で、露天商やテキ屋の売上や利潤が停滞する一方、ギャンブルや風俗業を稼業とする博徒系暴力団の勢力が伸びていったのであろう。大友勝利の台詞は、そのあたりの実体経済の真理を直観的にせよ的確にとらえているので、リアリティがあって印象に残るのだろう。

ところでドッジ・ラインによる不況は、インフレ収束策に伴う安定恐慌と言われるものである。1年数か月の短期間ではあったものの、恐慌というだけあって強烈なものであった。「緊縮財政や復興金融金庫融資の廃止による超均衡予算」「日銀借入金返済などの債務償還の優先」「1ドル＝360円の単一為替レートの設定」など一連の施策により、デフレが進行し、金融が逼迫して倒産が相次いだ。企業の首切り・合理化は熾烈を極め、国鉄はじめ公的部門でも大量の人員整理が行われたのである。

米国側は、日本を反共の防波堤とするとともに米国の援助を早期に打切るために、インフレを速やかに安定させて日本経済を自立させようとドッジを派遣したのであるが、日本側でも、当然のことながらインフレの収束策を検討していた。ドッジは「日本の経済は…竹馬にのっているようなものだ。…竹馬の足をあまり高くしすぎると転んで首の骨を折る危険がある」として、一気に竹馬の足を切ったのだが、日本側は、竹馬の足を短くするにしても、倒産や失業を抑制しつつ徐々にやるべしという立場で抵抗を試みた。米側が、総じて自由経済の思想というか原理原則に忠実な感じがあるのに対し、日本側は痛みを気にして現実主義に立つ。なんとなく既視感がある図式ではある。

近時我が国では、大幅な財政赤字が慢性化している中で積極財政論が強い。巨額の国債残高を不安視する声もないわけではないが、「自国通貨建国債残高が如何に積み上がろうとインフレの心配はない」、「仮にインフレになっても財政や金融政策で十分コントロール可能だ」という考え方が一部に広まっているようにも見える。たしかに戦後インフレも、占領軍の強権の下、超均衡予算や金融引締めで安定させることができた。しかし折からの朝鮮特需がなければ安定恐慌は長期化したろう。ドッジ・ラインは、インフレをデフレ政策で収束させた例である一方、その副作用の激しさを教える事例でもあった。

安定恐慌が長引いていれば、千葉真一演ずるところの大友勝利も父親に下品な啖呵を切るどころではなくて、暴力革命の旗を振っていたかもしれない。戦争に起因する特需を歓迎するような考え方は不謹慎で許されるものではないが、事実として朝鮮特需後、広島経済も繁栄に向かい、広島ヤクザもおこぼれにあずかって伸長し、抗争事件を繰り返して市民社会に害をなした。春秋の筆法をもってすれば、その結果としてヤクザ映画の傑作が生まれたということにもなる。妄想はとりとめないが、昼飯の食い過ぎで眠くなった。昼寝しよう。

参考文献：『戦後経済を語る』（有澤廣巳著　東京大学出版会　1989年）、『これがデフレだ』（吉野俊彦著　日経ビジネス人文庫　2001年）

『鮭と舞茸と長芋と万能葱のスパゲティのレシピ（２人分）』

〈材　料〉

スパゲティ（1・7～1・8㎜）**適量**（我が家の場合大食いなので300～350g程度）、**生鮭4切れ**（半分に切り、軽く塩を振る）、**舞茸1パック**（石突を切り、一口大にちぎり分け、少量の酒を振って湿らせてから軽く塩をする）、**長芋10㎝**（洗って水気を切り、皮をつけたまま7～8㎜幅に切り、軽く塩を振る）、**万能葱4分の1束**（細かい小口切り）、**にんにく1片**（粗みじん切り）、**鷹の爪1本**（種を抜き細かくちぎる）、**オリーブ油大匙2、酒、醤油各大匙1、粗挽胡椒、粉末ジンジャー**

〈作り方〉

① なるべく大きめの鍋で麺茹で用の湯を沸かす。

② 湯が沸いたら、塩を1リットルあたり大匙2分の1加えてから、一旦弱火にしておく。

③ 大き目のフライパンにオリーブ油をひき、鮭を入れ、なるべく皮が下になるようにして中火で炒め始める

④ 麺茹で用の鍋を沸騰させ、麺を投入。指定の茹で時間より1分短めにタイマーをかける。

⑤ フライパンの空きスペースに鷹の爪、にんにく、舞茸を入れ、1分ほどおいて長芋を加える。鮭の身が崩れないように気をつけて2～3回大きく混ぜながら炒める。にんにくの色が変わり始めたら酒、醤油を振り、麺の茹で汁おたま1杯を加える。弱火にして味見しながら塩適量を加える。

⑥ タイマーが鳴ったら、麺をトングでつかみ上げて（あるいは笊で湯を切って）フライパンに移し、粗挽胡椒、粉末ジンジャーを振り大きく混ぜてソースと絡めたら出来上がり。皿に盛って、上から万能葱を振って直ちに食す。

＊ 仕上げに花椒を振るのもよい。和洋中ごちゃ混ぜで実に節操がないが、結構美味い。

＊ 鮭と舞茸と長芋をスパゲティのソースにせず、炒め物にして飯のおかずにする場合は、オリーブ油に代えてサラダ油で炒め、にんにくと鷹の爪に代えておろし生姜を使い、酒、醤油、みりんで味をつけ、最後にバターを落として大きく混ぜる。いずれにしても、長芋に火を入れすぎないようにすること。これはスパゲティソースの場合も同様である。

その48

冷蔵庫の故障にサプライチェーンの混乱を思い大いに気を揉む

令和4年1月△日（日曜日）

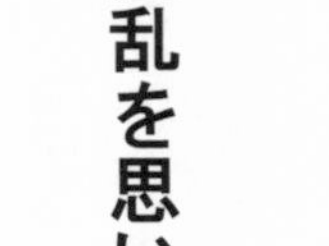

年末から家内が不在である。娘が配偶者の転勤で米国ダラスにいて、その出産の手伝いに行っているのだ。日本に戻ってきて出産すればいいじゃないかと、こちらは勝手なことを思うのだが、娘やその配偶者は米国で出生すれば二重国籍になるからと言う。子供が米国籍だとその親もグリーンカードが取得しやすいらしいとのたまうのだから、どうやら連中は日本の将来を信じていないらしい。それも理解できなくはない昨今の経済財政事情ではあるが…。「それにしても」と思うところが、時代遅れなのだろう。

それはともかく、そういう事情で家内がしばらく不在なので、その間好きなように過ごせるわいと内心ほくそえんでいたのだが、年末年始は結構家事が大変だ。大掃除は手抜きするにしても神棚仏壇ぐらいは整えなくてはいけない。ごみの収集日も気にしなくては。勤務先が12月30日まで通常営業で出勤しないといけないので、宅配便の受け取りも大変だ。

そんな中で、何と冷蔵庫が壊れてしまった。夜飲んでご機嫌で帰宅して、飲み物を取ろうと冷蔵庫を開けたら庫内が生ぬるい。正月に向けて買い込んでいた食品類が大被害である。急いでパソコンを開いて、インターネットで冷蔵庫を注文する。職場の同僚が給湯器故障で交換を頼んだら、半導体不足による供給難で4月まで待てと言われたという話を思い出して、大いに気を揉んだのだが、幸い数日後に配達してもらえることになりほっとした。しかし深夜に、これまで大事にストックしていた食品、それは溶けてどろどろになったアイスクリームだったり、解凍されて液が染み出した冷凍肉やらべとべとになった魚の開きだったりするのだが、それらを、涙を呑んで廃棄するものと玄関の土間に出して冷蔵庫の到着を待つものに分けて処理する作業には、つらく厳しいものがあった。

そうやって何とか冷蔵庫の更新は完了したのだが、それを米国滞在中の家内に報告したら、なぜついでに洗濯機も一緒に更新しなかったのかとお叱りをいただいてしまった。やれやれ。とはいえ、多少の苦労はあったが、上述の職場の同僚の給湯器のことを考えれば、数日のうちに冷蔵庫を更新できたのは幸いであった。

ところで、近年サプライチェーンの混乱ということをしばしば耳にするようになった。一昔前には、経済のグローバル化によって供給制約によるモノ不足はもはや生じないのではないかと思われていたのだが、何故か近頃の方が昔よりモノ不足がよく起きるような気がする。半導体が、私には何故なのかよくわからないけれども、世界的に不足して、極東の小国で真冬に給湯器の交換工事ができないことになっている。自動車を注文しても納車は半年待ちらしいし、ハンバーガー店のポテトまでが発売中止になったとやら。

誰かが言っていたが、昔と違って今は物の流通過程で在庫をぎりぎりまで圧縮する一方、オンタイムでの配送が当たり前になっているから、こういうことが起きるのだそうだ。なるほど、一昔前は工場、卸、小売りのいろんなところに在庫が隠れていて、いざとなると倉庫から出てきたわけか。あるいは、今は一日で配送されるところが昔は1週間も2週間もかけて配送されていたから、文字通りの流通在庫がたくさんあったから、しばらく待てば物が届いたということなのか。いやいや、昔は物が店頭になければ届くまで3月でも半年でも待つのが当たり前で、そんなことでガタガタ言わなかったということなのか。

どうであれ、サプライチェーンの精緻化は便利なご時勢をもたらしてくれたが、精緻さは同時に脆弱さでもあるということのようだ。首都圏の鉄道網は、私鉄や地下鉄の相互乗り入れのおかげでずいぶんと便利になったが、神奈川県で事故があると埼玉県や千葉県までダイヤが大きく乱れるようになった。この話とサプライチェーン云々は、ちょっと似ているかもしれない。

閑話休題。正月明け以降、家内の不在をいいことに、家で食事をする日は、すき焼き、餃子＋韮《にら》チャーハン、魚の西京焼き＋豚しゃぶ、厚揚げ＋納豆オムレツ＋もり蕎麦、ステーキ＋ガーリックライス、中華火鍋もどき＋ラーメン、鮭のちゃんちゃん焼きと自分の好きなものを食べ続けている。昨日は鶏のもも肉を生姜を利かせた中華味の鍋物にして食べた。今晩は久しぶりにカレーにする予定だ。昨日の鍋物の汁を残してあるので、これを活用した残り汁カレーにする。

夕方になったので、まず玉葱を刻み、炒め始める。いい色になってきたところに鶏肉を入れ、さらに炒めたところにカレー粉をたっぷりと振り入れ、さっと炒め合わせる。そこに鍋物の残り汁を入れ、お湯も足してじっくり煮込む。この間に頂き物のさつま揚げをオーブントースターで温め、冷蔵庫からビールを出す。昨晩糠に漬けておいたきゅうりも取り出し、早速に一杯やる。新品の冷蔵庫から出したビールいとうまし。さつま揚げに柚子胡椒をつけてまたうまし。

そろそろカレーの鍋に戻る。麺つゆとおろし生姜で味を調えたら片栗粉でとろみをつけて完成。カレー用の皿を取り出すのが面倒なので、昼にうどんを食べた丼に飯を盛り、飯が埋没して見えなくなるまでカレーをたっぷりとかけて食べる。我ながらおいしくできた。豆腐のかけらやら白菜の切れ端など、普段カレーではお目にかからないものが混じっているところがよろしい。山盛りのカレーをさらにお代わりして、大いに満足する。
食後は例によってソファに寝そべり、ネット配信で1967年の日活映画「対決」を観る。小林旭演ずるちょっとふざけた流れ者と高橋英樹演ずる一本気なやくざの組み合わせがなかなかよろしい。東映の実録路線とはちょっと違う任侠娯楽映画に熱中しつつ、デザートにきんつばを2個も食べてしまった。このところ欲望のままに食べ続けているなあ。我ながら驚く。そういえば1年前に作った背広のズボンが随分きつくなった気がする…。

『鶏の生姜味中華風鍋物　翌日カレーのレシピ（2人分）』

〈材　料〉

鶏もも肉3～400gのもの3枚（皮を外し食べやすい大きさに切る。鍋物用とカレー用に2：1に分けておく）、**長葱1本**（斜め切り）、**白菜1／8**（堅いところと柔らかいところに分け、硬いところは短冊に切り、柔らかいところは一口大にちぎる）、**椎茸6個**（石突を切り、4等分にスライス）、**木綿豆腐1丁**（8～10等分）、**えのき茸1袋**、**生姜1片**（半分はみじん切りにして鍋物に使い、残りはカレー用におろして使う）、**おろしにんにく大匙1、中華スープの素、オイスターソース、花椒、一味唐辛子、玉葱大1個**（カレー用に薄くスライス）、**カレー粉、水溶き片栗粉**（片栗粉大匙2、水大匙4）、**麺つゆ**

〈作り方〉

① 鍋物用の鍋に、サラダ油、胡麻油各大匙1をひき、弱火で鶏皮を炒める。テフロン加工でない鍋の場合、焦げつきやすいので頻繁に動かすこと。

② 鳥皮がきつね色になったら取り出して生姜のみじん切りと葱を加え、1分ほど炒めてから、鶏もも肉と白菜の堅いところを加え、花椒と一味唐辛子を振

り、中火にしてさらに3分炒める。
③　湯適量（鍋の大きさにもよるが1〜1・5リットルぐらい）を加え、豆腐と椎茸を入れ煮立てる。（テフロン加工の鍋の場合、熱いときに湯を注ぐとテフロン被膜を傷めることがあるので、いったん火を止め、少し冷めてから湯を入れた方がよい。）
④　沸騰する寸前で火を絞り、おろしにんにく、オイスターソース大匙2を加えてから、粉末中華スープの素で味つけする。
⑤　味が決まったら鍋を卓上コンロに移し、早速に食す。好みで花椒、一味唐辛子を振る。
⑥　具が減ってきたら、えのき茸、白菜の柔らかいところを加える。スープが減ったら湯とスープの素、オイスターソースを加える。
⑦　締めの雑炊または麺類を作るときに、翌日のカレー用にスープを一定量（5〜600ccぐらい）残しておく。

〈翌日のカレーの作り方〉

①　フライパンにサラダ油大匙1をひき、玉葱を中火で炒める。きつね色になってきたら鶏もも肉を加え3分ほど炒め、弱火にしてカレー粉大匙5を加えてよく混ぜる。
②　鍋の残りを加えて煮立てる。具材との関係で水分が足りないようなら湯を加える。
③　沸騰寸前で火を絞り、おろし生姜を入れ、味見しながら麺つゆ適量を加えて味を調える。
④　一旦火を止め、水溶き片栗粉を入れ、よく混ぜながら再度過熱してとろみをつける。

その49

戦前のサラリーマン諸氏の給料と家計に思いを致し物価を考える

3月△日（日曜日）

今朝、例によってスーパーに買い出しに出かけたら、「○○商品を△月△日から値上げします」という値上げ予告の張り紙が目についた。先月ある酒蔵を見学した折に酒粕を入手したので、粕汁を作ろうと買い出しに行ったのだ。

コロナ禍起因の物流の混乱やら各国の景気回復による需要増とやらで、世界的にインフレ傾向になっている。それに加えて、ロシアのウクライナ侵攻とこれに対する経済制裁も行われている。原油価格はどんどん上がる。穀物も上がる。世界的に物価上昇は深刻なものになってきたと報じられる今日この頃である。

長年デフレが続く日本でも、卸売物価は顕著に上昇し、小売物価もまだ恐る恐るではあるが上がりつつある。原材料や輸送費が上がっているのだから当然のことなのだが、長年にわたって給料がほとんど上がっていない消費者の側からすれば、やっぱり困る。将来の社会保障も不安だから節約しないといけない。値上げせずに企業努力で何とかしてくれと言いたくなる。しかし企業努力というのは、結局のところ基本的にリストラなので、人件費の下げ圧力となるのだから、ここはおおらかに値上げを受け入れるべきなのだろう。そもそも適度なインフレは、無産階級にとっては長期的には有利なはずで、格差是正にもプラスに作用するはずだ。

ということはわかっちゃいるのだが、スーパーの売り場では長年の悲しき習性なのか、わずかでも安い品を探し、値上げ予告があれば駆け込みで買い込んでしまう。いい年齢をしてまことに情けない。粕汁用の食材のほか、賞味期限近くなって割引になっている豚の薄切り肉を買う。こちらは生姜焼き用だ。加えて値上げ予告品の数々で大荷物である。

さて、先日『「月給百円」サラリーマン』（岩瀬彰著、講談社現代新書、２００６年）という本を読んだ。大正後期から戦前昭和にかけてのサラリーマンライフを給料と家計の観点から描いた本である。因みに、書名の「月給百円」とは、戦前昭和でサラリーマンとして夫婦子供二人で何とか普通の生活ができる給与水準の相場観を意味する。デフレが深刻であった昭和6年の家計調査でホワイトカラーの1か月の平均実収入（貯金の取り崩しなども含む）は92円である。当時ボーナスは年間2～4か月支給であったから年収1200円というところであろう。現在に引き直すと年収5～600万円という感じであろうか。

さて、同書によると、戦前の通貨価値は、総理府統計局が昭和28年に公表した戦前基準の物価指数（昭和9～11年平均）をあてはめて現在と比較するのが通例らしい。同書によると、今から100年ほど前の大正11年の小売物価指数は1.5であり、昭和10年頃より5割高かった。第一次大戦の好景気の余韻が残っていたということだろう。一方、不景気の谷底にあって、経済政策を金解禁・緊縮財政から金輸出再禁止・積極財政に転換した昭和6年は0.885であり、大正後半から戦前昭和にかけてのボトムであった。その後緩やかに上昇して昭和11年が1.04。昭和12年以降は急速に上昇した。

50年近く前に学校で習った戦前の物価騰貴と言えば米騒動である。米騒動は大正7年8月に富山県西水橋町の漁家の主婦たちの暴動に端を発し、30府県以上に波及した。大正5年まで1升10銭台だった米の小売値が、7年8月には40数銭まで急騰した。エンゲル係数の高い庶民にとって、主食がこれほど上がっては堪まらないだろう。米価急騰はシベリア出兵を見込んだ米の買い占めが直接の原因であるが、大正５年以降、物価は全般的に大きく上昇した。『物価の世相１００年』（岩崎爾郎著 読売新聞社 １９８２年）によれば、当時の新聞には「開闢《かいびゃく》以来」の「物価の昂騰《こうとう》」と報じられた。これは第一次世界大戦下で、国内生産力を超えて輸出が激増したいわゆる飢餓輸出によって、国内の生活必需品に不足が生じたことによるところが大きい。７年１１月の大戦終了に伴い「休戦反動」と呼ばれる不況となり物価は下落するが、８年４月以降再び好景気となると、物価が上がり、米価は７年の水準を超えて上昇した。

他方賃金も上昇し、各企業で基本給引き上げと高額のボーナス支給が行われた。ボーナスを考慮すると、大手企業では新入社員の給料が２倍になったという。ところが、大正９年に戦後恐慌が起き、以後日本経済は長い不況に入る。バブルから長い不況へというところは平成以降に似ている。

昭和初年は物価が下落する一方、賃金も下落していき、昭和６年には年収１２００円以上の官吏の減俸が実施されている。また農村では、世界恐慌の影響から繭などの価格が暴落した上に、昭和５年の内地米・朝鮮米を通じた記録的大豊作を原因として、米価は大正３年以来の「革命的安値」となり、深刻な農業恐慌状態となった。都市住民は米価下落のメリットを享受したわけだが、デフレ下で失業の不安の中、賃金が下落する時代は庶民にとって幸せでなかったろう。

こういう観点からみると、今から百年前の大正後半という時代は、物価高騰や戦後恐慌があり、関東大震災もあったものの、総じて経済的には昭和初期よりかなりよい時代であった。庶民にとって、物価も上がり賃金も上がる時代の方が、両方下がる時代より、総じて言えばよかったのではあるまいか。

ところで、このところコロナで飲み会のお誘いが少ないので、家で過ごす晩が多い。老眼が進んだことに加えて、サブスクリプション契約のネット配信の映画コンテンツが充実しているから、家にいるときは本を読むより映画を見ていることのほうが多くなった。韓国の犯罪物映画を観ることが多いが、旧い邦画、例えば高倉健や鶴田浩二の任侠映画もよく観る。この手の映画の時代設定は戦前昭和が多い。和製ギャング物や「日本暴力団シリーズ」はともかく、時代劇の股旅物の系譜に連なる正統派任侠映画については、暗い世相の昭和初期という時代設定で、登場人物は和服着流し姿というのが一番なじむような気がする。高倉健の「唐獅子牡丹」シリーズは第1作こそ敗戦直後という設定だがそれ以外の8作は、すべて昭和初期が舞台である。また鶴田浩二主演の「傷だらけの人生」も舞台は昭和初年の大阪だ。彼の代表作「人生劇場飛車角」も戦前が舞台である。

原作である尾崎士郎の「人生劇場残侠篇」によると、同篇の主役飛車角が吉良常と出会った後に自首して7年の実刑を食うのが大正14年であるから、出所して三州吉良に身を寄せるのは昭和初期ということになる。因みに尾崎士郎が「人生劇場青春篇」で取り上げた早稲田騒動は大正6年の出来事であり、好景気だったが飢餓輸出で物価上昇著しく賃金上昇が追いつかない時期に起きた椿事である。次期学長の座をめぐって現学長派と前学長派が、教員や学生を巻き込んで争った学園紛争であった。尾崎士郎は当時政治経済学科の学生で、ジャーナリストの石橋湛山（後に首相）とともに現学長派の先頭に立って演説するなど活躍した。

閑話休題。映画の時代設定についてはこのぐらいにして、物価と経済の話に戻ると、昭和7年以降高橋是清蔵相の積極財政と円安放置による輸出増加から景気は回復に転じ、物価も緩やかな上昇に向かい、賃金も景気回復に遅れつつ回復に転じた。昭和9年後半になると、機械工業の熟練工の中には重役並みの高給の者までいたという。緩やかな物価上昇と賃金の上昇とで、当時のサラリーマン諸氏も比較的楽しく日々を送れたのではないか。

しかし、公債に財源を依存した財政は戦時財政化し、12月になると物価が高騰して一気に「サラリーマン恐怖時代」になった。同年支那事変が起きると一段と物価が上がるとともにモノとカネの統制が本格化し、13年には物品販売価格取締規則に基づく公定価格制度が導入された。それは同時にヤミ取引、ヤミ価格の横行を招いた。統制あるところヤミありであった。『物価の世相100年』によれば、マル公制度発足の同年7月から10月までに統制違反で取締りを受けた者は全国月平均9・4万人だったものが、10月には24・4万人に達した。戦時経済下数年を経ずして「世の中は星に錨に闇に顔。馬鹿者のみが行列に立つ」という戯れ歌が流行る時代となってしまうのであった。（「星」と「錨」とは陸海軍の階級章のことであり、「顔」は顔が利くという意味であろう。）

任侠映画を観ながら、大正後半から昭和初期の物価に思いをめぐらすうちに、休日は暮れ、夕餉の支度をする時刻となった。今晩の献立は、粕汁と豚の生姜焼き、そして昨晩の残りの鶏胸肉とサラダ玉葱の和風あえである。粕汁については浅学にして起源を知らないが、材料の酒粕については、糟湯酒という言葉が山上憶良の貧窮問答歌に出てくる。万葉時代、上級貴族は布で漉した酒を飲み、憶良のような下級役人は漉した残りの酒粕をお湯で溶いて飲んでいたのだろう。

現在のような板状の酒粕が広く出回ったのは江戸時代だという。とすれば、比較的単純な酒粕料理である粕汁は、江戸時代には食されていたと考えていいのではないか。一方、典型的日本の洋食である豚生姜焼きは、大正時代には既にメニューとして確立していたものらしい。和洋折衷の夕食に、「月給百円」時代のサラリーマン諸氏の暮らしに思いを馳せ、彼らが憧れたであろう大正ロマン昭和モダンを想うことにしよう。

＊前掲の『物価の世相100年』の中に、経済学者ケインズが1931年（昭和6年）1月、不況下の英国のラジオ放送で「倹約することが不景気の原因である」と述べたという話があった。曰く「皆さんが5シリング節約すると1人の人が失業する結果となり、1人失業すればそれだけ購買力が低下するから、さらに失業者を出す結果となり、不景気はますます深刻になる」。現在の日本であれば、ケインズは何と言うかな。「消費者が原材料費高騰に伴う価格転嫁に過度に厳しいことが、経済成長を妨げている一因である」とでも説くであろうか。

中小の製造業者や旅館、食堂などが価格転嫁できなければ、そうでなくとも低水準の利益率がさらに下がる。そうなれば、結局は労働者への分配が厳しくなるし、設備投資も難しくなる。我が国政府は企業に賃上げを要請している。これをさらに高望みさせてもらえば、政治家や経済学の碩学の中から、国民に対して「適正な価格引上げには鷹揚になって下さい」と、（賃上げ要請と同時並行して）呼び掛けてくれる人が出てほしいと願う。しかし、スーパーで血眼になって値引き品を探す私が言うべきことでないことは、わかっている。

（補注）本稿脱稿後の2022年6月に、我が国では中央銀行総裁が「家計の値上げ許容度も高まってきている」旨の発言をして批判を浴びる事件があった。

『鮭と根菜の粕汁のレシピ（2人分）』

〈材　料〉

塩鮭2～3切れ（辛塩がよいが甘塩でも可、食べやすい大きさに切る）、**大根10㎝位**（8～10㎜幅のいちょう切り）、**人参半本**（6～8㎜幅のいちょう切り）、**里芋3個**（皮をむき乱切り）、**椎茸4本**（石突を取り4等分にスライス）、**油揚げ1枚**（油抜きして短冊切り）、**万能葱または長葱少々**（小口切り）、**酒粕100g**（板状のもの。ちぎってぬるま湯に浸し、やわらかくする）、**味噌大匙3、昆布だしの素、麺つゆ**

〈作り方〉

① 鍋に、湯1リットルを沸かし、大根、人参、里芋、椎茸を入れあくを取りながら10分ほど煮る。

② 鮭と油揚げを加え5分ほど煮たら、弱火にして昆布だしの素を加える。

③ 酒粕と味噌を濾し器で溶き入れる。（濾し器がない場合は酒粕とぬるま湯を入れた器に味噌をいれて匙などでよく混ぜて滑らかにしてから鍋に加える。）酒粕は濾し器に一部残るが、最終的に残った粕も加える。

④ 味見して、麺つゆ、塩などで味を調え、味が決まったら葱を散らして出来上がり。

⑤ 好みで七味唐辛子を振って食す。

＊ だしは、いりこだしでもよい。かつおだしは合わないように思う。

＊ 牛蒡やこんにゃくなどを使っても美味い。

その50

ワシントン軍縮会議から100年、ベルリンの壁崩壊から30余年、柄にもなく国の将来を憂う

5月△日（日曜日）

今年のゴールデンウィークは久しぶりに行動制限のない連休であったけれども、結局はコロナ再蔓延の恐れを理由に出不精を決め込んで、自宅でごろごろして過ごした。

今朝はまあまあ早起きして、ヨーグルト、茹で卵、ハム、トマト、そして分厚くバターを塗ったトーストとコーヒーという平凡な朝食をしたためてからスーパーに買い出しに出かける。家に戻って買いこんだものを冷蔵庫に収納するのだが、その際に庫内の整理整頓もしないといけない。家の者が卵をパッケージから出さないまま突っ込んでいるのを、冷蔵庫内の卵ケースに並べ、無秩序に突っ込んである大量の納豆のパックを4個単位の包装を外して賞味期限順に積み上げて並べる。豆乳の1リットル容器の開栓されたものが二つあるのには舌打ちするしかない。

冷蔵庫の整理が終わると、今度は家の者が開封しないまま放置している、過去1ヶ月分ほどもあろうかという各種郵便物の整理だ。封筒を開け、捨てていいものを捨て、残りを各人ごとに分類して大きな封筒に分ける。大半はクレジットカードの利用明細や各種の請求書だが、中には年金関係の書類や運転免許の更新の案内なんかもある。やれやれ。

午前中にゴルフの練習場にでも行こうかと思っていたのだが、郵便物の整理でいい加減疲れたので省略。今日の夕食は魚と鶏胸肉の粕漬けにするつもりなので、昼飯の前に粕床を用意して具を漬けこまないといけない。前回粕汁を紹介したが、このところ酒粕に凝っている。と言っても粕汁の季節が終われば、月に一度魚や肉を漬けるぐらいなので、本格的な粕床というわけにもいかず、一回限り使い捨ての粕床だ。水分多めのゆるゆるに作って少量の粕床に多めの具を漬ける。かなりいい加減な粕漬けであるが、これでも結構うまい。1袋数百円の冷凍のカラスガレイやら鶏の胸肉やらが予想外においしくなる。といってもそれだけでは晩飯の菜にはちょっと寂しいので、あと一品、何か考えよう。

粕床の作業が終わったら、昼飯だ。面倒になったので市販の焼きそばにした。豚小間を片面だけかりっと焼いて、キャベツ、もやし、葱と炒める。冷蔵庫から出した麺を、まず電子レンジで加熱してほぐれやすくして、ごく少量の水だけ加えて蒸し焼きにする。ソース味をつけ、紅生姜を和えれば結構うまい。家内の分も含めて3玉作ったのだが、家内が食べないというので結局一人で全部食べたら、さすがに満腹である。食べ過ぎた。しばらく昼寝しよう。

小一時間して目が覚めたらそのままベッドで本を読む。例によって図書館から山のように本を借りてきたのだが、読了したのは2冊だけだ。いずれも戦前の我が国の対外関係に関するものである。連日のロシアのウクライナ侵攻をめぐる報道に触発された。

1930年代の戦間期、日本の経済外交は自由主義貿易を維持すべく苦戦した。こう述べると、違和感を持たれる方も多いと思う。通説では、世界恐慌下、英米の「持てる国」に対して「持たざる国」日本は、ブロック経済体制によって挑戦し、その結果が太平洋戦争とされている。しかし、『戦前日本の「グローバリズム」』

（井上寿一著 新潮選書 2011年）によれば、この通説的理解は正確でない。1930年代の日本は、通商自由の原則を掲げて経済外交を展開していた。日本は経済ブロック間の対立を引き起こしたのではなく、自由主義貿易政策の成功、すなわち金本位制からの離脱に伴う円安下での輸出拡大が経済摩擦を招いたのであった。円安下の輸出ドライブを一因として日本は不況から回復したが、不況にあえぐ欧米各国並びにその植民地は、日本製品の急速な流入に強く反発した。しかし当時の日本の経済外交は、米、英、加、豪、蘭印などとの間の摩擦については、相手国からの輸入拡大の努力など現実的対応により一定の成果を挙げている。全く溝を埋めることができなかったのは、自給自足圏を追求する独伊との意見対立であった。当時既に独伊とは三国防共協定によって、防共の理念を共有していたにもかかわらずであった。日本の外交政策が英米側から独伊側に完全に軸足を移したのは、第二次大戦開戦後の1940年日独伊三国軍事同盟締結の時点であった。

『戦前日本の安全保障』（川田稔著、講談社現代新書、2013年）も興味深い本であった。同書によれば、山縣有朋は国際秩序をパワーポリティクスの世界と認識し、米国の圧力で日英同盟の更新が困難になると日露同盟を画策したが、ロシア革命により構想は頓挫した。

原敬も山縣同様パワーポリティクスで国際秩序を理解していた。彼は、「将来米国は『世界の牛耳』を取るようになるだろう。したがって今後『日米の関係』にはことに注意を払わなければならない。『日米関係の親密なると否と』は、日本の『将来の運命』にかかわる」、「『一朝米国と事ある』場合は、英仏露など欧州諸国は頼むに足りない」と考えていた。彼の安全保障構想は、〔必要最小限の戦力の保持〕＋〔米英との協調〕というものだった。その上で原は、非対称的な国力差から「米国のなすがまま」になることを抑制する方策を模索しており、同書は、原は米国牽制の観点から国際連盟が集団的安全保障システムとして機能することを期待していたのではないかとする。

浜口雄幸は、原同様、対米英関係を悪化させれば日本は国際的な窮地に立つとの認識から、対米英協調と日中親善を外交の基本にした。ロンドン海軍軍縮条約を、「国際的平和親善」すなわちパワーポリティクスを超越する新しい国際秩序に向けての第一歩として極めて重要視するとともに、国際連盟を日本の長期発展の必須条件である東アジア平和維持のための国際機関として位置付けていた。そして連盟による集団的安全保障体制の不十分さを、中国に関する9ヵ国条約など多層的多重的条約網で補完しようとした。同書の著者は、9ヵ国条約が現代のNATOのような域外の仮想敵に対する集団安全保障システムと異なり、関係国が中国の主権の尊重、門戸開放、機会均等を約することにより、特定地域内の安全を相互に保障しあうシステムであるという点に注目する。そして、浜口の国際連盟を9ヵ国条約で補完する構想について、今後の東アジア太平洋地域の安全保障を考察する上で示唆するところ多いとする。傾聴に値する指摘ではあるが、昨今の国際情勢を見ると、軍事同盟でない多国間条約の実効性の確保は難事だと思う。ワシントン軍縮会議から100年、ベルリンの壁崩壊から30余年を経て、国際秩序はなおパワーポリティクスの世界だと考えざるをえない。

これらの本により、戦前日本において、外交や安全保障に関わる政官界や軍部の実力者たちは、総じて冷静かつ現実的に国際情勢を認識していて、各人なりの大局観を有していたことを知った。他方において昭和12年以降我が国は、支那事変の解決ができず、政治や社会が内向きに煮詰まっていく過程で、冷静な現実主義が薄れて建前的なものが強くなっていった感がある。言い換えれば、政党や役所の立場上のポジショントークだった主張が、いつの間にか譲れない一線になってしまったかのような気がするのだ。

政治体制が求心力を失うと、国民感情や組織内部の批判に過度に敏感になってしまい、国際秩序や経済政策のリアリズムから目をそむけて、それぞれの組織の立場上の建前論に、頑なにこだわるようになっていくように思う。他方、求心力が強くなり過ぎれば専制の弊害が生ずるのだが、戦前昭和以降現代にいたるまでの日本政治では、果たしてどちらの弊害が大きかったであろうか。

財界出身の政治家永野護は、昭和20年9月の広島での講演の速記録「敗戦真相記」（バジリコ刊2002年）の中で、日本が勝ち目のない不幸な戦争に進んでいったことについて、日本本位の自給自足主義という胚子を諸事情が戦争にまで育て上げたと指摘している。そしてその諸事情として、日本の指導者がドイツの物真似をしたこと、軍部が己を知らず敵を知らなかったこと、天下の世論を尊重する政治が行われなかったことを挙げ、最も不幸だったのは、これら諸事情が、日本有史以来の「大人物の端境期」に起こったということだと説いている。永野護は有名な永野六兄弟の長兄で、渋沢栄一の秘書を長く務め、財界の有力者となり、政治家に転じて戦後は岸内閣で運輸相となった。弟たちも皆政財界で成功した。

戦前昭和の時代に政治家・軍部に大人物が得られなかったとの永野の指摘については、前述の原敬や浜口雄幸などの安全保障に関する深い洞察を見るにつけ、同感の思いを深くする。しかして、翻って我が国史を通覧したとき、国の中枢に大人物がいたと思える時期がどれほどあっただろうか。維新明治大正期などは史上稀に見る大人物輩出期であって、鎌倉時代百数十年、室町時代、江戸時代のそれぞれ二百数十年などざっと見渡しても、大人物が見当たらない期間の方が長かったのではなかろうか。隋の煬帝やヒトラー、スターリンのような君主や指導者が出現しない一方、「大人物の端境期」が常態化しやすいのが我が国情なのであろう。そうであるならば、大人物を期待するにとどまらず、大人物がいなくとも決定的に国を誤ることを避ける工夫に努めるべきとの思いを深くする。それには迂遠なようでも、国民各人の意識を高めるほかないと思う。

まず学校教育の中で、国際政治や経済社会の現実をしっかりと見る力を養うことが重要であるように思うのだが、筆者自身が受けた教育や筆者の子供たちが受けた教育に照らすと、正直なところ心もとない・・・。陋屋《ろうおく》の夕方に初老の男が唸りながら慷慨していても、ごまめの歯ぎしりか石亀の地団駄といったところである。血圧が上がる前に、夕食の用意に取り掛かろう。まずは、炊飯器をセットしてから、豚スライス肉とじゃが芋でカムジャタン風の煮物を作ることにする。そのあと、おもむろに白身魚と鶏の粕漬けを焼くことにしよう。

『冷凍魚と鶏胸肉の粕漬けのレシピ（2人分）』

〈材　料〉

冷凍カラスガレイ4～6切れ、鶏胸肉小さめのもの1枚（皮を取り、斜めにそぐように4枚に切る）、酒粕100g（板状のもの）、味噌大匙1、酒大匙2、砂糖小匙1、塩小匙1

〈作り方〉

① ボウルに50℃ぐらいの湯100ccを入れ、そこに酒粕を細かくちぎって投入。大きなスプーンですりつぶすようによく混ぜ、滑らかにする。さらにみそ、酒、塩、砂糖を加えよく混ぜる。

② ボウルに魚と鶏肉を入れ、よく混ぜ合わせて、半日置く。時々混ぜて上下を返す。

③ 魚と鶏肉をボウルから取り出し、酒粕を手で拭ったら、クッキングシートを敷いたオーブンの天板に並べ、まず200℃で10分程度焼き、焼け具合を見ながら必要に応じて焼き足す。鶏肉は魚より多少長めに焼く。オーブンを使わずロースターで焼く場合は、焦げやすいので、はじめ数分アルミフォイルをのせて中火で焼き、フォイルをとって弱火で数分焼く。

『カムジャタン風豚肉と野菜の煮込みのレシピ（4人分）』

〈材　料〉

豚ロース薄切り200g、じゃが芋中4個（4つに切る）、人参中1本（乱切り）、玉葱中1個（1㎝幅に櫛切り）、長葱10cm（5㎜幅に小口切り）、コチュジャン大匙2、味噌大匙1、キムチの素小匙1、焼肉のたれ小匙1、麺つゆ小匙1、おろし生姜小匙1、おろしにんにく小匙1、胡麻油小匙2、すりごま大匙1

〈作り方〉

① 鍋に湯1000ccを沸かし、豚肉を投入。沸いたらあくを取り、じゃが芋と人参を入れ、さらにあくを取り、玉葱を投入。再度あくを取り、火を絞って15分煮る。

② 長葱、コチュジャン、味噌、キムチの素、焼肉のたれ、麺つゆ、おろし生姜、おろしにんにくを入れ、よく混ぜ、15分煮る。

③ 味見してコチュジャン、味噌、麺つゆなどで味を調え、胡麻油、すりごまを加えたら完成。

＊ カムジャタンは、本来豚の背骨とジャガイモを煮込んだ鍋であり、韓国料理の本などでは豚のスペアリブで作るレシピが紹介されている。勿論それの方が本格的であるが、手軽に豚のスライス肉で作っても結構うまい。

あとがき

元役人の身辺雑記と素人レシピというまとまりのない内容の本書を出版できましたのは、霞出版社のご好意とご支援のおかげです。感謝の言葉もありません。同社矢島美知子氏には、編集校正をしていただいたのみならず内容面についても幾多の有意義なご助言をいただきました。同氏のご協力とお励ましがなければ本書はできませんでした。厚く御礼申し上げます。また財務省広報誌「ファイナンス」連載中は、広報室関係者はじめ多くの先輩同僚のご支援がありました。心から感謝いたします。

（もうひとつあとがき）

現役の公務員だった頃、人から財務官僚の特徴は何かと尋ねられたことがありました。私は「財務省の役人とは、職業的心配屋です」とお答えしました。「財政収支が悪化して回復困難になるのではないか、国債が消化できずに円が暴落して大インフレになるのではないか、大量に発行された国債の利払いで財政が硬直化するのではないか、過去の政府債務のつけまわしを嫌気した若い世代が日本から逃げ出すのではないか…。こうした発生確率自体は低いけれども発生すれば大惨事になる心配事や、長期的にみれば深刻ながら足元直ちに深刻ではない心配事についても立場上声高に注意喚起するので、しばしばオオカミ少年だと言って叱られますが、とにかく叱られようが嫌われようが心配するのが仕事なのです」と説明したら、その方は「なるほど」と納得されました。

「職業的心配屋」という表現は、財政当局や中央銀行に関係する先人たちが使用していた表現です。言いえて妙という気がします。

国の将来を心配することについては、「必要以上に心配することは、悲観論からくる無気力や一か八かの冒険主義を招いたりしかねない」という指摘がありうるでしょう。心配が必要以上な場合であれば、そういう側面はあると思います。他方で、心配すべき事があるのに見ないふりをしたり、根拠なき楽観論で隠蔽して国民に見せないようにするということになれば、実に困ったことになります。いずれにせよ、本書には元職業的心配屋日記というところがあるかもしれません。

（レシピについての言い訳）

本書をお読みいただければおわかりのように、私は料理の素人で下手の横好きの典型です。ご紹介している料理の大半は、飲食店で食べたものや雑誌で見たものを、見よう見まねでかつ手抜きして自己流にアレンジして作ってみたものです。本来店名や書名をご紹介し、紙上でお礼を申し上げてしかるべきと思いますが、週末料理家の悲しいところで、お店の名はメモしていない、本は大抵図書館の借り物という事情ですので、何卒ご容赦いただきたいと存じます。また、筆者が日頃我流に作っているレシピですので、その料理の本来の作り方からするとかなり逸脱しているのではないかと思います。素人のご愛嬌ということでお許し下さい。

著者

◆著者紹介

中原　広（なかはら　ひろし）

〈著者の主な経歴〉

1981年3月　東京大学法学部卒業
1981年4月　大蔵省入省(理財局資金第一課)
（浜田税務署長、銀行局総務課課長補佐、主計局主計官補佐などを経て）
1995年7月　熊本県企画開発部長
（金融監督庁金融会社室長、金融庁協同組織金融室長、同金融危機対応室長などを経て）
2002年7月　金融庁監督局参事官
（大臣官房政策金融課長、同総合政策課長などを経て）
2007年9月　大臣官房文書課長
2009年7月　主計局次長
2013年6月　財務総合政策研究所長・会計センター所長
2014年7月　理財局長
2015年7月　国税庁長官
2016年6月　退官
10月　信金中央金庫入庫
（顧問、専務理事などを経て）
2022年6月　信金中央金庫副理事長（現職）
（2017年6月～2022年6月　（株）シグマクシスホールディングス社外取締役）
（2021年12月～現在　公益財団法人アジア刑政財団理事）

〈著書〉

『週末料理家になろう—私の週末B級料理日記』　2000年
『霞が関料理日記—随筆と料理レシピ』　2006年
『新 霞が関料理日記—随筆と料理レシピ』　2010年
（いずれも㈱恵友社より、大饗 膳蔵（おおあえ ぜんぞう）のペンネームで上梓）

元国税庁長官の俗物的料理日記
—食欲とぼやきと蘊蓄と時々慨嘆の日々

2023年4月3日　第1刷発行

著　者　中原 広

発　行　㈱ 霞出版社　〒102-0074 東京都千代田区九段南4-6-1-203
電話 03-3556-6022 Fax 03-3556-6023 e-mail info@kasumi-p.net
URL http://www.kasumi-p.net

印刷・製本　精文堂印刷（株）
ISBN 978-4-87602-902-0 C0076